情系石弓山　梦牵包河水

——涡阳县石弓镇优秀人才代表访谈录

刘福州　主编

现代教育出版社
Modern Education Press

图书在版编目（CIP）数据

情系石弓山　梦牵包河水：涡阳县石弓镇优秀人才代表访谈录 / 刘福州主编. -- 北京：现代教育出版社，2025. 7. -- ISBN 978-7-5106-9675-6

Ⅰ. K820.854.4

中国国家版本馆 CIP 数据核字第 20253XN855 号

情系石弓山　梦牵包河水——涡阳县石弓镇优秀人才代表访谈录

主　　编　刘福州
出版发行　现代教育出版社
地　　址　北京市丰台区右外西路2号中国国际出版交流中心13层
邮政编码　100069
电　　话　010-64257032（编辑部）　010-64256130（发行部）

责任编辑　赵　翾　李　丛
封面设计　吴　睿
印　　刷　天津和萱印刷有限公司
开　　本　710 mm × 1000 mm　1/16
印　　张　23.5
字　　数　420千字
版　　次　2025年7月第1版
印　　次　2025年7月第1次印刷

书　　号　ISBN 978-7-5106-9675-6
定　　价　150.00元

石弓镇俯瞰

石弓镇街道一角

石弓山日出

石弓山地貌

石弓山步道

法云寺大雄宝殿

法云寺西牌坊

遗履桥碑记

遗履桥遗址

亳州市文物保护单位
稽康墓
亳州市二零一八年三月二十九日公布
亳州市人民政府立
保护范围：稽山主峰四周
建设控制地带：稽山四周各延伸50

嵇山嵇康墓

嵇康故里门头

包河南岸菩萨雕塑

包河湿地公园

石弓包河新桥

涡阳县（石弓）包河闸

涡阳包河省级湿地自然公园立标石

包河明珠雕塑

涡阳县石弓学区中心学校

石弓中心卫生院

石弓镇人民医院新区

万宝塔

黄石公向张良授书纪念亭

省级非遗石弓石雕

陈抟老祖卧迹

石弓镇农贸大市场

石弓山碑楼

石弓山太山亭

桃花岛生态休闲农庄

玉体山庄法治文化长廊

石弓公交综合运输服务站

（以上图片均由涡阳县石弓镇党政办提供，摄影陈杰、刘仓、化田、爱民、莉华、罗军等）

代序

悠悠天宇旷，浓浓故乡情。时至初冬，我有幸阅读了刘福州教授亲自编撰的《情系石弓山　梦牵包河水》一书。全书字里行间流淌着刘教授对故乡的美好回忆和深深的热爱。我们很荣幸地代表石弓镇党委、政府为本书作序，并借此机会畅谈一下石弓镇的文旅融合发展现状和目标愿景。

党的二十大报告明确提出“坚持以文塑旅、以旅彰文，推进文化和旅游深度融合发展”的要求，安徽省、亳州市、涡阳县也先后对文化旅游发展作出了工作部署。石弓镇历史底蕴深厚，人文景观颇多，石弓镇党委、政府近年来，以习近平文化思想和“两山”理念为指导，围绕《乡村全面振兴规划（2024—2027）》，全面推动农文旅融合发展，着力将石弓镇打造成“人文山水旅游特色小镇”。

一、石弓镇文旅基本现状

石弓镇是一个历史文化悠久、名胜古迹较多、文化底蕴深厚的古镇。据史书记载，早在唐代，这里就是官商必经之地。当时，有一蓝姓人家，在此开了一家客店，招揽过往客商与行人食宿和歇息。因蓝姓在村中是大姓，此地就被称为“蓝店子”。后来，随着店铺规模的逐渐扩大和迁入人口的增多，这里就变成了集镇。现在的石弓集，已成为涡阳县北部较大的集镇之一，它既是方圆几十里物资交流的集散地，也是石弓镇的政治、经济、文化的中心。

石弓镇依山傍水。相传在秦朝后期，黄石公在此地授《太公兵法》于张良，此处的山因此得名“石公山”，后因山形似“弓”，改名“石弓山”；宋代时，包拯到陈州放粮赈灾，为保障运粮通畅在此开河，故此河被称为“包河”。包河属淮河支流，是典型的外流河。S238省道和济祁、盐洛高速交会而过，具有较为明显的区位优势。镇内有嵇康墓、法云寺、遗履桥、陈抟卧迹、万宝泉、仙人巷、道竹桥、张德碑、蓝桥等名胜古迹10余处，每个历史遗存都流传着一段美丽的传说，远近游客慕名而来、流连忘返。

近年来，石弓镇党委、政府立足实际，深度发掘石弓历史遗存，积极发动热心人士，为石弓镇文旅建设奠定坚实基础。

（一）强化项目建设，夯实完善文旅基础

按照涡阳县全域旅游蓝图规划，完善“老子文化·汉唐遗风”文化主题定位。依托深厚的历史文化底蕴，对嵇康墓、陈抟卧迹、遗履桥、万宝泉等旅游资源进行整合。对石弓山进行全面修复，百花谷已进行硬化、净化、亮化、绿化、美化建设；清理包河两岸公共空间600余亩，修建了沿河路，栽植了垂柳和其他景观树3000余棵。2021年成功申报了省级湿地公园和省级第九批“千年古镇”地名文化遗产，现已完成省级包河湿地公园勘界立标、监控管护、生态保育期恢复、科普长廊等项目规划，湿地生态状况持续改善，生态多样性持续增加，生态公园环境持续向好；完成了法云寺的重建；实施“白改黑”道路基础设施提升工程，提升改造旅游道路7公里；鼓励本地热心人士捐钱捐物，筹资200余万元，建成了石弓碑记楼、遗履桥等文化景点。为基层文化事业发展创造了优良的环境，为群众的业余生活增添了更多的色彩。

（二）丰富文化生活，推进乡村新貌建设

着力推进城乡精神文明建设融合发展，培育文明乡风、良好家风、淳朴民风，实现乡村由表及里、形神兼备的全面提升。2022年，我镇积极向县委组织部争取财政衔接发展村级集体经济项目资金50万元，用以建设良弓楼茶社。“良弓”出自《礼记》“良弓之子，必学为箕”，其原意是继承祖辈的优良传统和事业。中国是茶的故乡，“良弓楼”这一名称的第一层寓意是中国茶的发现和饮用已有 5000 多年的历史，要把喝茶这一文化传统发扬光大；第二层寓意是指善良的石弓镇群众，石弓镇向来民风淳朴、待客如宾；第三层寓意取自张良的“良”字和石弓山的“弓”字，相传韩国公子张良在这里获得兵书，而石弓山形似一张弓，依山傍水。良弓楼的建设为人民群众提供了品茶、娱乐、休闲文化场所，焕发文旅产业蓬勃生机。

（三）深挖文化内涵，延伸文化发展链条

积极促进文旅共赢、产业共融、村美民富建设，以张良、嵇康、陈抟等历史名人资源为根基，讲好名人故事，全力做好嵇康家训“人无志，非人也。但君子用心，所欲准行。自当量其善者，必拟议而后动。若志之所之，则口与心誓，守死无二。耻躬不逮，期于必济”的宣传工作；举办了石弓镇包河民俗文化节；开展了“纪念嵇康 1800 周年诞辰”活动和张良、陈抟等历史名人的文化推广活动；每年春节、“五一”期间，举办“乡村春晚”、篮球赛等娱乐活动。这些举措以石弓镇传统民俗文化为核心，树立了石弓镇的文化自信，彰显了石弓镇的文化底蕴。

二、文旅发展愿景展望

为者常成，行者常至。石弓镇文旅大有可为，大有作为。石弓镇党委、政府将深入学习贯彻落实习近平总书记在安徽考察时的重要讲话精神，进一步推动文化和旅游融合发展，发展全域旅游，把文化旅游打造为支柱产业，不断地打造更多的文化精品，助力乡村全面振兴。

（一）打造嵇康故里，点亮文旅品牌

继续围绕打造名人故里的核心，按照“以山治山、以水治水”的工作理念，以辖区村组织为主体，充分发动周边热心人士，全力推进全域旅游高质量发展。不断强化基础设施建设，以嵇山、石弓山为基础，建设嵇康地质生态公园，推进省级包河湿地公园项目落地见效，打通桃花岛、明珠广场、石弓山、法云寺等旅游大通道，以“健康旅游”理念为指导，建设集健康、养生、养老、休闲等多元功能融为一体的健康旅游集散中心，形成古韵宜人、山水韵滋养的独特景观，全力打造嵇康故里文化旅游品牌。

（二）浸润楚汉雄风，滋润文旅底蕴

石弓镇与临涣古镇、永城芒砀山旅游景观毗邻，楚风汉韵，文化厚重，我镇历史名人的相关古迹颇多，较为出名的是黄石公授张良兵书的遗履桥遗址等。石弓镇境内 S238、S411 省道穿插而过，德上高速环绕而过，交通较为便利，可与周边楚汉文化古迹旅游景点串联，共同建设楚汉遗风大旅游生态链，深挖楚汉文化内涵。

（三）推行网红集镇，助力文旅发展

我们不定期拍摄石弓镇文化旅游宣传推介片，积极和市、县电视台联系，把石弓镇文旅风景推广出去；推动“网红 + 直播 + 旅游”模式，加大对“大宝二宝”等本地“网红”资源的挖掘和培育，不断扩大“网红”宣传队伍，最大限度地发挥“网红”宣传效应，致力于打造一批乐于为自己代言、为家乡代言的文化宣传员，增加我镇文旅资源网络曝光率；积极开展民俗文化节、音乐节、艺术展、摄影展等节事活动，大力宣传旅游体验和美丽风景。通过这些活动努力实现“流量变留量”“网红变长红”。

（四）创新文旅产品，延伸文旅经济

在让更多群众吃上“旅游饭”，提高文旅产业效益上做文章。积极推进文旅共赢、产业共融、村美民富建设，重点打造石弓石雕、石弓卤鹅、石弓烧鸡等特色品牌，延伸石弓文旅产物；以张良、嵇康、陈抟等历史名人为根基，衍生出文创产品；同时鼓励周边农户结合本村实际，以“小切入、小投入、稳收入、快示范”的开发模式，通过微改造、精提升，把民居“变身”为书吧、茶室、民宿，呈现出“人来、村活、业兴、文盛”之势，做热摄影游、研学游、亲子游，发展民宿等产业，将它们打造成热门打卡地；不断提升旅游的文化内涵和文化品位，丰富优质文旅产品业态，助力乡村全面振兴。

坚持以文塑旅、以旅彰文，推动文化和旅游深度融合发展，全面推进乡村振兴服务的融合发展。文旅发展不仅能带动群众收入，有利于文化传承和推广，还能够增强文化软实力，满足人民的精神需求。石弓镇将持续推进乡村建设和文旅深度融合，着力打造“人文山水旅游特色镇”。

最后，让我们携手共进、以梦为马、不负韶华，为石弓镇的发展奋力拼搏。

于晓虎　邹想想

2024年12月

自　序

有故乡的人回到故乡，没故乡的人走向远方。我的故乡安徽省涡阳县石弓镇，是一个令人神往的地方，这里有山有水，还有许多美丽的传说。

石弓镇地处淮北平原中部，境内有石弓山、嵇山、齐山、华山，其中石弓山的海拔高达 68.3 米。境内河道属淮河水系，包河自西神桥自然村入境，由西向东，至临涣镇汇入浍河，境内河道长 12.5 千米，被誉为石弓镇人民的母亲河。

石弓镇境内有嵇康墓、遗履桥、陈抟卧迹、万宝泉等名胜古迹。境内的嵇山是我国嵇姓发源地，也是魏晋“竹林七贤”的精神领袖嵇康的出生地和安葬地。这里还流传着陈抟老祖一睡 800 年、张良拾履等许多引人入胜的传说。2021 年 12 月，石弓镇入选第九批安徽省千年古镇地名文化遗产名单。

中央电视台《朗读者・故乡》里说：“故乡是我们年少时想要逃离的地方，是我们年老想回却可能已经回不去的地方。故乡是清明的那炷香，是中秋的那轮月，是春运时的那张车票，是不经意间流露出的口音——故乡是起点，是终点，是即便永远回不去，也依然是故乡的那个地方。”看了这个节目、听了这段朗读后，我百感交集。随着年龄的增长，故乡早已成为游子的精神故乡和灵魂栖息地。当然，现实生活中能不能回到故乡已经不重要了，重要的是我们可以用不同的方式感恩故乡、回馈故乡。近年来，由我牵头，先后组织浙江传媒学院相关专业的研究生、本科生，利用暑期开展“厚德徽商，筑梦钱塘——杭州市安徽商会百名优秀企业家系列访谈”“新中国成立

70 年一个皖北农村家族的历史变迁——以安徽省涡阳县石弓镇神桥村刘永和家族为例”“一个皖北农村的华丽蜕变——涡阳县石弓镇神桥村脱贫致富的故事”等多项社会实践活动，活动成果包括调研报告、宣传视频、宣传画册、人物访谈及通讯报道等，取得了显著的成效。2024 年 7 月，我又组队带领浙江传媒学院新闻与传播学院、文化创意与管理学院等学院的 10 多位同学赴涡阳县石弓镇开展“新中国成立 75 年来涡阳县石弓镇优秀人才代表系列访谈”社会实践活动。

本次社会实践的活动目的，一是记录历史变迁：通过调研新中国成立以来涡阳县石弓镇的人才发展轨迹，记录不同年代人才的成长环境、教育背景、职业成就，展现时代变迁对人才成长的影响；二是挖掘成功案例：发掘并宣传从石弓镇走出的各领域优秀人才，提炼其成功经验，以激励后辈；三是促进乡村振兴：分析人才流动对当地经济社会发展的影响，探讨如何通过人才回流、智力支持等方式促进乡村振兴战略的落地与实施。

本次活动的意义，一是架起历史与现实沟通的桥梁：通过调研涡阳县石弓镇的人才发展历程，学生可以直观地看到 75 年来中国社会变迁对人才培养、社会流动以及经济社会发展的影响，理解个人命运与国家发展之间的紧密联系，从而在历史与现实之间架起一座理解、沟通的桥梁；二是激励与引导作用：挖掘并宣传从当地走出的优秀人才的事迹，不仅可以展示涡阳县石弓镇在教育、科技、文化、经济等领域的成就，还能激励当代青年树立正确的价值观和职业观，鼓励他们以这些优秀人才为榜样，勇于追求梦想，为社会做出贡献；三是促进地方发展：调研成果可为当地政府和教育机构提供宝贵资料，帮助他们更好地了解人才成长的环境因素，制定更加科学合理的人才培养和吸引政策，促进地方经济社会可持续发展；四是增强社会责任感：参与此类社会实践，学生们需要深入乡村，与各界人士交流，这不仅能够提升他们的沟通、调研能力，更重要的是还能够增强他们的社会责任感和使命感，学会关注社会、关心他人，为将来成为有担当的社会成员打下坚实基础；五是文化交流与传承：通过采访不同年代、不同领域的人才，可以收集到丰富的第一手资料，这对于研究地方文化特色、传承地方人文精神、增长文化自信具有重要意义，同时，也能促使青年学生思考如何在快速发展的时代，继承和发扬优秀传统文化的精髓。总之，这次社会实践活动不仅是对涡阳县石弓镇人才发展历程的一次系统回顾，更是一次深刻的社会教育和自我成长之旅，对于参与的学生而言，这将是一段宝贵的经历。

本次社会实践活动的特色和亮点，一是融合多维视角：结合实地访谈、档案资料查阅、网络调查等多种方式，全面收集信息；二是聚焦本土智慧：特别关注那些将个人发展与家乡建设紧密结合的人物故事，展示他们如何运用专业知识反哺家乡；三是互动式访谈：采用视频访谈、现场访谈等形式，增强社会参与度，扩大影响力；四是历史深度与时代广度结合：调研不仅涵盖了老一辈革命家、学者的光辉足迹，也包括新时代各行业领军人物的成长经历，展现涡阳县石弓镇人才发展的全貌，既有历史的厚重感，又有时代的鲜活度；五是多元人才视角：调研对象覆盖多个领域，全方位展示石弓镇人才的多样性和广泛影响力，体现人才对社会全面发展的推动作用；六是实地访谈与数据支撑：实践活动采用直接访谈的方式，让学生与涡阳县石弓镇走出去的人才面对面交流，获取第一手资料，结合官方统计和文献资料，确保调研内容的真实性与可靠性，使研究结果更具说服力；七是乡村振兴与人才战略的融合：特别关注涡阳县石弓镇在乡村振兴战略背景下的人才培养与回流机制，探讨如何利用本土人才资源促进农村经济发展和社会进步，体现了实践紧跟国家政策导向，关注社会热点问题；八是文化传承与创新并重：调研中不仅关注人才的成就，而且深入挖掘他们背后的文化故事和精神传承，探讨石弓镇独特的地域文化如何影响和塑造了这些人才，以及他们在各自领域如何继承和弘扬中华优秀传统文化；九是参与式学习与服务社会：实践活动强调学生的主动参与和实践操作，让学生在调研过程中学习研究方法、提升综合素质，同时也通过实践活动为涡阳县石弓镇乃至整个社会提供有价值的研究成果，实现学术价值与社会效益的双重提升。综上所述，这次暑期社会实践活动以其独特的历史视角、全面的人才覆盖、深入的实地调研、紧跟时代的战略导向、文化与创新的结合、技术的应用以及参与式学习模式，展现出鲜明的特色与亮点。

预期成果，一是撰写人才发展报告：撰写一份详细的人才发展研究报告，分析涡阳县石弓镇人才成长规律与面临的机遇与挑战；二是整理代表性人物系列访谈录：结集出版和在线发布《情系石弓山　梦牵包河水——涡阳县石弓镇优秀人才代表访谈录》，在线发布主要是通过“晚上八点”“世界作家园林”等微信公众号和今日头条发布；三是提交政策建议书：向地方政府提交关于人才培养、引进与使用的对策性建议；四是提升社会影响力：提升涡阳县石弓镇对外形象，增强人才对家乡的归属感与贡献意愿；五是建立数字人文档案：建立一个线上数据库或小程序，集纳访谈记录、人物传记、影像资料等，为后续研究提供资源。总之，社会实践活动旨在通过深度调研与广泛传播，展现涡阳县石弓镇人才发展的全貌，为乡村振兴战略提供人才支撑的区域人才发展的全新样本。

结集出版的《情系石弓山　梦牵包河水——涡阳县石弓镇优秀人才代表访谈录》一书，除代序、自序和后记外，一是收录涡阳县石弓镇代表性人文历史和风景图片 30 张；二是收录涡阳县石弓镇优秀人才代表访谈录 38 篇，其中包括“师者之光，微以致远：从家乡走出的教书育人楷模”6 篇，“铁血铸军魂，青春献军营：从家乡走出的钢铁战士”9 篇，“诗文书画，皆以人重：家乡山水孕育的文艺名家”6 篇，“医者仁心，大爱无声：从乡土走出的白衣天使”4 篇，“紧跟时代，开拓创新：从家乡走出的各界英才”7 篇，“故土难离，桑梓深情：守望家乡的辛勤奉献者”6 篇；三是附录，包括附录一：石弓镇的山河古迹和传说；附录二：中华人民共和国成立 75 年来石弓镇大事记；附录三：中华人民共和国成立 75 年来石弓镇历任领导名录；附录四：情系涡阳，缅怀嵇康；附录五：横琴断音，千古绝响——嵇康公一千八百周年诞辰纪念；附录六：石弓回忆性诗文辑录。

刘福州

2024年12月

目 录

师者之光，微以致远：从家乡走出的教书育人楷模

教书育人桃李满天下，援外翻译为国添光彩

——石弓镇新中国第一位大学生王新贺教授专访

1962 年，在一片光明的前景中，王新贺，一位怀揣希望与梦想的青年，踏上了高考的征途。在全国 44.1 万考生的激烈竞争下，他有幸成为那 10.7 万人之一，被安徽大学外语系录取，从此开启了一段既平凡又不平凡的大学旅程。

王新贺

我的大学——凄美、幸运、感恩

高考结束后的王新贺，并未沉浸在高中毕业的欢庆氛围以及对未来大学生活的幻想之中，而是迅速变身为家庭的经济支柱。王新贺说："因为家庭比较困难，上大学是美好的梦想，但现实是首先要解决家里的生计问题。所以高中一毕业，我就马上开始拉板车，挣一点运费以补贴家用。"

那年 9 月，高校已经开学了，但他一直没有收到录取通知书。正当他以为大学之梦或许就要破灭时，命运却出现了转折。同班好友黄子健不辞辛劳地从涡阳中学一路辗转到达石弓镇，将安徽大学的录取通知书亲自送到了王新贺的手中。后来王新贺才知道，录取通知书是招生办的老师通过邮局寄送的，寄到的是他原来就读的涡阳中学，但他因忙于生计，又不知道到哪里去查询，就没有去学校取。好在同学黄子健在涡阳中学收发室看到了，特意送了过来。这份同窗深情，如同黑暗中的一束光，照亮了王新贺前行的道路，让他重新燃起了对大学的憧憬与希望。"是他把我的录取通知书从涡阳中学送到石弓镇，要不是他，我就没有机会读书了，我的命运可能就完全改变了。"王新贺在回忆起这段经历时，充满感激之情。这是命运的安排，也是同窗情谊的体现。

面对这突如其来的喜讯，王新贺的心中却交织着复杂的情感——既有对未来的无限憧憬，也不乏对未来的深深忧虑。在这个关键时刻，他的母亲用她那充满智慧的话语，为王新贺指明了方向。母亲的话语简单而直接："听说上大学可以吃饱饭，你去上吧，要是吃不饱饭你再回来。"这句话没有华丽的辞藻，却蕴含了母亲对孩子最深沉的关爱和对未来的美好期许。正是这句朴素又充满力量的话语，如同灯塔一般指引着王新贺勇敢地前行。怀揣着母亲的期望，王新贺踏上了求学之路，心中想着："说不定上了大学我就能吃饱饭了。"

出发这天，为了庆祝王新贺上大学，母亲特意买了一个猪头，他与家人共享了一顿温馨的晚餐。肉香四溢中，他心中既充满对未来的憧憬，又夹杂着一丝不安。第二天清晨，带着母亲给的几块钱的盘缠和一个沉甸甸的包袱，王新贺踏上了前往合肥的漫长旅程。他徒步穿越了二十五里乡间小路，抵达淮北市临涣镇，随后辗转乘坐汽车和火车，历经一番周折，终于在 9 月 16 日深夜抵达了合肥。

夜色已深，合肥火车站的灯光在昏暗中闪烁，王新贺背着行囊，步履坚定地沿着长江路向安徽大学前行。虽距离学校尚有近十公里的路程，但他毫不畏惧，一步步向自己的大学梦靠近。当王新贺终于站在安徽大学的校门前时，已经到了下半夜。望着那块写着“安徽大学”四个字的牌子，他的心中涌动着难以言喻的激动与忐忑。

由于时间太晚，校门已经锁上了，王新贺没有犹豫，将包袱扔过铁门，自己则攀爬而入。校园内一片寂静，只有远处的教学楼里还有几盏灯火在夜色中闪烁。“我看楼上有亮着的灯，我就奔过去，找个有灯的地方敲门。当时是安徽大学化学系的两位老师在做化学实验，值夜班。我敲门进去以后，老师们非常诧异，我就把我的录取通知书给他们看了，我说我被安徽大学录取了，老师们对我非常客气。我印象非常深，一位老师为我倒了一杯水，并热情地说：‘你就临时在这儿休息吧，你们外语系在文科楼，新生们都住在文科楼的四层，等天亮以后，你再去办手续。’”老师的话让他深刻地感受到了温暖与善良，体会到了关怀与尊重。

当天边渐渐泛起鱼肚白时，王新贺背着行李，心怀希望与忐忑地走向文科楼。在四楼的走廊上，他遇到了同样被安徽大学录取的另外两个高中同学——张新民和孟钊生。老同学诧异地询问：“你怎么现在才来？”王新贺回应道：“我收到通知书就已经晚了，我来试试，学校能让我上，我就上；如果不能，我就回石弓镇。”

随后，在两位同学的带领下，王新贺来到了安徽大学外语系办公室。在那里，他遇到了教学秘书汪源林老师。王新贺向汪老师出示了录取通知书，并说明了自己家庭困难和没有及时收到通知书的情况。汪老师在了解情况后，告知他报到工作已经结束，但考虑到他的实际情况，还是决定帮助他。

汪老师带着他去找外语系主任李东光。“李主任是一位身材魁梧的东北人，高高大大的，参加过第二次世界大战……”王新贺慢慢地叙述着，他至今记忆犹新。

王新贺向李主任坦诚地讲述了自己的情况和家庭的困难，并表达了自己对上学的渴望。李主任听完他的陈述后，又向学校领导咨询了一下，最终，基于他的实际情况，学校决定让他入学报到。这一决定对王新贺来说意义重大而且十分难忘，标志着他成功迈进了大学校门。

大学时期的王新贺

回首往昔，那段在安徽大学度过的岁月，依然清晰地烙印在王新贺的心中。

“安徽大学的历史非常悠久。民国时期，政府在安庆办了一所安徽大学，后来迁往芜湖，再后来是 1958 年由芜湖迁到合肥，重新办了大学。在 1958 年的时候，毛主席去安徽省合肥市视察，亲自题写了校名，就是‘安徽大学’这四个字，由时任省委书记曾希圣担任名誉校长。安徽大学是非常有名的，当时是华东地区重点支援的大学，特别是上海一些高校重点支援安徽大学。安徽大学外语系都是有阅历的教师，有的是驻外使馆的参赞，有的是给志愿军做过翻译，有的是华东师范大学的教授……他们都是很有资历很有水平的学者，例如冒效鲁、姚企文、巫宁坤、王思澄、马宝华、冯祥春、蒋浩泉，都是享誉一时的名师。”

当时，安徽大学基本上还是按照当年苏联的教育模式，评分是按 5 分制，5 分是最优秀的，相当于现在的 100 分，4 分是良好，3 分是及格，2 分是不及格。

安徽大学的伙食是免费的，饭菜质量及后勤管理都非常不错。学校不仅免学杂费，还给两块钱的生活费，这两块钱就相当于现在的助学金。“虽然只有两块钱，但在当时，对于我们学生来讲，洗澡、理发、寄信等这些生活开销，两块钱基本上就够了……”谈及母校安徽大学，王新贺的话语便如泉涌，流露出无尽的感慨与深情。对他来说，安徽大学是知识的圣殿、梦想的摇篮、灵魂的港湾。如今，王新贺虽然已经离开了安徽大学，但那段难忘的时光和那些敬爱的老师，依然深深留在他的心中。

当王新贺回顾并总结他的大学生活时，不禁感慨万千，言语间流露出深深的怀旧与体悟："为什么说起我的大学，我就感到非常凄美？因为我入校就有一些小小的波折，命运安排也可能有这样一步，不然的话也就是另外一个人生了。我是幸运的，我非常感激、感恩，应该说是人民养育了我，党培养了我，我也应该知恩图报。所以我从学习到工作，心里始终有凄美、幸运、感恩这三种情感。"

谈及他在大学印象最深刻的老师时，他感慨地说道："是巫宁坤教授。"巫宁坤教授是王新贺在安徽大学读三年级时的英语精读课老师。巫老师深厚的学识和独特的教学魅力深深地吸引了王新贺，使他对英语产生了浓厚的兴趣。那些年，巫老师不仅传授给王新贺知识，更教会了他如何做人、如何面对生活的挑战。

1980 年初，当王新贺调到安徽师范大学阜阳分校工作时，受校领导委派前去合肥邀请巫老师来校讲学。巫老师对王新贺的到来表示非常高兴，开心地说道："新贺来了！"并赠予他一本自己翻译的《手术刀就是武器》，这本书主要讲述了白求恩医生在中国抗日战争期间的故事。

随后，巫宁坤教授还带着王新贺前往南京大学，拜访了翻译界的老前辈杨宪益教授（翻译过《红楼梦》）。两位老教授相见，相谈甚欢。这次拜访，不仅让王新贺深刻感受到了老一辈学者的风范与情怀，也让他更加坚定了在教育道路上继续前行的决心。

1990 年 5 月，当王新贺因工作需要前往巴巴多斯时，他特地绕道北京，去拜访了已经回到国际关系学院任教的巫宁坤教授。巧合的是，两人正好搭乘同一航班前往美国，虽然目的地不同，但这次意外的同行给了他们一次深入交流的机会。

1992 年秋，王新贺完成了工作，回国探亲。途经纽约时，他迫不及待地拨通了巫老师的电话。得知巫老师在新泽西州，王新贺立刻邀请他前来相聚。巫老师二话不说，立即驱车前往，与王新贺见面。两人相见甚欢，仿佛又回到了当年的课堂上。那天，他们促膝长谈，分享了彼此的生活经历和感悟。巫老师向王新贺讲述了中华人民共和国成立前自己在美国留学的经历，以及他是如何克服困难回到祖国怀抱的。王新贺听得入神，对巫老师的敬仰之情愈加深厚。这次谈话不仅让王新贺更加了解巫老师的过去，也让他更加珍惜与老师相处的时光。

王新贺与巫宁坤教授

人民养育了我、党培养了我，我要报国报民

王新贺于 1966 年在安徽大学完成本科学业，毕业分配被推迟至 1968 年 5 月，随后被分配至北京的中国农业科学院对外联络处（后改为情报研究所，所长是李特特）。该单位为中央直属机构，主要服务于农业部和中国农科院的科研外事工作。

王新贺与中国农业科学院的同事

不久后，按照中央文件关于中央直属单位 65 届研究生、66 届大学毕业生的规定，王新贺于 1968 年到北京军区 4688 部队，在天津市塘沽区（已撤销）的八一盐场接受军训并从事劳动。部队生活结束后，他返回单位。后来，他又被派往河南省安阳市殷墟区。

出于对自己家庭情况的考虑，王新贺向领导提出调回安徽的请求，并得到了批准。于是他回到了自己的老家安徽省涡阳县，在石弓中学任教数年，其间培养出许多优秀学生。

随后他又从石弓中学调到了安徽师范大学阜阳分校（后改为阜阳师范学院，即现在的阜阳师范大学）。在阜阳师范大学任教期间，王新贺担任了四年级毕业班的英语精读课教学工作。这门课程对教师的口语表达能力有着极高的要求，使用的教材是由复旦大学徐燕谋主编的，这是传统高校英语专业的教材。

在刚开始使用这套教材时，王新贺采用了传统的教学方法，即以前老师怎么教他，他就怎么教学生。然而，随着教学经验的积累，他逐渐意识到这种填鸭式教学并不利于学生的长远发展。于是，他决定改变教学内容和教学方法，采取启发式教学，以激发学生学习的兴趣和主动性。

王新贺的教学方法独具特色。他根据每一节的课文，在黑板上写下“Suggested questions（即建议的问题）”，这些问题旨在概括课文的主要内容，并引导学生进行综合性思考。通过这些问题，他能够判断学生对课文的理解程度，并据此调整教学策略。同时，他还鼓励学生进行课堂讨论，用英语交流想法，这大大提高了学生的口语表达能力和思维能力。

除了教学方法的创新，王新贺还注重将国外的工作经验和教材内容融入教学中。他会给学生补充一些国外的正式合同条款、会谈纪要等内容，以拓宽学生的视野，增长他们的知识。这种教学方式不仅让学生学到了书本上的知识，还让他们了解了国外的文化和工作方式。

多年后同学聚会时，同学们说对王老师所教的内容印象十分深刻，这间接地反映出王新贺的教学效果显著。他的学生中有的担任阜阳师范大学外国语学院院长、北京经贸大学外国语学院院长、合肥工业大学外国语学院院长，还有的进入了最高人民法院等单位担任领导职务。这些优秀的学生让王新贺感到自豪和欣慰。

在长期从事教育工作的过程中，王新贺始终坚守着自己的初心。他本来有机会从政、经商，但他最终选择了教书育人。2004 年 1 月，他光荣退休，结束了长达数十年的教学生涯。他动情地说道："我一辈子都是教师，就是一个普通的教书匠，但是人民养育了我、党培养了我，我要报国报民。所以，在教书育人方面，我教了无数的学生，培养了不少优秀的外语人才，也就是说凭自己的初心，凭自己的专业和能力，我问心无愧地做个教师。"

王新贺80寿辰时与阜阳师范大学外国语学院领导合影

公派出国——在科威特的峥嵘岁月

1984 年冬末，王新贺被公派到科威特工作，他的心中既有对远方的憧憬，也有对未知挑战的忐忑。由于国内没有直达航班，他只能去泰国转机，搭乘泰国航空公司的航班，跨越千山万水，抵达了这个地处波斯湾畔的国度。

在这里，他成为中建浙江分公司科威特 Waterfront Project IC 项目的一员，这个项目相当于上海黄浦江畔的码头建筑群，沿波斯湾 20 千米的海岸线建造了一系列设施，包括直升机场、游艇俱乐部、服务中心等。

作为二期项目翻译组的组长，王新贺肩负重任。英语作为工作语言，在这个由南斯拉夫、科威特、叙利亚等国家组成的国际承包集团（ICG）中显得尤为重要。然而，初来乍到的王新贺，面对专业术语，如钢筋、水泥等，仿佛置身于一片陌生的领地。他不得不边学边干，用汗水和智慧，将每一个词语、每一个句子都翻译得准确无误，确保国家的利益在异国他乡也能得到守护。

生活上的挑战同样不容小觑。科威特的气候炎热干燥，饮食文化与中国大相径庭。王新贺在这片陌生的土地上，品味着异域的美食，也经受着气候的考验。但他从未退缩，而是以一颗坚韧不拔的心，去适应、去融合。

在浙江省慰问团的关怀下，他们的生活条件得到了显著改善。中餐食堂的开设，让远在异国的王新贺品尝到了家乡的味道，感受到了家的温暖。那些熟悉的味道，如同一种无形的力量，支撑着他在这片异国土地上继续前行。

在科威特的岁月里，王新贺不仅提升了专业技能和语言能力，更开阔了眼界，积累了宝贵的国际工程经验。他见证了中国企业在国际舞台上的崛起和影响力的扩大，也深刻感受到了国家对出国人员的关怀和支持。那些免税购买的家用电器、那些来自祖国的慰问品，都是国家对他们辛勤付出的肯定和鼓励。

如今，当王新贺回想起那段在科威特的岁月时，他的心中充满了感慨和自豪。

在改革开放初期，我国正逐步探索走出国门的道路。在这一历史背景下，科威特海滨工程成为中国建筑业在国际舞台上的一次重要尝试。中国建筑工程总公司作为分包商，派遣了 800 多名施工人员参与了建设。

作为分包商，中国团队在技术上、管理上以及语言文化上都面临着巨大的挑战。

施工工具、工艺以及具体要求与国内规范存在显著差异，而翻译人员的匮乏更是加剧了交流上的困难。

然而，正是在这样的逆境中，中国人展现出了顽强的意志和卓越的智慧。他们凭借不懈的努力和敬业的态度，逐渐赢得了业主的信任。1985 年秋季，一次突发的施工事件成为中国人在科威特工程中话语权增强的转折点。

那天，波斯湾的海潮汹涌澎湃，海水倒灌进了施工工地，给工程带来了严重的威胁。面对这一紧急情况，800 多名中国施工人员，包括领导、管理人员以及普通工人，都奋不顾身地跳入海水中，奋力抢修工地。他们的英勇行为不仅带动了当地人，也赢得了业主深深的敬意。

这次事件后，业主对中国人的信任显著增加，开始重视中国人的意见和建议。中国人开始积极参与决策过程，为工程的顺利进行贡献了自己的力量。

科威特海滨工程不仅是中国建筑业在国际上的一次重要实践，还是中国人话语权增强与智慧崛起的一个缩影。在那个时代，中国人凭借自己的努力和智慧，在国际舞台上逐渐站稳了脚跟，为后来的发展奠定了坚实的基础。而王新贺作为其中的一员，创造性地开展翻译工作，受到了浙江省慰问团的高度赞扬。作为这一历史性转变的见证者，他的经历和记忆成为那段岁月中不可磨灭的印记。

在巴巴多斯的足迹——一位翻译者的坚持与奉献

自 20 世纪 70 年代我国与巴巴多斯建立外交关系以来，两国之间的交流与合作日益频繁。在此背景下，王新贺踏上了巴巴多斯的土地，开始了他在这里的工作。

王新贺在巴巴多斯

在巴巴多斯，他参与了多个承包和援建建筑项目的翻译与协调工作。作为项目的翻译与见证人，他精心翻译了合同，并确保合同内容符合双方利益和法律条款。在合同实施过程中，他积极参与协调各方面工作，确保项目顺利进行。

然而，在项目实施过程中，他遇到了诸多挑战。其中最为棘手的是政府大楼返工问题。由于原承包商的技术和资金问题，巴巴多斯政府终止了合同，并请求中国帮助他们修建政府大楼。然而，在接手项目后，中方发现原施工团队的施工质量和工艺水平并不符合中国的施工标准。面对这种情况，王新贺需要与业主、建筑师以及当地分包商进行艰难的谈判和协商。他始终坚持原则，最终确定了一项双方都能接受的解决方案：材料费由对方支付，人工费由中方支付，从而确保了项目的顺利进行和如期竣工。

在巴巴多斯圣吉姆斯詹姆斯学院的校内道路翻修项目中，他作为中方翻译团队的成员，承担着确保双方沟通顺畅、理解准确的重要职责。然而，在项目实施过程中，他们遇到了一个看似微小实则影响重大的语言障碍。

在翻修道路的过程中，按照合同，中方施工者选择了使用回填土进行铺设。然而，在巴巴多斯，这个决定却引发了一场风波。原来，合同中“marl”这个词，在汉语中的意思是“泥土”，但“marl”在当地指的是某个工厂专门生产的珊瑚石，这一差异导致了工程暂停，并且对方提出了返工的要求。面对这一突如其来的变故，他反应迅速，凭借对合同条款的深入理解和对当地语言的精准把握，开始了一场艰难的沟通与协商。他首先与巴巴多斯方进行了深入交流，详细了解了他们对材料的具体要求和提出返工的原因。然后，他将这些信息准确传达给了中方团队，并与他们一同商讨应对策略。在接下来的日子里，他频繁地往返于教育部门和施工现场之间，用流利的英语和专业的知识，耐心地向对方解释中方的立场和困难，同时也积极地倾听对方的意见和建议。经过多次沟通与协商，他和团队其他成员终于商讨出了一个双方都能接受的解决方案。他们决定对主干道进行返工，使用珊瑚石进行回填，而次干道则继续使用回填土。同时，双方就费用和时间成本等问题达成共识，确保工程顺利进行。

这次事件不仅考验了王新贺的语言能力和专业素养，更让他深刻体会到了翻译工作的重要性和挑战性。他意识到，翻译工作不仅仅是语言的转换，而且要以解决问题为主导，大到涉及国家利益，小到一个工程项目的成败。在国际合作中，一个微小的语言差异都可能引发巨大的误会和损失。因此，他更加坚定了自己追求精准翻译和不断学习的决心。

平凡中见不凡，回忆中见真情

尽管命运多次向王新贺抛出了转变职业生涯的橄榄枝，但他始终坚守在教育的岗位上。1985年春节前，浙江省慰问代表团赴科威特慰问在科威特海滨工程工作的施工人员时，代表团便慧眼识珠，看中了他的语言优势与在海外积累的宝贵经验，诚邀他参与创立一个专为出国人员服务的培训中心，并许以优厚的报酬与广阔的发展前景。这对于许多人来说，无疑是职业生涯的一大转折点，但他毅然决然地拒绝了这份诱人的邀请，选择了继续留在三尺讲台上，做一名默默无闻的教师。

岁月流转，他拥有过无数次可以投身政界或商海的机会，但是每一次，他内心的天平都倾向于他热爱与执着的教育事业。在他看来，没有什么比传授知识、培育祖国未来的栋梁之材更能让他感到满足与自豪。回望自己那平淡却充实的大半生，他的心中满是坦然与无愧。

当然，他也承认，在照顾家庭与教育子女上，自己或许有所亏欠，未能给予家人足够的陪伴与支持。这份遗憾，他选择用平静、安宁的晚年来弥补，不给子女增添额外的负担。家人平安健康，便是对他最大的慰藉。

尽管王新贺的心中烙印着无数难忘的经历，但笔者仅撷取其中两三个片段予以记载，平凡中见不凡，回忆中见真情。

一是老校长的临别赠言。在王新贺的记忆中，毕业分配时的那一幕始终清晰如昨。当时，他和几位即将前往北京的同学站在校门前，聆听着老校长张行言的谆谆教诲。张校长曾在北京外国专家局工作过，对北京有着深厚的感情和深刻的了解。他语重心长地对王新贺等人说："你们要注意安全，保重身体，向老一辈学习。"这几句话虽然简短，却蕴含着老校长对同学们的深切关怀和殷切期望。王新贺将这几句话铭记在心，作为自己在北京奋斗的座右铭。

二是北京大爷的暖心相助。 被分配到北京的中国农业科学院工作的那一晚，王新贺带着小木箱和书，还有一个小包裹，独自一人来到了北京火车站。然而，当他出站时已经是下半夜了，没有公交车了。疲惫不堪的他只好背着小木箱，带着行李，艰难地走出火车站。就在这时，一位好心的北京大爷骑着三轮车出现在他的面前。大爷看到王新贺吃力的样子，便主动上前询问他要去哪里。王新贺用不太标准的普通话告诉大爷，自己是被分配到中国农业科学院工作的，要去报到。大爷一听，便说这里离中国农业科学院还很远，有十几公里的路程。大爷主动提出帮王新贺拉行李。在大爷的帮助下，王新贺终于顺利地到达了中国农业科学院。大爷还帮他敲开大门，找到传达室的工作人员，把他安顿好。临别时，王新贺满怀感激之情，欲以金钱表达谢意，然而大爷坚决地拒绝了。

三是外交情谊深，感谢国家对出国工作人员的关怀。1992 年 3 月，时任国务院秘书长的罗干率领团队抵达巴巴多斯，慰问在巴巴多斯工作的中国工作人员，招待大家吃饭，召开座谈会，与大家合影留念。

2004 年 10 月 2 日，在巴巴多斯的布里奇顿，一项由中国援建的菜市场扩建工程迎来了它的竣工时刻。在竣工典礼上，时任外交部长的李肇星率领代表团，代表中华人民共和国向巴巴多斯政府交接，并表示真诚的祝贺。李肇星部长以其平和亲切的态度，给在场的每一个人都留下了深刻的印象。在见到翻译人员时，他特别表示了感谢和敬意，称赞道："辛苦了，辛苦了，我们是同行，你们出国人员劳苦功高。"这份来自外交部长的肯定，让翻译人员备感荣幸。更令人感到亲切的是，李肇星部长还亲自赠送了一本他在飞机上阅读的英文杂志给王新贺，并分享了自己的文化素养和爱好。当王新贺开玩笑地用英文说"Any more？"时，李部长敏锐地捕捉到了这个玩笑的出处，并说这是《雾都孤儿》中的一句台词。这一互动，不仅展现了李部长的学识渊博，也拉近了两人之间的距离。随后，李肇星部长还赠予了王新贺一本外交部主编的英文书籍《*Foreign Affairs of China*》，并在书上亲笔题字，表达了对他的赞赏和感激。这份来自外交部长的赠礼，对王新贺来说，无疑是一份珍贵的纪念和荣誉。这次经历不仅让王新贺深深感受到了国家对出国工作人员的关心与关怀，也让他感受到了外交部长李肇星的平易近人和深厚学识。

注：本文作者朱悦文，浙江传媒学院新闻与传播学院2023级传播学专业本科生。

甘作阶梯通大道，且播桃李满神州

——合肥工业大学李学京教授专访

出生于安徽省涡阳县石弓镇李楼村的李学京，现任合肥工业大学教授，是一个事业有成又十分谦虚可亲的人。几十年的教书育人、教学相长，让他不仅桃李满天下，而且为中国图学标准化事业做出了重要贡献。

李学京

一年好景君须记，最是橙黄橘绿时

涡阳县石弓镇李楼村是李学京的出生地，有时他和子孙们聊起自己的经历时会说：“我感谢石弓镇李楼村这片热土上的父老乡亲，特别是我的父母，他们在当时比较困难的情况下把我养大并且送进学校，把我培养成一名大学生。你们要记住，石弓镇李楼村是咱家的根。”

少年时，李学京最憧憬的职业是拖拉机驾驶员，因为当时农村生产力水平比较低，基本上是老牛拉犁耕田，手持镰刀割麦子，他认为开拖拉机就是高级技术，会开拖拉机就能更好地犁田和运输了。

与大多数适龄儿童一样，很快他就进入石弓小学上学，高兴地唱着“好好学习，天天向上”，并戴上了红领巾。小学毕业后，他又顺利考取了石弓中学，并在此读完了初中、高中。

高中毕业后，学校决定让本校首届高中毕业生的他和曹守义留校任教。在留校的三年里，李学京教过初中数学、高中物理等课程。

几年的工作实践，让他越来越感觉自己的知识贫乏，促使他思索今后的路该怎么走。他的答案是：立足现实、树立目标、坚定行动、争取成功、与时俱进、更上一层楼。

20 世纪 70 年代中期，李学京有幸被合肥工业大学机械设计制造专业录取，并在大学毕业后留校任教，还攻读了精密机械及仪器专业的研究生。

千淘万漉虽辛苦，吹尽狂沙始到金

留校任教后，李学京任教的主要课程有工程图学、技术标准化、机械设计及制造等。

李学京有个特点就是工作需要干什么，他就全身心地热爱什么。例如工作需要他教工程图学课程，他就沉迷进去了。工程图是工程界的语言，贯穿了产品全生命周期十分重要。例如汽车这种产品，从设计绘制汽车工程图，到其后的汽车零部件制造、汽车装配、产品检验、汽车使用和维修等，每一个环节都是在汽车工程图的指导下进行的。工程图有多种，包括机械工程图、建筑施工图、电气接线图等。

研究图的科学叫作图学。图学学科的标准叫图学标准，例如工程界一直在执行的《建模制图标准》。当时，他在教学中发现很多学校编写的《工程图学》教材中的制图标准，主要是参照苏联的标准制定的，远远落后于当时的国际标准水平，进而严重限制了我国工程设计制造业的发展。“得标准者得天下”，同理，“得图学标准者得图学天下”！受此启发，他就暗暗下定决心，一定要研究出规范的图学标准。

于是他从自己已经有点基础的制图标准入手，进而深入整个图学标准化领域，再深入到广义标准化，例如图学标准化、企业标准化、食品标准化、农业标准化、航空航天标准化等。在领导的支持下，通过多年努力，李学京终于跻身国际国内图学标准化的最高殿堂——“国际标准化组织 / 技术产品文件标准化技术委员会”（ISO/TC10）和“国家标准化管理委员会 / 技术产品文件标准化技术委员会”（SAC/TC146），成为一名国际国内图学标准化专家，多次代表国家参加 ISO/TC10 等国际会议，主持及参与制定、修订多项图学国际标准（ISO）和国家标准（GB），编著了多本著作和教材。例如，工程技术人员特别熟悉的图学国家标准 GB/T 14689-2008《技术制图图纸幅面和格式》，其中规定的 A0 至 A4 图幅就是由李学京教授主笔起草的。

李学京在澳大利亚参加ISO/TC10国际会议时发言

李学京教授深刻认识到，中国工程图学若要获得国际话语权，必须多参与国际图学标准化活动，并争取参与甚至主持制定国际图学标准。通过国家出面争取，ISO/TC10 指定，委派中国专家李学京教授主持起草制定的国际标准 ISO/TS128-71：2010《机械工程制图的简单画法》，正确于 2010 年发布，该标准是我国机电基础领域主持制定的第一项国际标准，也算是为国争光！

治学严谨育桃李，甘做阶梯引玉来

李学京常自嘲只是一名教书匠，但他一向不甘落后、勇于争先，努力跻身学术领域前列。在繁重的教学科研工作之余，他还兼任合肥工业大学工程图学系主任和安徽省图学学会理事长等职务，培养了一大批图学学科的学术骨干和带头人，并带领合肥工业大学和安徽省的图学学科走在全国图学领域的前列。

退休后，李学京对自己的要求是：老骥伏枥、甘献余温、利国安家、乐观人生。他现受聘为安徽省图学学会荣誉理事长。他开玩笑地说：“老了，余热没有了，那就献点余温吧。”他说到做到，身体力行，即使已退休多年，仍在为图学标准化事业贡献余温。在 2022 年的中国图学学会第八届大会上，学会特邀李学京教授作《国际国内图学标准化的历史、现状和发展趋势》的学术报告，向全国图学学科的同仁以及多行业工程技术人员讲解了图学标准化的渊源及原理、趋势等。

教育子孙是大事，爱国利民最根本

当我们向李学京教授请教关于对后代的教育问题时，他说：“好吧，恭敬不如从命，那就浅谈一下，算是抛砖引玉吧。第一，子孙不只是自家的私有财产，更是属于国家和人民的；第二，在孩子幼儿时期要本着‘爱而不溺、严而不酷’八字诀抚养好他们；第三，孩子到了青少年时期，要培养他们独立、坦然面世、立足现实、树立目标、坚定行动、争取成功、与时俱进、更上层楼的信念。至于儿孙们定什么人生目标以及走什么道路，应尽量让孩子们自己决定，作为长辈可以提点参考意见；对他们的处世之道，可以提出基本要求。”

采访临近结束，李学京教授特别感谢刘福州院长及其带领的浙江传媒学院的学生们为石弓镇做的调研和采访。对于这些感谢，笔者觉得受之有愧，但能够聆听这样的故事，与这样的老先生交谈实属荣幸。

所有的必然，都是无数人埋头苦干、拼命硬干的结果。中国飞速发展，人类不断进步，背后是无数人奋斗的青春。鲁迅先生说得没错，中国不缺这样的人。

这样的人，值得我们学习。

注：本文作者李城，浙江传媒学院文化创意与管理学院2023级网络与新媒体专业本科生。

怀揣理想，无问西东

——合肥工业大学材料学院原党委书记王从义教授专访

“对自己的目标要有一个想法，对自己的人生要有一个规划。”回望与教育相伴的大半生，王从义教授这样总结道。科研人自有科研人的理想，正是这点星星之火，陪伴着王从义走过迷茫岁月，让他废寝忘食地投入事业中，每一步昂首挺胸，每一步稳扎稳打。

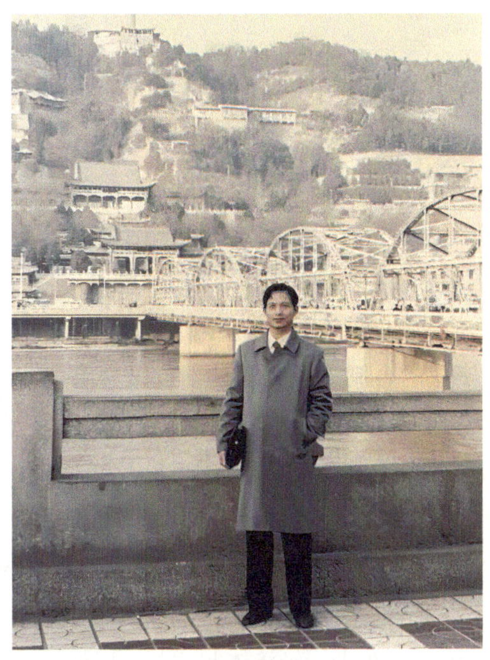

王从义

柳暗花明又一村

王从义出生在涡阳县石弓镇王浅村的一个普通家庭。他于 1969 年入伍，被部队安排学习汽车驾驶和维修，结业后于 1970 年初被分配到机关单位做汽车驾驶员。对于还不到二十岁的王从义而言，在部队的五年里他学会了很多。“从学校里刚出来，我还没有经过社会的磨炼，到部队去是一个锻炼的过程，特别是到机关以后，还有学了驾驶以后。”日复一日的训练不光是对专业技能的锻炼，也是对思想、生活阅历以及为人处世等方面的历练。

吾将上下而求索

来到部队的第二年，王从义由于表现突出加入了党组织，但他始终渴望得到重回学校学习的机会。1974 年 7 月，高校招生，王从义被推荐进入合肥工业大学机械系铸造工艺及设备专业学习。

1977 年，大学毕业后，王从义被分配到华东冶金学院（原马鞍山钢铁工业学院，属于冶金部创办的高校）任教。由于华东冶金学院的学科方向主要是钢铁冶炼，其专业设置也与之相关，与王从义所学专业不对口，于是他在 1978 年提出了专业对口的要求。正好他毕业的合肥工业大学从学校里分出了安徽工学院（安徽工学院原是独立学校，于 1958 年为大力培养工业建设人才，适应社会主义现代化建设需要而创办，于 1970 年并入合肥工业大学。1978 年经国务院批准，在原址恢复安徽工学院）。新学校师资短缺，校内教授大都是王从义的大学老师，主要专业又与王从义的大学专业一致，经本人申请并经上级同意，将王从义调到安徽工学院任教。

20 世纪 80 年代，国家正在进行经济体制改革，以经济建设为中心，整个国家缺少专业技术人才，也缺乏管理人才。王从义一开始并不想从事管理工作，想一直坚守在教师岗位上。天不遂人愿，突如其来的肺结核病让王从义的教学科研工作被迫中断。待他身体好转后，学校领导就动员他去从事管理工作。当时的王从义并不愿意，他回忆道：“在国家正需要技术人才的时候，去从事管理工作，大家都不想去做这事。”后来领导建议他多元化工作，把管理作为“兼职”，于是王从义开始接手一部分管理工作。自 1986 年起，先后担任安徽工学院机械系党总支副书记、材料系党委书记。1997 年安徽工学院与合肥工业大学合并后，王从义担任合肥工业大学材料科学与工程学院党委书记。2000 年后，国家为加强民办高校的管理和党建工作，受省政府和省教育厅委派，王从义于 2011—2016 年任安徽城建学院（原安徽长江职业学院）督导专员兼党委书记。

“行之力则知愈进，知之深则行愈达”是对王从义工作态度最好的诠释。无论是教学科研工作还是党务管理工作，王从义永远都在大跨步地前进着，义无反顾地追逐着初心。“你要适应你的工作环境，就必须不断地学习，这是最主要的。”当被问到成为院党委书记后对未来工作的愿景时，王从义如是说。在他看来，在高校工作自然要以人才培养为首要目标，但是从原来的教师身份转变为管理者身份，确实是一个角色的转变。这意味着既要学工科，又要学人文科学，这是一个漫长的学习过程。“在高校从事管理工作，你必须适应学校管理工作的情况，要不断积累管理学生和知识分子的经验，了解他们，熟悉他们，所以自己要加强在这方面的修养。”在王从义身上，可以看到终身教育、终身学习的光辉。正是千千万万个努力向上、永不懈怠的普通人，他们不断奋斗，保障着各行各业的蓬勃发展和社会的稳定进步。

晨兴理荒秽

谈起家乡，王从义感慨万千。他说：“经过这些年的发展，家乡的变化很大。但是，由于区位条件所限，经济上与南方相比还有一定差距……我们家乡如果继续发展的话，我觉得最欠缺的还是教育。”王从义初中毕业时，家乡的镇子上就只有一所初中，如今半生已过，家乡还是只有一所初中，更别提高中了。年少的他也曾因为教育资源的匮乏而苦恼过两年。他曾听好友李学京提起，以前石弓中学办过高中，但后来又被取消了。“我觉得这是石弓镇发展的一大遗憾。”

除了教育，王从义还对石弓镇的产业发展提出了几点建议。“当地以农业为主，而且还是以传统农业为主。但是一个地方，特别是一些农业占主导地位的地方，光靠传统农业是发展不起来的，也是富不起来的。”做好乡村振兴要吸引年轻人返乡创业，但是有什么条件吸引年轻人返乡创业？有没有条件发展其他产业？相关产业又该怎么做？提出三连问后，王从义也给出了自己的想法。乡村振兴自然不能只局限于第一产业的兴起，更要激发群众创造美好生活的热情。他认为，现在人们的温饱问题解决后，向往有机、绿色、健康的生活是一个趋势，当地可以考虑发展高附加值的经济作物，充分利用数字经济这个手段和人们爱网上购物的习惯促进传统农业的发展。“不要紧，慢慢来，目前大面积推广可能不太行，但是可以小面积先尝试发展其他产业，特别是种植一些经济作物。”

“晨兴理荒秽，带月荷锄归。”乡村振兴是一场持久战，尽管家乡在各方面还有许多不足，但王从义坚信在不久的将来，只要找到一条具有家乡特色的道路，因村制宜，精准施策，必定能拨云见日，实现跨越式发展，打造出现代版的“富春山居图”。

须知少日擎云志

王从义现已退休，但提及对青年的寄语，他的言语还是那般铿锵，还是那样富有激情。回顾来时路，王从义认为人的一生短暂，所以要尽早对自己有一个“想法”，对自己的目标有一个“想法”，对自己的人生有一个规划，想好在每个年龄段要做什么事，没有规划自然没有目的，没有目的也不会有前进的动力。因为心中有丘壑，所以斗志昂扬，永不懈怠；因为热爱教育事业，所以日复一日，年复一年，昼夜不息地投身其中也不觉得累。

王从义还特别提到了“机遇”。“有了理想、有了想法之后，还要准备创造一些条件，这样，机会来临的时候你才能抓住。”王从义抓住了进入部队的机会，在积累人生阅历和思想厚度后，再次抓住进入高校的机会，不断地向理想靠近，他的每一步都踏踏实实，没有一步是多余的。“时不我待”，当今时代是大发展的时代，当今世界是大变革的世界，面对剧变的形势，我们青年要把握机会，乘势而上，勇立时代潮头。

注：本文作者傅怡潼，浙江传媒学院文化创意与管理学院2023级网络与新媒体专业本科生。

立德树人，矢志不渝

——浙江传媒学院马克思主义学院刘福州教授专访

淡泊中的坚持创造永恒，宁静中的守望孕育辉煌。在我们身边，有着太多前辈在岗位上奉献青春，辛勤耕耘，用崇高的师德之光照亮一片清澈的天地。春夏秋冬，他们乐教爱生、启智润心，俯下身子甘做铺路人，在平凡的岗位上创造出不平凡的人生。正是他们的大爱，才成就了一个个学生的精彩人生。他们孜孜不倦、心有大爱、满怀赤诚，为教育事业奉献一生，例如浙江传媒学院马克思主义学院教授——刘福州。

刘福州在参加会议时发言

一点青春气，千里快哉风

20 世纪 80 年代初期和中期正处于改革开放新时期，农村家庭联产承包责任制改革取得突破，城市改革方兴未艾。那时，每个家庭都很重视对子女的教育。刘福州老师讲，他的父母希望每个孩子都能好好读书。虽然刘福州很用功，但他在小学、初中时，成绩并不突出，大致位于班级的中上游。转折发生在初二那年，他受到数学老师的鼓励参加了数学竞赛并获得了二等奖。他以前有些不自信，但这次获奖后受到很大鼓励，变得自信起来，他意识到“只要努力就会有好结果”。家中父母的言传身教也对刘福州产生了很大的影响。刘福州的父亲是村（大队）里的党支部书记，曾任县人大代表，多次获“先进工作者”“优秀基层干部”等荣誉称号，他经常鼓励孩子们将来要去更广阔的天地学习、工作和生活。刘福州很早就开始向往外面的世界，想去更远的地方、更大的城市。幸运的是，经过不懈努力，1981 年 9 月刘福州考上了当时的省重点高中——亳县（今亳州）一中，这也是他人生的第一个转折点。

经历了高中三年的勤学苦读，1985 年 9 月，刘福州考入阜阳师范学院（2019 年更名为阜阳师范大学）政教系思想政治教育专业。报到的第一天，他的心情十分复杂，既有考上大学的骄傲，也有只考上一个普通大学的失望，特别是看到当时的阜阳师范学院办学条件十分艰苦，他的新鲜和兴奋的感觉很快就过去了。但他别无选择，便决定安心读书。“20 世纪 80 年代是一个充满理想和激情的年代，也是一个充满诗意和温暖的年代，物质上我们并不富有，但精神上我们是富有的。”阜阳师范学院办学历史悠久，教风严谨、学风扎实，拥有一大批优秀的中青年教师，20 世纪 80 年代中后期正是它快速成长和发展的时期，刘福州很快就适应了这里的生活和环境，并开始喜欢上自己的大学。上了大学后，业余时间逐渐增多，校园的文化活动也多了起来。刘福州在大学时有两个爱好，一个是打篮球，另一个就是诗歌创作。据他描述，当时人们的精神状态充满热情和活力。在大学里，各种学生社团让人眼花缭乱，但印象中文学社团居多，诗歌非常流行，大学校园中到处是诗歌爱好者，特别是当时大量西方学术著作涌入中国，在高校和大学生中影响很大。刘福州主修思想政治教育专业，自然阅读了大量的西方哲学著作，但同时也阅读了不少西方文学著作，特别是歌德、萨特、惠特曼等人的作品，积累了很多素材，也创作了一些诗作，大部分作品发表在学校的文学刊物上，偶有作品发表在其他期刊上，可惜的是，当时的诗作几乎全部遗失。大学毕业后，他因成绩优秀，留校当了老师。自此，他与大学和教师职业结下了不解之缘。

刘福州大学期间与母亲在公园的合影

大学里浓厚的学术氛围，让他深感“教然后知困”。工作五年后，他决定考研。1994 年 9 月，他成功考入清华大学人文学院，攻读思想政治教育专业硕士研究生。这也是他人生的第二次转折，对他未来的职业生涯产生了重大影响。刘福州曾写过两篇回忆清华大学学习生活的文章，即《清华园里好读书》和《15 号楼 531 寝室》，文章一经发出就被多家报刊转载，也被清华大学 110 年校庆和学校的微信公众号全文转载。根据文章回忆，当时清华大学人文社会科学学院（简称人文学院）的林泰教授等都非常看重刘福州的才华，认为他是学术研究的好苗子，希望他将更多的时间和精力投入学术研究。但当时刘福州家的生活条件很艰苦，除了大家庭还有自己的小家，他的爱人工资还很低，那时他的父亲身体也不好，长时间住在医院里，他只好承担起家庭的重担。当时清华大学附近有很多教育培训机构，需要大量的兼职教师。刘福州在研二时就开始出去给人上课，一节课课时费 30 元，每周大概能上 10 多节课，以此补贴家用。但赚钱的同时他很难全身心投入学业中，这也成为刘福州读研时最大的遗憾，是他后来感到最后悔的事。他说，人生有很多无奈，也面临很多机遇与挑战，也许当时听了老师的劝告，人生就会是另外一种模样。研究生毕业时，大部分同学被分配至国家部委和重点高校工作，他本来也可以有更多的选择，可以去更大的城市和更好的高校，但爱才心切的阜阳师范学院领导专程来到清华大学劝他回母校任教，禁不住劝说的刘福州又回到了阜阳师范学院。

这三段求学经历，每一段都是刘福州生命中的重要阶段，每一次经历都促使他更进一步。刘福州在高中时就担任班级团支部书记，在大学期间担任班级生活委员，在读研究生时担任班长和党支部书记。他在求学过程中一直受到老师的重视和重点培养，同时他自身也热心为同学服务，深受老师和同学的喜爱。听了他的讲述，笔者能感受到一个诚恳、踏实、上进、爱思考、爱学习且成绩优秀的青年学子的生动形象，令人赞叹不已。

刘福州与女儿在清华学堂前留影

走下去，前面是一片芳草地

回到阜阳师范学院工作期间，当时的阜阳市委政研室、市委宣传部曾多次向他抛出橄榄枝，但他说他骨子里喜欢、热爱教师这份职业，并想一直坚持下去。在阜阳师范学院工作期间，他的发展十分顺利，是同龄人中最早评上副教授和最早被提拔担任副处级领导干部的一线教师。2002 年 9 月，刘福州作为人才被浙江省引进，举家来到沿海发达城市宁波，来到了改制不久的浙江万里学院。

在浙江万里学院工作期间，刘福州担任社科部副主任（主持工作），他的爱人也随调安排在学校图书馆工作，他们有了自己的房子且收入稳定，生活水平得到很大提升。正值年轻的他全身心投入教学科研当中，而且他以为自己会在这里工作和生活一辈子。但生活总会有出人意料的时候，不期而遇的机会很快就出现了。2003 年 6 月，刘福州受邀参加浙江省高校《思想道德修养》统编教材的编写工作，有幸结识了本教材的主编，时任浙江传媒学院党委书记的奚建华教授。在召开编务会议期间，一次吃饭时，奚书记聊起浙江传媒学院即将升本，正需要各类人才，希望刘福州能来浙江传媒学院工作，但当时刘福州以为是随意地聊天，是客套话，并未十分在意。但在 2004 年 5 月，希望能有更好发展的刘福州尝试向奚书记投递了个人简历，很快奚书记就告诉他，当年的教师招聘工作已经完成，可能要等等再说。刘福州以为自己可能与浙江传媒学院无缘了。几个月后，浙江传媒学院成功升本，新任浙江传媒学院社科部主任的冯溪屏教授在一次向奚书记汇报工作时，听说了刘福州希望能来浙江传媒学院工作的愿望，想要联系刘福州，但当时没有找到他的简历和联系方式。求贤若渴的冯主任辗转联系了多人，终于找到了刘福州的联系方式，在 2004 年 9 月初的一天，冯主任从早晨 8 点多就开始打电话，但因为找到的是座机号码，而当天刘福州又在另一校区工作，直到晚上 11 点多才联系上。接到电话的刘福州十分感动，并表示自己想尽快加入浙江传媒学院的大家庭。入职浙江传媒学院后，刘福州先后担任学校的社科部思政教师，宣传部、统战部副部长，社科部主任兼直属党支部书记，马克思主义学院院长、党总支书记等职务。

“听话、出活”是刘福州对自己工作状态的评价。刘福州教授工作以来对每个单位都充满感情，总是踏实工作并取得了不俗的成绩。从当初青涩的青年教师成长为教授、院长，一路走来有过艰辛曲折，但刘福州教授说其中更多的是进步，是成长，是成熟，是成为一名优秀的学者和教育工作者。

刘福州夫妇与父亲在公园合影

星星点灯，人生三导师

刘福州教授说："也许学过的知识和学习的过程，大多已忘记，但对我产生过重大影响的老师和他们的教诲仍让我记忆犹新。他们对我的影响，不只是学习的进步，更是方法的改进、认识的更新、灵魂的洗礼、生命的顿悟。"他回忆说至少有三位老师堪称他的人生导师。

第一位是周建华老师。周老师是刘福州上大学时的辅导员。谈到周建华老师，刘福州是这么说的："我们是他带的第一届学生，他为人热情、作风干练、充满活力，对学生工作十分热爱，对85级同学更是倾注了大量心血，和同学结下了深厚的感情。毕业多年后，很多同学还与他保持着密切联系，他深受同学们爱戴。多年后我再回阜阳，再回母校，如果没有拜访周老师，没有见到周老师，我一定是非常遗憾的。”周建华老师先后担任阜阳师范学院政教系辅导员、系党总支副书记、党总支书记、学生处处长、副院长，直至阜阳师范学院党委书记。对刘福州来说，他每一个重大的人生选择，都是周老师为他指点迷津、化解困难，他们亦师亦友，至今两家仍然保持着密切的联系。

第二位是刘庆龙老师。刘庆龙老师是刘福州读研时的导师，对他的关怀和教育使他受益终身、没齿难忘。他回忆了读研时的两个细节，一是当时刘庆龙教授主持全国高校大学生思想政治状况滚动调查数据库的课题研究，刘福州作为他的研究生全程参与了这一课题研究和相关活动，有幸结识了一大批来自全国各地高校的思想政治教育专家和学者。二是刘庆龙老师不仅关心他的专业学习，也非常关心他的思想和生活。每当刘福州的爱人和孩子来看刘福州时，刘庆龙老师总是请他们一家到自己家里吃一顿家常饭。特别是 1997 年 10 月，刘福州的父亲因病去世，刘庆龙老师还送给刘福州 500 元钱以表安慰，这笔钱在当时不是小数目，解了他的燃眉之急。这些无微不至的关怀，深深地感动了刘福州。受刘庆龙老师的影响，刘福州也将学生当成自己的孩子，每逢重大节日都会请同学们到家里吃饭，让同学们感受到家的温暖。刘福州每次去北京参加会议或校庆活动时，都一定会去探望刘庆龙老师，一定会坐下来向恩师汇报一下自己的学习、工作和生活情况。

刘福州与导师刘庆龙教授在清华园合影

第三位是冯溪屏老师。来到浙江传媒学院工作后，刘福州得到了奚建华书记、柴志明副书记、王渊明副校长等多位领导的关心、支持和帮助。但刘福州教授说，冯溪屏老师对他的关心、帮助和指导最多，被他珍视为自己人生道路上的重要导师。冯溪屏教授是云南省玉溪市人，曾任玉溪师范学院党委委员、副院长，于2003年9月作为高级专门人才引进到浙江传媒学院，时任社科部主任。对刘福州来说，一是冯溪屏教授是他来浙江传媒学院的伯乐，正是2004年9月初的那个执着响起的电话，成为他走进浙江传媒学院的契机；二是在社科部工作期间，冯主任在全校率先开展学术沙龙活动，并多次举办全国性学术会议、学术论坛，让他受益匪浅；三是在他担任社科部主任时的很多工作思路、工作方法，大都是受冯溪屏教授的影响和启发。

师者如光，微以致远

刘福州说，他首先是一名教师，特别是思想政治理论课教师，然后才是一名高校职能部门的负责人和二级学院的院长。其实这一路走来，刘福州教授多次打过退堂鼓，也曾想过不如一直做一名普通教师、普通教授。因为日常管理工作会占用大量时间，作为职能部门负责人或学院院长，光是每周大大小小的会议就让人无暇静下心来潜心教学和科研。尽管如此，刘福州还是坚持教学，除一直担任本科生的思想政治理论课教学外，还先后为本科生、研究生开设政治学、社会学等学科的专业基础课和当代中国社会思潮、中国国情国力研究等通识类课程。他在教学中逐步形成了自己的教学理念和教学风格。作为思想政治理论课教师，既要做到政治强、情怀深、思维新、视野广、自律严、人格正，又要注重方式方法，努力将政治课、理论课讲深、讲透、讲活。他说教学中自己会对学生讲四句话：理论是灰色的，而生命之树常青；最好的教育是生命的顿悟和灵魂的觉醒；让优秀成为一种习惯；在人生的更高处相见。他在教学中既注重理论讲述，又注重联系丰富多彩的社会生活，让同学们在课堂教学中感知时代和外部世界的深刻变化，引发同学们更深入的思考。除学校的正常教学外，刘福州教授近年来还受邀到省、市、区党政机关和企事业单位开展理论宣讲和学术报告近百场。在科研方面，他在多年的坚持和探索下，研究重点和研究方向逐渐明确，即以马克思主义理论与思想政治教育研究为主，重点侧重于当代社会思潮与青年教育的研究。他围绕这一方向先后发表相关论文数十篇，其中《略论社会思潮引领机制的构建》《拜金主义现象剖析》《享乐主义现象剖析》等文章产生了广泛的社会反响，并在此基础上出版了《我国社会转型期拜金主义现象透视》《网络信息化与社会思潮引领机制构建研究》《当代中国社会思潮评析》三部著作。

刘福州认为，在高校工作中，教学科研是第一位的，有了良好的教学科研业绩才能晋升高一级职称。刘福州回忆说，他是2000年6月在阜阳师范学院晋升为副教授，2009年11月在浙江传媒学院晋升为教授的。职称的晋升一部分得益于爱人的督促，爱人知道职称的重要性，会经常督促他。而职务的晋升又与职称相辅相成。在高校中能当领导的老师毕竟是少数，做领导既要有较高的教学科研能力，也要有良好的管理能力。刘福州有一颗想做大事的心，做院长一定比做普通教授累，但在更大的平台上就能做更大的事情，正是这种不服输、不怕累的精神才让他一步步走到现在。

静水流深，大爱无声

在谈到自己的角色和社会责任时，刘福州总结说自己大致经历了“为己、为家、为大家”三个阶段。

所谓“为己”，他说自己“最初的愿望很简单，就是通过勤奋学习考上大学，走出农村，摆脱贫困，从而彻底改变自己的命运”。

所谓“为家”，刘福州说他是父母最疼爱的孩子，总想成为父母的骄傲。刘福州兄弟姐妹六人，大哥大他八岁，早期主要是在部队当兵提干的大哥负担家庭的重任。但刘福州大学毕业留在高校工作后，他就肩负起家庭的重任。20世纪80年代末90年代初，农村实行家庭联产承包责任制，谁家的劳动力多，谁家的农具好，谁家就会更加富裕。当年父亲非常想买一辆农用小四轮车，以方便耕种和拉东西，但5000元的价格对于父亲和当时的家境来说实在太贵了。他心疼父亲，挣钱后第一件事情就是设法买下了这辆小四轮车，极大地改善了当时的耕种条件。父亲去世后，母亲的养老成为一个问题。哥哥远在太原，刘福州在杭州，小弟在阜阳，妹妹在石弓镇上的医院做护士，所以照顾母亲最多的是妹妹，但农村观念认为赡养父母的义务应该由儿子来承担。本打算兄弟姐妹六人共同出钱为母亲在石弓镇买个房子，但刘福州在爱人的支持下决定独挑大梁，在 2008 年，他花费 10 多万元为母亲在镇上买了一套三居室的房子。母亲在这座房子中度过了生命中最后的三年。父母去世后，刘福州写了多篇回忆父亲、母亲的文章。2023 年 10 月，在他的坚持下，兄弟姐妹一起在老家建了耕读传家纪念馆。纪念馆共分三个部分：一是墙上图片展示，全面展示这个家庭三代人的生活和工作情况；二是房间四周展柜展示，主要是展示这个家庭三代人在生活和工作中取得的成绩和各种证书等；三是实物展示，如石磙、石槽、石磨、老旧电视机、缝纫机等耕读文化代表性实物。纪念馆立体、全面、多维度地展现了刘家三代人的生活变迁和时代变化，展现了耕读文化对这个家庭的影响和不断将其发扬光大的过程。展柜中最珍贵的就是父亲当年担任县人大代表的证书和老人家获得的各种奖状，还有仅存的母亲当年的剪纸和手工做的鞋子、帽子等实物。刘福州写的“我家孙老师”“我家有女初长成”两篇文章，无不充满了对爱人、对女儿的无限热爱和关心体贴。近几年他还精心编撰了《耕读传家，三代致远—— 一个皖北农村家庭的影像故事》《时光如流，岁月如歌——刘福州、孙婷家庭影像故事》，这两本影像故事全面展示了刘福州教授工作、学习和家庭生活的方方面面，也是众多家庭在改革开放大时代背景下的生活缩影和生动样本。

所谓“为大家”就是指个人对社会和他人的责任和贡献。刘福州认为作为个人、教师、单位负责人，就应该有担当、有格局，既要有事业心，又要有干事成事的能力，“不求闻达于世，但求无愧于心”。

刘福州和家人在“耕读传家”纪念馆前合影

寄语家乡，寄语青年

亲不亲家乡人，美不美故乡水。老家安徽省亳州市涡阳县石弓镇神桥村，对于刘福州教授来说就是精神的故乡和灵魂的栖息地。随着年龄的增长，思乡的情结愈发强烈。近年来他曾写下《挥之不去的乡愁》《家乡的味道》《石弓山》《丹城集》《包河》等多篇文章，表达了他对家乡、童年生活的无限怀念和真挚情怀。2019 年 7 月，他曾带浙江传媒学院学生回到家乡做“中华人民共和国成立 70 年—个皖北农村家庭的历史变迁”调研，2021 年 7 月他又带浙江传媒学院学生回到家乡开展“皖北农村的华丽蜕变——石弓镇神桥村脱贫致富的故事”调研，2024 年 7 月，他再一次回到家乡，这次要做的是“新中国成立 75 年来石弓镇优秀人才代表系列访谈”专项调研。主要目的，一是全面摸清新中国成立以来石弓镇通过考学、当兵以及外出创业等途径发展的各类人才的基本情况；二是采访其中 30—50 位代表性人物，为每位采访对象撰写一篇图文并茂的人物专访，最后结集出版，希望能为石弓镇这个千年古镇留下珍贵的文字记录。

当笔者问到刘福州教授对青年、对大学生的希望和寄语时，他脱口而出的是“三大法宝”：阅读、思考和旅行。

阅读是我们最好的生存方式。刘福州教授引用毛姆在《读书随笔》中的名言：“养成阅读的习惯，就是给自己营造一个几乎可以逃避生活中一切愁苦的庇护所。”一个人的精神发育史就是他的阅读史，阅读能够驱除内心的浮躁，让一颗心沉浸在文字的宁静世界里，给心灵以慰藉和滋润。读书还能驱除内心的空虚，让一颗心在知识的海洋中渐渐丰盈起来。

在阅读的基础上一定要学会思考。思考是一个人成功最重要、最基本的心理品质。养成思考的习惯，是欲成大业者必备的条件。刘福州教授说，我们既要思考“我是谁，我从哪里来，要到哪里去”这样的个体困惑，又要思考“我们所处的世界是什么样的，这个世界会好吗，我们能为这个世界做点什么”这样的宏大叙事。思考可以让我们认清个人与世界、个人与时代、个人与社会、个人与他人的内在联系，思考让我们成长，让我们有一种时不我待的责任感和使命感。

还有就是旅行，即心中要有诗和远方。刘福州教授引用古语道：“读万卷书，行万里路。”趁着年轻，我们一定要多出去旅行，去看看外面的世界，去见识更多的人。旅行是我们认识世界的有效方式，旅行让我们看到更好的风景，感受更广阔的世界。

在采访的最后，刘福州教授希望大家“心比天高、脚比路长”，心有远方，就能勇往直前！

注：本文作者陈文迪，浙江传媒学院出版学院2023级编辑出版学专业本科生。

细推物理须立志，何用浮名绊此身

——阜阳师范大学于立志教授专访

于立志老师的奋斗历程和他的名字一样，于成才之路上立志，于立志之路上成才。农村娃成为手拿粉笔立于三尺讲台的先生，成为站在科技前沿研究量子物理的学者。

于立志

立志求学，立志成才

于立志，2006年硕士研究生毕业，现任教于阜阳师范大学物理与电子工程学院，研究领域包括物理教育学和量子物理学。于老师能够持续求学，家庭的支持无疑起到了至关重要的作用。他的父母深信子女应通过读书改变命运，因此始终坚定地支持他继续攻读学业。正是这样的家庭背景，为他铺就了一条通往知识殿堂的道路。在回顾个人的求学与奋斗历程时，于老师感慨地表示，作为一位来自农村的学生，他当年的视野相对有限，与现今青年所处的环境大相径庭。他谦虚地认为，自己的求学之路并不十分平坦，也不算成功。然而，幸运的是，他在这一路上遇到了众多对他影响深远的老师。

初中语文老师王开选是他的启蒙老师，对其产生了深远的影响。在研究生阶段，南昌大学的老教授——中国首批硕士学位获得者龚仁山，成为他的导师。尽管入学时他的成绩并不突出，但导师欣赏他的坚韧不拔，在学习和为人处世方面给予他宝贵的指导。

另一位对他影响较大的老师是杜江峰教授。于老师在中国科学技术大学学习时，杜教授是他的指导老师。在杜教授的实验室里度过的岁月，不仅让他的学识得到了提升，更让他在人生道路的选择和规划上获得了重要的指导。

积微成著，循序渐进

在量子物理这一物理学的前沿领域中，未知与挑战并存。于老师最初是因浓厚的兴趣踏入这一领域，在杜江峰教授小组的学习经历为他提供了极佳的指导。

回到阜阳师范学院后，尽管面临诸多困难，于老师仍然坚持量子物理的研究。量子物理实验平台的搭建条件极为苛刻，往往需要巨额资金投入。此外，该领域的研究往往需要长时间投入，且成果的出现往往不是线性的，常有长时间的停滞期。

面对这样的挑战，于老师表示，高校中许多老师都有过类似经历，这是常态。他强调，坚持对于所有人来说都至关重要。他认为，决定一个人能否成功，往往不是智商的高低，而是毅力和坚持。短期内，聪明或许能让人走得更快，但长期来看，毅力和坚持才是成功的必要条件，甚至更为重要。

我国在量子物理领域正实现从跟跑到并跑乃至领跑的转变。自 2016 年量子卫星“墨子号”成功发射以来，以中国科学技术大学为代表，在潘建伟、杜江峰等院士的引领下，我国的量子技术发展已跻身全球前列。这一领域的进步对国家安全与未来国防具有不可估量的价值，在国家竞争中占据重要地位。量子技术已深入生活的多个方面，如医疗领域的核磁共振便是量子物理的应用实例，航空航天等领域亦受其影响。

于老师的研究领域涵盖了量子物理、教育理论及成果转化等多个方面。尽管我国在量子物理方面已取得显著成就，但仍面临诸多挑战。以量子计算机为例，尽管其计算速度远超经典计算机，但目前仍处于模型阶段，尚未解决具体问题，其市场化、实用化及广泛应用的时间表仍不确定，或许需要十年、二十年乃至更久。然而，可以确信的是，这些前沿概念终将变为现实，也一定会深刻地改变人类的生活。

教育是一场没有终点的旅行

教育，这个词承载着厚重的历史与未来的希望，它是无可争议的永恒话题。于老师的话语中无不透露出对教育事业的无限热爱与执着追求。他深知，优秀的人才源自优秀的学生，而优秀的学生又离不开优秀的教师。这仿佛是一条生命之链，环环相扣，紧密相连。

而好的老师是教育的灵魂，是知识的灯塔。他深知，一所优秀的师范院校是孕育优秀教师的摇篮。而衡量一所师范院校的好坏，不仅要看其办学实力、师资力量，更要看其能否培养出心怀大爱、学识渊博的教师。于老师自己，也是这条教育之路上的坚定行者。他笑称自己站在讲台上已有二十余年，虽谈不上经验丰富，但那份对教育的热爱与执着却从未改变。他深知，每所学校都有其独特的魅力与气质，就像阜阳师范大学，虽非名校，却能在本科教育中绽放异彩，培养出两位中国科学院院士，这无疑是教育之光的璀璨闪耀。

习近平总书记在同北京师范大学师生代表座谈时提出，做好老师，要有理想信念、有道德情操、有扎实学识、有仁爱之心。于老师说，好学生与好教师是相互成就的。学生应具备强烈的求知欲与进取心，而教师则需品德高尚、学识渊博，且对学生充满爱心。这种爱，虽难以达到“爱生如子”的境界，但若能将学生视为亲人般地教诲，那无疑是对学生最大的关爱。

教育是一场没有终点的旅行。于老师用自己的行动诠释着对教育的热爱与执着，用一颗仁爱之心照亮学生的前行之路。

轻术重道，关注育人本质

在谈及现代技术在教学中的应用时，于老师认为，现在从小学到大学，都在进行人工智能 AI 教学，元宇宙、数字人等是科技进步的一种产物，在一定程度上拓宽了教学方法和模式，但现代技术只是一种手段而已，它不能代替老师最经典、最传统的教育，或者说老师不能因为有这些科技手段就忽视教学基本功。从孔子的时代以来，教学就是老师与学生面对面言传身教，正所谓传道、授业、解惑。

在谈及基础与高等教育阶段的教学方式时，于老师指出，理论性较强的课程，如数学、化学、物理等，在基础教育阶段更适合采用传统的黑板加粉笔的教学方式。这种方式能够引导学生思考，增强学习效果。进入高等教育阶段，教学方式则需更加灵活多样。以物理教学为例，于老师会结合传统黑板教学与现代技术手段，如图片、视频和动画模拟等，帮助学生理解复杂概念。同时，他也强调，不同课程应采用不同的教学手段。例如，思想政治理论课和人文社科类通识课等实践性较强的课程，更适合采用 VR、AR 或元宇宙等现代技术，以增强学生的体验和感受。然而，于老师也提醒，无论 AI 技术如何发展，教学手段始终应服务于教学目的。他强调“道”与“术”的关系，认为不应过分追求技术手段而忽视教学内容的本质。在评价教学时，他更看重教学内容的深度与广度，而非单纯的技术展示。因此，他主张教师应以教学内容为主，将现代技术作为辅助教学手段，以实现最佳的教学效果。

在谈及指导硕士研究生的心得时，于老师非常重视培养学生的学科专业基础。

在硕士研究生的学习初期，他通常会安排学生大量阅读书籍。这些书籍不仅涵盖了学生的专业领域，还包括教育学相关的内容。于老师认为，提升学生的知识水平固然重要，但更重要的是提高他们的认知能力。

此外，于老师还提到，要定期组织组会，让学生分享自己所学和所看的文章，提出自己的看法，并接受同学的点评。这种类似于小组交流的方式，不仅促进了学生之间的互相学习，还增强了他们的表达能力和批判性思维能力。

在保障学生学科专业基础和良好交流能力的基础上，于老师会根据每个学生的具体情况，指导他们进行论文写作和课题研究。他鼓励学生在已有的方案中找到自己感兴趣且有资源支持的方向，并在整个过程中不断交流、探讨，逐步进行数据收集、实践探索到理论分析，最终形成高质量的论文或研究成果。

“学高为师，身正为范。”于老师谦虚地说，我觉得作为一位高校老师，首先最基本的道德底线是要有的，其次要有扎实的学识。师者，传道、授业、解惑，这是几千年来我们社会的共识，也是作为一名知识分子所承担的一种社会责任。他深情地说：“我们说‘老师’，说穿了就四个字——教书育人。”他最大的愿望是能把学生培养成对社会有用的人，他认为这是教师最大的成功，也是最重要的。

于老师的这些心得体会，无不展现了他对教育事业的热爱和执着。他也多次强调，教师既要注重知识的传授，又要注重能力的培养和品格的塑造，只有这样，才能真正培养出既有学识又有责任感的高素质人才。

给学生的一些建议

在科研这片浩瀚而复杂的领域中，作为前辈，作为老师，于老师为后辈们提供了宝贵的指导。第一，择善而从，矢志不渝。在科研这条漫长且充满未知的道路上，选择正确的方向是至关重要的。选择一个具有潜力的研究领域，就如同在知识的海洋中找到了一艘可靠的航船，它将引领学者探索未知的领域，追寻真理的光芒。于老师告诫道，切勿盲目跟风追逐短暂的热点。因为今日备受瞩目的研究领域，明日或许就会失去光彩；而今日尚未崭露头角的新星，也可能在不久的将来大放异彩。因此，我们需要坚定自己的信念，选择一个研究方向作为主轴，持之以恒地深耕细作。只有这样，才能在学问的海洋中洞察真谛。这种精神，如同匠人雕琢美玉，需要经年累月的坚持和耐心。第二，坚韧不拔，勤勉笃行。科研之路并非坦途，并非一马平川。于老师认为，学者需要具备如磐石般的毅力和如老牛般的勤勉，才能在科研的道路上不断前行。面对困难和挑战时，需要保持沉着冷静的心态，不骄不躁；面对失败和挫折时，需要坦然接受现实，不屈不挠地继续前行。肯干是科研人的基本素质，而肯吃苦则是科研过程的必经之路。唯有以勤勉为舟、以吃苦为帆，才能在科研的道路上不断前行，终见希望和光芒。

从农村走出来的于老师，用自己的青春岁月为祖国种下一棵棵参天大树，磨出一柄柄利剑。

要想成功，就必须以辩证的态度去看待世界，既要努力实干，又要憧憬理想；既要脚踏实地，又要仰望星空。我们的老师、我们的学者都是这样，怀揣着对理想的憧憬，在当下努力探索，日复一日，年复一年。终有一天，物理学会出现新的突破，无数个一点点汇聚起来，成为大国前进的加速度，驱动中国巨轮驶向更加美好的未来。到那时，我们不要忘记曾经奋斗的他们。

注：本文作者李城，浙江传媒学院文化创意与管理学院2023级网络与新媒体专业本科生。

心之所向，素履以往

——安徽工业大学微电子数据科学学院罗冬梅博士专访

罗冬梅是安徽工业大学微电子与数据科学学院的一名教师，博士毕业于复旦大学生物统计专业。罗冬梅是土生土长的石弓镇人，她的爷爷曾是淮海战役时支前民工的队长，中华人民共和国成立后又在当地当了数十年的村支书；父亲是位退役军人、淮北煤矿的掘进队长。他们都有着一股不服输、不气馁的劲头，遇到问题能积极乐观地去面对，并想办法去解决，这种精神对幼时在石弓小学、石弓初中读书的罗冬梅来说，是很大的激励。正是有了这种激励，才使得她的学习成绩始终名列前茅；正是有了在石弓镇的这种学习经历，才为她未来在涡阳一中、淮北师范大学、东南大学、复旦大学的求学之路奠定了坚实的基础。

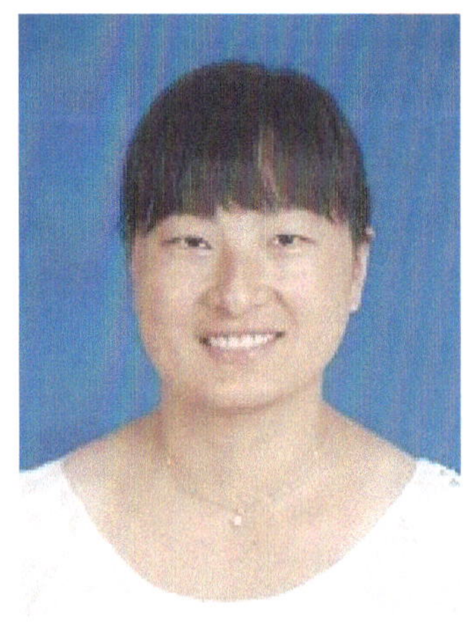

罗冬梅

在包河岸边长大的她

罗冬梅对家乡有着深深的眷恋，而石弓镇这个地方，也为她的童年和少年时期创造了最美的记忆。

“相传有个神仙把弓箭落到了我们石弓镇的地界，那个弓箭后来就变成了山，叫作石弓山。我们石弓镇的名字也由此而来。”这是姥爷过去经常给罗冬梅讲的传说——关于石弓镇的来历。

罗冬梅从小在这个小镇长大，她所在的村叫西关村，村里有条河，被称为包河。这条河承载着罗冬梅童年时期最美好的回忆。

她奶奶家和她家分别住在包河的东西两岸。早年的包河水清澈甘甜，没有污染，两岸村民的饮水都来自包河，确切地说，是包河养育了这里的祖祖辈辈。

包河东岸有个“万宝泉”，寒冬腊月时，这里的泉水是热的，这是奶奶、母亲小时候与村民们冬天洗衣服的地方，也是玩伴们时常戏水的好地方。

包河上有座石桥，连着东西两岸的乡亲们，爷爷与乡邻们乃至他们的祖辈们都曾为修建这座桥付出过辛劳的汗水。桥上有很多雕刻，罗冬梅喜欢和朋友们在桥上玩石子。那时候没有空调，夏天的晚上，罗冬梅吃完晚饭，就会搬着自己的小软床，和爷爷奶奶一起到石桥乘凉。在静谧的河边和喧嚣的石桥上，大人们舒展着白天劳累的身躯，小朋友则进行着各种追逐游戏。在夏夜桥头看着月亮由圆到缺、由缺到圆，望着北斗七星的“勺子尾巴”演变着斗转星移，听着奶奶讲牛郎织女的故事入眠，这些都是罗冬梅在石弓童年最美好的回忆，载满了对已过世的爷爷奶奶深深的眷恋和思念。

夏天的包河里会开满荷花，左边是红色的，右边是白色的。包河是人们休闲赏花和挖莲藕的好地方。当荷花盛开的时候，小朋友们会摘几朵荷花互相赠送，以示友谊；高温之时，摘片荷叶，戴在头上，避暑遮阳。水涨水落后，河岸上总会留下许多被水冲过的“痕迹”——小蜗牛、小田螺、小贝壳，罗冬梅放学后没事就到河边去玩，去拾取这些遗落的“痕迹”。

邻居小姑是罗冬梅最好的玩伴。“她会游泳，我不会；她会爬树，我也不会。”即便如此，小姑也会带着她玩。看到小姑爬到树上，她常流露出羡慕的神情。“小姑家有六个哥哥，都好厉害，他们可以把车轮胎制作成小船，放到水里。”说到小船，罗冬梅还有一个以捕鱼为生的邻居，罗冬梅和小姑常借用他的船下河去摸鱼。

因为工作和家庭的原因，罗冬梅回石弓镇的机会越来越少了。但近两年她每次回石弓镇都会发现镇上变美了：水泥桥被装饰了灯带，两边的桥栏都装了小灯。一到晚上，整座桥像一条光带，从很远的地方都能看到。包河水恢复了清澈。挖出的矿坑被打造成了人工小湖，山上建了法云寺。看到家乡小镇发展得越来越好，罗冬梅感到十分喜悦。但是她仍然怀念小时候的那份美丽，那是属于大自然的原生态，是独属于那个年代被包河陪伴着长大的亲切感。

“绿水青山就是金山银山。”关于石弓镇的未来，罗冬梅希望家乡能够因地制宜，走出一条具有自己特色的生态发展之路！

求学路的步步选择

罗冬梅本科就读于淮北师范大学数学与应用数学专业。作为一个女孩子，家里人都希望她能在一个离家近的师范类院校就读。而在理科中，她比较喜欢数学，因此选择了该专业。在校期间，她被评为“省优秀毕业生”“省三好学生”。在这样的情况下，想在全国范围内寻找一份好工作并不是一个难题。但是，罗冬梅认为人生经历需要丰富，她把握住机会，选择去考研。学校免费开设了考研的政治、外语班，同时允许学生在寒暑假留校学习。罗冬梅利用好这些外部因素，放松心态，最终成功考上了东南大学。在读研究生时期，罗冬梅在基础数学、应用数学、计算数学和概率统计中选择了自己感兴趣的概率论与数理统计方向。

2005 年，罗冬梅硕士毕业后，来到安徽工业大学任教。在安徽工业大学工作的十年间，她发现许多同事出去进修，那时她的孩子也刚好上幼儿园了，她觉得这是提高自己的一个好时机。在确定好自己想要深造的专业方向——生物统计后，她便联系了她在东南大学的硕士导师，也就是后来在复旦大学的博士导师胡跃清教授。胡教授知道罗冬梅的想法后，第一时间给予她鼓励，让她去试一下，去复旦大学读博。由此，罗冬梅便开始为她在复旦大学的博士之旅做准备。

读博期间，罗冬梅的家人给予了她极大的支持。她的先生是分管学生工作的副院长，工作十分繁忙；她的公公婆婆几乎包揽了所有家务。对于孩子，罗冬梅也做出了妥善的安排。为了开拓孩子的视野，罗冬梅与两个好友一起在小区内创办了公益性的“宝贝小家”，孩子们被聚集到这里。朋友们教孩子奥数、美术等，而罗冬梅则自学 Scratch、C++ 等编程语言，并将编程语言与数学思想融合，教孩子们趣味编程。这样，她可以花一份时间让孩子有三份收获。后来“宝贝小家”不断扩大，同事们也带着孩子加入其中。在这样的环境中，孩子们可以相互交流，接触到不同的事物。

安排好工作和孩子之后，罗冬梅孤身一人前往上海，全身心地投入学业之中。

“读博期间是我人生中最艰难的时候，为了赶功课、做实验，时常要熬到凌晨一两点才能回宿舍休息，吃的苦是常人难以想象的。”从小到大，在学业方面，罗冬梅的家里从来没有给过她压力。从本科毕业到考研，她认为自己一直处于比较顺利的状态。然而读博士期间需要顾虑的事情很多，她是老师、母亲，在社会赋予的多重身份下，她需要平衡好家庭、工作和求学三者的关系。

2015 年，是罗冬梅在复旦大学读博的第一年，她停掉了在安徽工业大学的教学工作，全职读书。后面几年，她只用完成正常教学工作量的一半。罗冬梅必须充分利用好空出的时间以及寒暑假，完成博士课程的攻读。在这段时期内，她意识到自己已经错过了最好的学习时间。与应届生相比，她没有充足的学习时间，学习能力也大不如前，但她也知道自身的优势：目标清晰、信念坚定、社会阅历丰富以及理解能力强。

“每次寒暑假回来，公公婆婆也给予我很多关心和照顾。毕业前，我经常写论文到深夜，记得有一次熬了通宵，被婆婆发现，她凌晨五点多起来给我做了碗热腾腾的鸡蛋面，我当时非常感动，现在回想起来还觉得特别暖心。”

以乐观翻越一座座高山

“读博士真的困难重重。你历尽千辛万苦翻过一座山，以为终于要到达目的地了，结果发现你只翻过了一个小山头，前面还有很多山。你咬牙坚持，继续爬向你之前看到的最高峰，却发现还有更高的山峰。无数次心理冲刺、无数次坚定信念，只要你能坚持下来，你就成功了。”罗冬梅说道。

面对如此大的挑战，罗冬梅认为乐观积极的态度、勇于挑战的精神十分重要。

2015—2020 年，五年的读博时间，中间沉寂了两年，罗冬梅一度想放弃。生物统计实验除了要用实际数据去做之外，还要进行大量的模拟。但大量的模拟需要计算机集群，但生物统计所的计算机集群损坏了，一时无法使用，如果只用一台电脑会大大增加她的时间成本。面对项目瓶颈、资源不足的情况，罗冬梅只能先搁置项目，选择回到安徽。

“我后面真的都想放弃了，我觉得我可能不行，我坚持不下去了。但后来想了想，我问自己：会不会后悔？答案是肯定的，那就再坚持一下。”

幸运的是，当她再次返回上海时，复旦大学生命科学学院正好购买了新的计算机集群。罗冬梅抓住机会，每天和负责老师对接，一个月跑完了所有需要的程序，并有了成果，她在这一年顺利毕业。

“读博期间我吃了很多很多苦，但是也成长得非常快。”回顾那段时光，罗冬梅非常感谢周围支持和帮助她的人：胡跃清老师，既是她的硕士导师，也是她的博士导师，在她的学术生涯中给予了她很多指导；亲人支持她的选择，帮助她一起照顾孩子，是她最坚实的后盾；周围的朋友、同学也都帮了不少忙。能够在热爱的统计学领域深耕，她几次感叹自己是幸运的。

罗冬梅与导师和博士论文答辩评委合影

罗冬梅主要从事生物统计学、生物信息学、数据科学相关应用等方面的研究，从事数据分析和统计软件课程的教学工作。她在国内外期刊上以第一作者 / 通讯作者发表文章 18 篇，其中 10 篇被 SCI 收录；主持安徽省高校自然科学基金 1 项、安徽省优秀青年人才基金项目 1 项、产学研合作研发课题 1 项，参与国家自然科学基金 2 项、省自然科学基金 2 项；主持教育部产学研协同育人教学改革项目 1 项、安徽省教学改革项目 1 项，参与省级质量工程 3 项。她还精通 R、MATLAB、C++ 等编程语言。

期许于己，寄语青年

生物统计学是生物数学中最早形成的一大分支，它是在用统计学的原理和方法研究生物学的客观现象及问题的过程中形成的，生物学中的问题又促使生物统计学中大部分基本方法进一步发展。随着大数据和人工智能的发展，罗冬梅现在研究的是和人最相关的生物医学数据，比如癌症数据、基因组数据。特别是癌症数据方面，在病人手术切除肿瘤时，需要取部分肿瘤组织做活检、测序，对这些数据进行分析、建模，可以推测癌变的生物医学机制，从而为癌症的靶向治疗提供一些参考。于罗冬梅而言，科研工作不断进步，既是对自身能力的肯定，也是服务社会的一种重要途径。作为老师，她希望能够培养出更多更优秀的学生；作为科研工作者，她希望能用所学知识在精准医学以及其他领域贡献比较重要的研究成果。

而当笔者问罗老师对现在青年人有什么建议时，罗老师首先指出互联网时代的特点。“现在的年轻人和我们那时候不一样。现在信息发达，信息种类很多、信息量很大、选择很多、资料很多。”面对这种情况，罗老师认为青年人一定要想清楚未来想做什么，想成为一个什么样的人，通过这一点去筛选自己需要的信息，从而变成更好的自己。我们要有自己的目标和方向，这样才不会迷失，才会成长得更好。

罗冬梅与学生的合影

注：本文作者胡王菲，浙江传媒学院新闻与传播学院2023级传播学专业本科生。

铁血铸军魂，青春献军营：从家乡走出的钢铁战士

戎装岁月，矢志不渝

——吴长华大校专访

在历史的长河中，总有一些人，用他们坚韧不拔和无私奉献的精神，书写着属于自己的传奇篇章。今天，我们要走近的就是这样一位人物——吴长华大校。他从一个普通的小镇中学走出，凭借不懈的努力与坚定的信念，从普通战士成长为副军职军官，成为军中的佼佼者，书写了一段属于自己的辉煌篇章。

吴长华礼服照

吴长华是涡阳县石弓初中68届毕业生。他的名字或许并不为大家所熟知，但他的故事足以激励每一个心怀梦想、勇于奋斗的人。

老电影里的参军梦

吴长华小时候，村里经常放映露天电影。当夜幕降临，农活渐歇，在星空下，人们搬着板凳从四面八方结伴来到露天场地观看电影。在幕布中，战斗英雄董存瑞呐喊着：“为了新中国，冲啊！”他扛起炸药包向敌人的碉堡冲去！狼牙山五壮士在战斗中临危不惧，当子弹打光后，他们用石块继续打击敌人，在绝境中毅然毁掉枪支，纵身跳下数十丈的悬崖……

老电影里的热血气概那么有力，好男儿对祖国的爱那么深沉，给当时还是孩童的吴长华心里埋下了一颗参军的种子，参军入伍就是他当时的梦想！

吴长华从石弓中学毕业后第二年的 1 月，春季征兵命令下来了，他非常高兴，积极踊跃报名，体检合格后应征入伍，终于实现了他的“从军梦”。离开家乡的那一天，他光荣地戴上了大红花，穿上了新军装，心情无比激动。而当他坐上汽车，看到欢送人群中父母含泪望着自己时，他又难过不舍了。那是他第一次离开生他养他的父母，第一次离开从小生活的土地。

织锦军旅岁月

吴长华入伍的第一个部队，驻扎在塞北长城脚下。那是一个偏远的山沟，听当地老百姓说，这里一年只刮两次风，一次刮半年！部队的生活十分艰苦，但他后来回忆说：“我从不后悔自己的选择！”

新兵团训练结束后，吴长华被分到机关，给部队的政委当警卫员。他热爱学习，工作积极，任劳任怨，多次圆满完成首长交给的任务。由于表现十分突出，当年 10 月 10 日，他光荣地加入了中国共产党。一个月后，军委机关一位首长来部队视察工作，发现吴长华非常优秀，点名把他调到北京解放军总部机关工作。他后来回忆说：“我当时还不想去呢，觉得这里一起入伍的老乡多、同学多，虽然生活艰苦一些，但可以锻炼人！”

我们在采访吴长华时问他，在中国人民解放军总部机关工作那么多年，感受最深刻的事情是什么，他说感受最深刻的事太多了，主要有以下两个方面。

一是部队首长的言传身教，让他进一步打牢了自己的政治思想基础。到了北京后，吴长华被分到军委工程兵后勤部作战处，担任文书。在那里，他接触的都是大首长，好多是老红军、老八路。他们都是战争年代走过来的，虽然都是师级、军级以上首长，但非常和蔼可亲、平易近人，经常给他们讲过去打仗的故事。吴长华回忆说，记得有一次在值班室值班，一位十三岁就参加红军的部长对他说："小吴，你们年轻人可能不知道在长征路上多么艰苦，在过草地时我们三个小同志生病掉队了，一位老班长留下来照料我们，不久粮食吃光了，老班长就用缝衣针烧弯做成鱼钩为我们钓鱼，然后煮成鲜美的鱼汤给我们喝，因为钓到的鱼很少，老班长就自己吃树皮草根，我们一天天好起来，最终在快要走出草地时他却牺牲了。"

二是参加部队野营拉练，进一步提高了自己的军事素质。吴长华回忆说，在他的军旅生涯中，曾经有幸参加了军委工程兵司令部、政治部、后勤部机关的野营拉练。机关的拉练和作战部队的拉练不一样，部队野营拉练是一个月一千里，行军都是步行，背着背包，全副武装，主要是练"走"；而领导机关的拉练行军都是乘车，主要是练"指挥"。

参加部队野营拉练的吴长华（前排右1）

在采访中，吴长华回忆说，那次参加拉练活动有三个方面印象最深：首先是训练，科目内容丰富，学会了如何利用地形、地物进行隐蔽和伪装，锻炼了大家的战术意识；其次是受到了深刻的革命传统教育，在西柏坡参观了中国共产党七届二中全会会址，瞻仰了毛泽东、朱德、周恩来等中共领导人的办公和居住旧址，所见所闻至今记忆犹新；第三是锻炼了官兵们的吃苦精神。后来部队的野营拉练根据实际情况有了进一步拓展，针对现代战争条件下不同军兵种战时的不同要求，增加了一些内容，如掌握摩托化行军的特点和规律，进行安全驾驶及夜间闭灯训练，培训官兵进行有序上下车训练，途中检查车辆装备，进行防空隐蔽和防晕车及身体快速恢复等技能训练。

在采访中，吴长华对我们说，军人的使命是保卫和平，随时准备打仗。军人只有平时多流汗，战时才能少流血。在和平时期，军队应从未来实战的需要出发，进行训练和演习，而不能为了表演，更不能做样子、走过场，为二〇三五年基本实现国防和军队现代化，到本世纪中叶把人民军队全面建成世界一流军队，做出脚踏实地的努力。真正做到召之即来，来之能战，战之必胜！

由于吴长华在机关首长身边工作，经常能够聆听到老首长的革命经历、革命斗争故事，这些老首长、老红军对党、对人民、对国家的无限忠诚，进一步感染、教育、熏陶了他，使他耳濡目染，思想上得到了升华，同时也使他深深地认识到，我们今天的幸福生活来之不易，是无数革命前辈和先烈用鲜血和生命换来的。他决心一定要好好学习，不忘初心、牢记使命，听党的话，跟党走，以实际行动和优异的成绩回报党的教育和培养！

1971 年 12 月，吴长华被提升为正连级干部。之后，他又先后担任后勤部机要保密员、机要参谋和后勤部办公室秘书。由于他工作成绩优异，政治表现优秀，于 1975 年 9 月被部队机关保送到工程兵指挥学院学习。

军旅生涯奋斗与辉煌

1979 年 1 月，吴长华调入总参谋部工程兵驻蚌埠地区军事代表室任军事代表。军事代表的职责和任务就是承担部队武器装备的采购、订货、军品检验验收以及军事运输等工作。武器装备的质量好坏，直接关系到前线战士的生命安危，关系到部队是否能打胜仗，因此，这是一项十分重要的工作。

驻蚌埠地区军事代表处主要担负安徽省和江苏省苏北地区军工企业的武器装备订货工作（大的军工企业里都有驻厂军事代表，一般编制 3 至 5 人）。吴长华调入这个单位后，从事军事代表工作三十多年。1988 年 7 月至 1998 年 12 月，吴长华被授予中校、上校和大校军衔，1994 年 6 月起先后担任副总军事代表、总军事代表、党委书记，并任高级工程师。1998 年 12 月晋升副师级。我们采访时，他说："工作岗位的变动和职务的提升，说明自己身上的担子更重了，责任更大了。"因此，他更加严格地要求自己，更加注重学习，不断提高自己的政治工作水平和业务工作能力。所在单位没有配备政治委员，他作为主官，军事、政治和业务工作一肩挑，不仅要抓好部队的政治思想工作和军事代表的教育和管理工作，同时还要保质保量地完成上级下达的各项任务。除此之外，他每年还要组织人员对军工企业的质量管理体系以及装备承制单位资格进行审查。

在采访吴长华时，他说："我们军事代表的工作，除了每年要按时完成上级下达的军品订购和产品检验验收任务外，还要经常承担外国军事留学生来军品生产厂实习的培训任务。同时，我们还经常接受军事装备的援外任务。"外国军事留学生培训不仅是我国军事交流与合作能力的一种展现，也是增进国际友谊、促进国际互信的重要途径，同时还可以进一步提高我国在国际上的声誉。作为接待方，我们必须在培训内容上展现出高度的专业技术水平和严谨性。

吴长华说，那些年他们先后接收了巴基斯坦、孟加拉国、泰国等国家军事留学生实习和培训，圆满完成了外训任务，多次得到上级通报表彰。

吴长华还经常带领军事代表和工厂工程技术人员到各大战区，深入部队，走访边防官兵，召开座谈会，了解他们对装备的使用意见，给连队官兵讲课，想部队之所想，急部队之所急，为部队排忧解难，得到部队官兵的广泛好评，并多次被上级通报表彰。吴长华于 2002 年 12 月晋升为正师级干部。

多年来，吴长华始终把部队建设放在第一位。单位在他的带领下，连续多年被评为"先进单位"，多人立功受奖。他本人连续三年被评为安徽省驻皖部队"双拥"先进个人，多次立功受奖并被评为"总参谋部优秀基层领导干部"。2008 年，他晋升为副军级，2013 年从部队退休。2021 年中国共产党建党 100 周年，他被驻皖部队授予"光荣在党 50 年"纪念章。

军魂铸就，智彩绽放

我们在采访吴长华时问他：“你当兵四十多年最大的感受是什么？”他回答说：“我第一个感受是团结与合作。部队成员都是来自五湖四海，都是为了一个共同的目标走到一起，无论来自城市还是农村，无论有什么个人差异，走到一起就是一个整体，在工作上要互相配合、互相支持。而一个团队的共同目标就是完成任务，只有官兵团结，齐心协力，心往一处想，劲往一处使，遇到任何艰难险阻都能克服和战胜。有一年上级下达了一批紧急军品生产任务，时间紧、任务重，接到通知后，我当天夜里便驱车赶往 200 多公里外的一个军工厂，连夜召开会议研究布置，成立军工厂领导小组，同时召回正在休假的军事代表奔赴生产第一线，进行检验验收。其中有一个军事代表感冒发烧了好几天，我劝他回去休息，他却坚持不肯休息，一直参加产品样品打靶……在军厂双方团结一致、密切配合、共同努力下，我们提前完成了任务，得到了上级通报表彰。

“第二个感受是坚守与奉献。军队是国家和人民的守护者，是民族的脊梁。无论是严寒酷暑、风霜雨雪，还是节假日的欢声笑语、万家灯火，作为军人就要始终坚守岗位，默默奉献。在国家和人民需要的时候，就要舍小家为大家，甚至献出自己的生命！”

“第三个感受是感恩与责任。在部队干了一辈子，让我对党和人民的关爱与支持感受十分深刻，正是这种关爱与支持，让我有了更加坚定的信念和更加明确的奋斗目标。那些老首长、老红军、老八路战士不仅和蔼可亲、平易近人，而且他们的生活艰苦朴素、清正廉洁，这些对我影响最大。当时我所在的部队办公室主任，是一个 1938 年参加革命的抗战干部，我那一年春节探亲回来，从石弓镇带来两瓶小磨麻油送给他，他当时十分感动，并说以后不要给他送东西了，这样影响不好，夫妻二人还留我吃了顿饭。”

在这样的红色血脉传承下，吴长华多年来十分清廉，他回忆说：“我们军事代表除了军品检验验收外，手里还掌握着付款权，特别是作为军代处领导的我，各个厂要钱都需要我审批签字后，财务才能转账付款。我算了算，就算没有十家也有七八家的厂长或者是董事长给我送银行卡，都被我拒绝了。在位这么多年，我从没在经济方面犯过错误。我还经常教育孩子，不该拿的不要拿，不该收的不要收！”

寄语当代年轻人

我们采访吴长华时，问他有什么要对当代年轻人说的话，他说：“当代年轻人要按照习近平总书记的希望——坚定不移地听党话、跟党走，争做有理想、敢担当、能吃苦、肯奋斗的新时代好青年，在推进强国建设、民族复兴伟业中展现青春作为，彰显青春风采，贡献青春力量，奋力书写中国式现代化挺膺担当的青春篇章！”

吴长华于2013年6月从部队退休，军龄44年。目前为蚌埠军休二所退休干部。

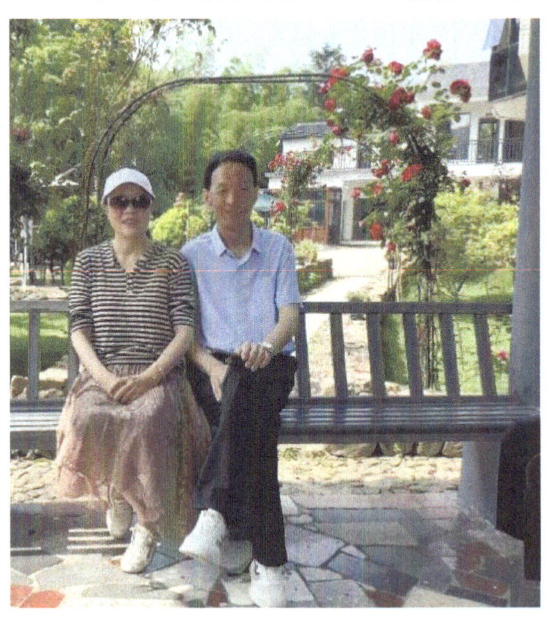

吴长华退休后和妻子在公园留影

注：本文作者刘雪婧，浙江传媒学院新闻与传播学院2023级传播学专业本科生。

红色血脉，家国情怀

——抗日革命烈士后代谢洪涛专访

在历史的长河中，总有一些家族以其独特的方式镌刻着时代的印记，他们的故事如同璀璨的星辰，照亮了后人前行的道路。谢洪涛家族，便是这样一个承载着厚重革命历史与深厚家国情怀的大家族。当我们踏上这片被岁月洗礼过的土地，耳边似乎还能回响起那段烽火连天的岁月中，先辈们坚定的脚步声和不屈的呐喊声。谢洪涛，作为这个家族中杰出的一员，他不仅继承了先辈的革命遗志，而且以其实际行动诠释了对家国情怀的坚守与传承。

谢洪涛在山西省定襄县86293部队

光辉足迹，不朽丰碑

在抗日战争时期，有这样的同胞三兄弟，他们先后在三个月内为国捐躯。提起彭雪枫指挥的新四军游击支队，了解抗战史的人都知道，这是纵横江淮的“红色劲旅”，尤以骑兵彪悍见长，英雄谢氏三兄弟正是其中的楷模。据谢洪涛讲述，谢氏三兄弟是他的爷爷兄弟三人。他的爷爷谢继书是老大，谢继祥是老二，谢继良是老三，他们是皖北涡阳县丹城乡（1958 年划归石弓公社）谢庄人。

日军侵入家乡后，大哥谢继书第一个投奔了彭雪枫领导的新四军游击支队，任第一总队第 3 营副营长，率部多次痛击日军。彭雪枫钦佩谢继书娴熟的马上功夫，更欣赏他的个性。一次，两人比骑射，落了下风的彭雪枫对谢继书的坐骑大加赞赏，谢继书遂将自己的坐骑大白马送给了彭雪枫，彭雪枫给大白马起了个响亮的名字“火车头”，寓意在抗战中一马当先。此后，“火车头”伴随彭雪枫四处征战，立下赫赫战功。谢继书当时担任营长，于 1940 年 4 月从游击支队司令部开会回来，途中被国民党第五战区第 11 游击总队头目耿大炮设伏逮捕。耿大炮因其当伪军的拜把子兄弟被新四军消灭，于是怀恨在心，在抓到谢继书后，对其百般折磨，最后将其残忍杀害，并将其头颅示众数日。谢继书牺牲后，全国舆论哗然，在舆论压力下，国民党被迫向新四军游击支队致信道歉。

二爷谢继祥于 1939 年参加新四军，在永城县北三座楼的战斗中，他不仅击毙多名日军，还活捉一名日军小队长，得到嘉奖，后来升为连长。1940 年 6 月 1 日，皖北日伪军兵分三路，合击游击支队驻地新兴集。在战斗中，谢继祥率警卫连阻击，因敌众我寡，队伍被日伪军分割。为掩护战友撤退，谢继祥跳出掩体，连续向敌人投掷手榴弹。最终，谢继祥身负重伤，倒在地上，包围上来的日伪军对受伤的谢继祥疯狂刺杀。他身中 37 刀，用尽全身力气拉响最后一颗手榴弹，与敌人同归于尽。

三爷谢继良当时担任班长。1940 年 7 月，日伪军袭击新四军游击支队第一总队，谢继良奉命打阻击。在子弹、手榴弹都打光扔尽后，他端起刺刀与日军展开肉搏，在杀死两名日军后，他也献出了自己 19 岁的生命。

三兄弟在短短三个月内相继离世后，他们的父亲谢老先生因伤心过度也不幸去世，留下谢老太太和 4 个幼小的孙子，家庭生活十分困难。但谢老太太深明大义地说：“为国而死，死得值得！我老了，不能为国尽忠，但我和儿媳要把孙子培养成人，让他们长大后精忠报国！”彭雪枫听闻三兄弟离世的噩耗后，心中十分悲痛，便写下了一封简短却饱含深情的信，并送去法币100元作为抚恤金。如今这封信由谢洪涛的二弟誊抄，以石刻的方式保存于涡阳县丹城镇烈士陵园。

先辈们一心为党、为国捐躯的坚定信念和不屈精神，也深深影响着谢氏家族传承革命精神的决心。“从我记事时起，奶奶、父母就讲爷爷兄弟三人的故事，一再告诫我们：没有共产党、没有毛主席，就没有我们一家，长大后一定要报恩……”谢洪涛如是说。

附：彭雪枫师长给谢继书烈士的母亲的一封信

谢老太太：

你的三个儿子，为了抗日救国英勇牺牲，满门忠烈，留下无上光荣，全国军民莫不致敬，他们能够如此深明大义，为国牺牲，都是由于老太太平日教育之功。从前岳母教育岳飞精忠报国，几千年后还被人人赞美，老太太教子三人英勇杀敌，也足以媲美岳母而被人人所赞美了。

不过听说谢老先生因痛伤过度，不幸逝世，这是很可惋惜的事。四个小孙儿年纪幼小，无人培养，我们一定帮助教育成人，使他们继承乃父之志，这个你可以不必顾虑。

你的家庭生活困难我们尽力帮助。特派游历同志代致慰问，并携带法币一百元作为生活日用的补助，请你收下。

我们要努力打走日本鬼子，为你的儿子复仇，使你能过安宁的日子。希望你安心度日，你有什么问题我们一定会帮助你的。

祝你康健！

彭雪枫

七月十一日

注：游历同志是当时四师司令部的管理员

矢志不渝，报党报国

谢洪涛，1949年2月出生，1964年7月初中毕业即参加工作，1965年12月参军。时年十六岁，在空军原第九航空学校学习，接受了严格的军事训练和专业技能学习。1966年7月毕业后被分配到空军航空兵部队，在部队期间历任飞机机械员、机械师，中队副政治指导员、政治指导员（或副指导员、指导员），大队副政委、政委，团、站政治处主任、政委等职。1987年就读于空军指挥学院政治系函授大专，1988年被授予空军上校军衔。在空军服役期间，谢洪涛从基层做起，一步步成长为部队政治工作的领导者，这背后凝聚了他对国家的忠诚、对职业的热爱以及不懈地努力与奋斗。他不仅在技术上精益求精，成为飞机维护的专家，更在思想政治工作中展现出卓越的领导力和深厚的群众基础，为部队的稳定与发展做出了重要贡献。

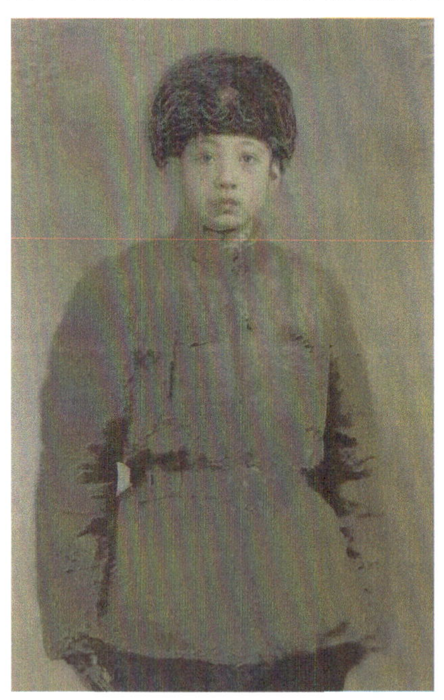

谢洪涛在空军原第九航空学校

1991年，谢洪涛转业，从一名跟钳子、扳手打交道的空军机械师转变成了一个用法律为民解忧的工作人员。1991年7月开始，他在淮北市中级人民法院历任纪检组长、副院长，2004 年 12 月任淮北市委政法委副书记。谢洪涛将自己在军队中锤炼出的严谨作风和无私奉献的精神带到了司法领域，他始终坚持以人民为中心的工作导向，用法律武器维护社会公平正义。他深知法律是维护社会公平正义的最后一道防线，因此他全身心投入法院工作，以高度的责任感和使命感，为人民群众排忧解难，维护司法公正。在淮北市中级人民法院及淮北市委政法委的岗位上，他更是以其独特的政治智慧和法治理念，推动了当地司法工作的不断进步。

谢洪涛在淮北市政法工作会议上讲话

2009 年 2 月，谢院长退休，他的生活以休息为主，但他也始终关注家乡的情况。在进行采访的过程中，谢院长说他当天去看了地里的水情，切实关注着家乡人民的福祉，他用自己的行动诠释了“退休不褪色，离岗不离党”的崇高精神境界。

谈及对后辈的教育和要求，谢院长说：“我一个外孙今年考取了博士，孙女在上大学。我对他们的总体要求是能传承我家的光荣传统，做有益于人民的人，其他不干预。我女儿、儿子都是共产党员，他们都在企业工作（华润燃气、工商银行），从小接受传统教育，后来接受部队教育，在单位都是好职工。”

谢院长的话语中透露出深沉的父爱和祖父情怀。他不仅是一个关心后辈学业和职业发展的长辈，更是一个希望后辈能够健康成长、实现自我价值的引路人。他的要求简单而朴素，却蕴含着对后辈的深深期望和祝福。

谢洪涛家族是一个充满荣耀与奉献精神的军人世家，虽无正式家规家训，但谢洪涛从小接受的都是爱党、报国、忠诚、朴实的教育和熏陶。在这个家族中，谢洪涛与他的三位兄弟以及小妹都曾经身披戎装，为国家的安宁与人民的幸福贡献了自己的青春与热血。他们退伍后，虽然离开了军营，但那份对国家和人民的忠诚与热爱永远镌刻在心中。大妹的婚姻更是为这个军人家庭增添了一抹亮色，她选择了同样身着军装的军人作为伴侣，两人携手并肩，共同走过了军旅生涯的风风雨雨。大妹夫在军队中表现出色，最终晋升为少将，这不仅是他个人的荣耀，而且是对整个家庭军人精神的最好诠释。小妹夫同样是一位杰出的军人，他被授予大校军衔，并在转业后继续在新的岗位上发光发热。他的转业不仅是职业生涯的转变，而且将军人的坚韧与毅力带到了新的领域，继续为社会做贡献。

谢洪涛家族的故事，是无数军人家庭的缩影。他们用自己的实际行动，诠释了什么是忠诚，什么是奉献，什么是责任。在这个家庭中，每一位成员都是值得尊敬和学习的楷模。

落叶归根，殷殷期望

谢院长提及他的一生经历时，只是觉得自己一生平凡，没有什么特别深刻的记忆。他选择朴素平淡的生活，将服务人民、为国贡献融入日常生活。他的生活哲学，不是追求奢华与享受，而是回归本质，追求内心的平静与满足。在饮食上，他从不讲究，能吃即可，没有刻意的喜好，也不评论任何食物。对于过去的成就和功绩，他也只是淡淡地说道："几十年的工作经历，还是有些成就的。但这只能证明过去，现在都该翻篇了。"这种看似简单的态度，实则蕴含了深刻的智慧。它告诉我们，生活的美好并不在于外在物质的堆砌，而在于内心的充实与平和，过好当下的每一分钟、每一秒才是正解。

对于谢院长而言，自古为"梁宋吴楚之冲，齐鲁汴洛之道"，有"皖北门户"之称，地处亳州市中心地带，与豫、鲁、苏三省毗邻的家乡——安徽省涡阳县，不仅是一个地理上的概念，更是情感的寄托和精神的归宿。他的家乡有一条美丽的母亲河——包河。这条河流滋养了沿岸的土地和人民，见证了家乡的发展与变迁。"家门口的母亲河——包河滋润着两岸人民，从我记事起有过几年水灾但从未漫过岸……"谢院长谈及家乡时如是说。从谢院长的叙述中，我们可以感受到他对包河的深厚情感。虽然曾遭遇水灾，但包河始终守护着这片土地和人民，这份坚韧与守护让人动容。“家乡是生我养我的地方，忘不了，放不下。叶落归根呀。”谢院长的话语中充满了深情与感慨。他自十六岁离乡参军，踏上学习工作的旅程，直至退休后才返回故乡。这简单的话语，蕴含着他对家乡无尽的思念与眷恋。家乡，那个充满了他童年欢笑与泪水的地方，那个见证了他成长与蜕变的地方，早已深深地烙印在他的心中，成为他生命中不可或缺的一部分。在他看来，人就像一片叶子，无论被风吹得多远，经历多少风雨，最终都会回归到自己的根脉所在的地方。而家乡，就是他心中的根脉所在的地方，是他灵魂的归宿。因此，他始终关注着家乡的发展变化，尽自己所能为家乡贡献一份力量。

对于家乡的未来发展，谢院长充满了期待。他深知，家乡的发展任重道远，需要全社会的共同努力和支持。他深知，家乡的发展并非一朝一夕之功，而是需要长期的努力与坚持。因此，他认为“家乡的发展任重道远，必须少喊创新口号，而是要沉下身子，多进行深入的调查研究，才能真正造福人民”。他呼吁大家在推动家乡发展的过程中，要摒弃浮躁的心态，避免盲目跟风、追求表面光鲜的现象。相反，应该脚踏实地，从实际出发，深入了解家乡的现状、优势与不足，为制定科学、合理的发展规划提供有力的依据。为了做到这一点，谢院长强调了调查研究的重要性。他认为，只有通过深入调查研究，才能准确把握家乡的发展脉搏，发现问题和潜在机遇。同时，他也鼓励大家要敢于直面问题，勇于担当责任，积极寻求解决问题的办法和途径。只有这样，才能为家乡的发展注入源源不断的动力。

在谢院长看来，造福人民是家乡发展的最终目的。因此，他强调在推动家乡发展的过程中，必须始终把人民的利益放在首位。无论是制定发展规划、推进项目建设，还是改善民生福祉，都要充分考虑人民群众的需求和期盼，确保发展成果能够惠及广大人民群众。

通过此次采访，我们有幸走近谢洪涛院长及其家族成员，聆听他们讲述那些鼓舞人心的革命故事，感受跨越时空的红色记忆。从硝烟弥漫的战场到和平安宁的今天，他们用行动告诉我们：革命精神永不褪色，家国情怀世代相传。

注：本文作者张艺冉，浙江传媒学院新闻与传播学院2023级传播学专业本科生。

百炼成钢历久弥坚，初心不改砥砺前行
——中铁十七局集团公司刘福海专访

“1956年，我出生在皖北一个普通的农村家庭。”刘福海的回忆从这片土地开始。他的家乡民风淳朴，尊师重教。刘福海在这里顺利完成了小学、中学学业，1974年他以优异成绩从石弓中学高中毕业。高中毕业后，他曾在神桥小学担任语文教师，在高瓦房联中担任英语教师。1976年，他响应国家号召，毅然决然地加入铁道兵部队，从此开始了他的军旅生涯。军队成为他走出农村、走向更广阔天地的桥梁。

刘福海入伍时留影

八年部队历练，人生从此不同

谈及当铁道兵的八年经历，刘福海的眼中闪烁着自豪的光芒。当年他所到的地点先是四川省达县，新兵连训练结束后又远赴青海省格尔木市，参与青藏线一期工程的修建。初到格尔木，刘福海就遇到了许多困难。一个是高海拔引起的高原反应，格尔木地处青藏高原，海拔较高，刚到那里时他高原反应严重，走路都有点飘。还有一个难题就是他来的时候信心满满，以为是去建设祖国的大好河山，没想到主要是从事一些基础性而且不断重复的体力劳动，外加当时的格尔木自然环境较为恶劣，与他的预想出入较大，年轻的他难免会觉得有一些枯燥，劳动时间长了也会有点疲倦。

但再苦再累都是自己的选择。抱着这样的想法，他很快就适应了部队的生活，进步很快——1977 年 5 月担任班长，很快入党，并于 1978 年 6 月被提升为排长，随后被调到师机关政治部担任干事。在师机关工作期间，他经常在星期五下午，给基层连队的战士们讲时事和党课，有时候还参加师政治部组织的教育宣讲团，对全师基层官兵进行宣讲。在家乡近两年的中小学教师经历，对他后来在部队从事党建和思想政治教育工作有着非常大的帮助。1983 年 7 月，他被提拔为副营职干部，随后家属被批准随军。这对他这个普通农村家庭出身的战士来说，无疑是人生的一次重大转折。

“在部队里，我最大的收获就是学会了如何做人、如何做事。”刘福海感慨地说。他深知，一个人的成功不仅取决于他的才能，更取决于他的品质和态度。因此，无论是在石弓镇神桥村的生产劳动中，还是在担任中小学教师以及在部队担任班长、排长、师机关政治部干事，他始终保持着一种严谨、敬业、担当、进取的精神和状态。这段铁道兵的经历不仅锻炼了他的身体，而且磨炼了他的意志，也让他学会了如何在艰苦的环境中坚持，如何在困难面前不屈不挠。这些品质成为他日后在职场中不断攀登高峰的基石。

刘福海新兵连训练时的留影（前排右一）

三大工程做贡献，三条高铁见真情

1984 年，部队裁军 100 万，当时铁道兵 10 个师 40 万官兵全部转业到铁道部，兵改工，师改为局，团改为处。刘福海当年就转业到铁道部第十七工程局工作，局机关所在地为山西省太原市。1985 年，刘福海全家搬到了太原。随着单位改制，1998 年他所在的单位脱离铁道部，2000 年更名为中铁第十七工程局，2001 年建立现代企业制度，名称改为中铁十七局集团有限公司。面对新的岗位和挑战，刘福海以他稳健的工作作风、扎实的业务能力，一步一个脚印，不断进步，职务由最初的干事、副科长、科长、党办主任到工程处党委副书记，最后担任中铁十七局集团有限公司铁路工程项目指挥部党工委书记。

刘福海在陕西省神木至延安铁路验交前留影

刘福海在担任集团公司铁路工程项目指挥部党工委书记的 10 年间，先后参建了武汉至宜昌、合肥至福州、张家口至唐山三条高铁项目。这三大工程、三大标志性成果，成为刘福海事业的高峰，也是他最值得骄傲的成就。这些项目不仅见证了中国铁路事业的蓬勃发展，而且记录了刘福海和他的战友们无数个日夜的辛勤付出。

高铁建设是一项极其艰难复杂的工作。“在高铁工程项目的实施过程中，我们面临着无数的挑战。”刘福海回忆道：“有时候是恶劣的自然环境，有时候是复杂的技术难题，但无论遇到什么困难，我们都能够团结一心，共同克服。”正是这种团结协作、勇于担当的精神，使得铁道兵部队在中国铁路建设史上留下了浓墨重彩的一笔。

修建高铁经常要打隧道、架高桥，桥隧相连。既要保证工程质量，又要保障施工安全，这是非常不容易的事情。作为中铁十七局集团公司铁路工程项目指挥部党工委书记，刘福海的工作主要是负责宣传思想工作，以及施工队伍的管理、与地方对接沟通等工作。施工队伍的管理工作分两块：一是本工程队工作人员的管理，二是招收的农民工的管理。当年仅张家口至唐山的高铁修建工作就招了 8000 多位农民工，既要保证他们的人身安全，又要保证工程质量，还要让农民工兄弟们赚到钱，任务十分艰巨，工作非常复杂。

刘福海以他严谨、勤奋、务实、高效的工作作风，不负组织重托，竭尽全力工作，突破了一个又一个重点、难点，也创下了一个又一个亮点，保证了工程按期、顺利完成。他所在的中铁十七局集团有限公司铁路项目指挥部，在线路建设信用评价和劳动竞赛中，次次名列前茅。他个人也多次被评为优秀党务工作者和优秀项目部党工委书记。

以身作则见品质，加强管理出经验

“在部队里，我学会了如何做人；在职场中，我学会了如何做事。”刘福海总结道。他认为，无论是建桥、修隧道等专业技能，还是热爱企业、关心职工、尊重领导等职业素养，都是一个职场人必须具备的。只有这样，才能在激烈的竞争中立于不败之地。在追求职业发展的过程中，刘福海始终注重技能和品德的平衡发展。他不断学习新知识、新技能，提升自己的专业素养；同时，他也始终保持着谦逊、敬业、负责的态度，以身作则，赢得了领导和同事们的尊重和信任。

在铁路项目建设和管理方面，刘福海有着丰富的经验和深刻的见解。他认为，项目管理是一项复杂而艰巨的任务，需要综合考虑技术、经济、安全等多个方面的因素。只有做到科学规划、精心组织、严格管理，才能确保项目的顺利进行和圆满完成。这些岗位不仅让他有机会接触到更广阔的工作领域，而且让他对铁路行业的发展有了更深入的了解。他深知，铁路是国家经济发展的命脉，而铁路人的责任，就是确保这条命脉畅通无阻。

作为一位经验丰富的管理者，刘福海深知人才培养和团队建设的重要性。他认为，一个优秀的领导，不仅要具备出色的个人能力和品质，而且要懂得如何关心和培养人才。只有这样，才能让单位发展得更好、更长远。“领导要有一颗包容的心，要能够接受下属的缺点和不足。”刘福海说，“同时，领导也要有一双慧眼，要善于发现和挖掘下属的潜力和优点。”在团队建设方面，刘福海注重营造一种和谐、积极、向上的工作氛围，他鼓励团队成员之间互相学习、互相支持、共同进步。

谈及铁路行业的发展现状和面临的挑战，刘福海显得有些忧虑。他认为，虽然铁路行业发展迅速，国家对铁路也非常重视，但目前面临的问题也不容忽视。

随着项目数量的逐渐减少，人才流失和成本上升等问题日益凸显。“我们需要正视这些问题，并积极寻求解决方案。”刘福海说。他认为，铁路行业需要加快转型升级的步伐，通过技术创新和模式创新来降低成本、提高效率。同时，也需要加强人才培养和引进工作，为铁路行业的持续发展提供有力的人才保障。

此外，他还提到了国内外工程成本较高的问题。他认为，这既是挑战，也是机遇。只有不断提升自身的技术水平和管理能力，才能在国际竞争中占据有利地位。同时，也要加强国际合作与交流，共同推动铁路事业的繁荣发展。

重视家教和传承，建耕读传家纪念馆

光阴似箭，日月如梭。2016 年底，刘福海年满 60 周岁光荣退休，离开了工作 40 多年的心爱的铁路工作岗位。他回忆说，刚开始参加工作时，会遇到一些困难和不顺，但几年后，看着桥梁、隧道的建成，心里就会有一种油然而生的自豪感。中铁十七局集团有限公司“不畏艰险、勇攀高峰、领先行业、创誉中外”的企业精神至今还铭刻在他的脑海里。回想过往，可谓是一路风雨、一路艰辛。

从一个普通的农家子弟，通过自己的努力，走出农村，最后能参与国家重大工程建设，在大城市太原定居，是何等幸运。在刘福海的成长历程中，家庭教育起到了至关重要的作用。他出生在一个重视教育的农村家庭，新中国成立之初，高小毕业的父亲刘永和先后担任神桥大队第四生产队的会计、队长，神桥大队的大队长、大队党支部书记等职务。父亲有一个朴素的信念，就是相信知识可以改变命运，耕读可以传家，因此他特别重视教育，重视子女读书。20 世纪八九十年代，这个家庭 6 位子女中先后有研究生毕业 1 人，大学本科毕业 1 人，大学专科毕业 2 人（含成人教育），中专毕业 1 人，初中毕业 1 人，这在当时的农村是一个奇迹。特别是这个家庭的第三代全部接受过良好的高等教育，其中优秀者还走出国门，到世界名校去留学。

为了感恩父母、纪念父母，2023 年 10 月，刘福海出资在老家兴建了耕读传家纪念馆。在耕读传家纪念馆落成典礼上，他发表了热情洋溢的讲话：“父母就是天，父母就是地，父母就是儿女心中的太阳，父母给了我们温暖的家和共同的记忆，没有父母就没有我们，没有父母的养育之恩和含辛茹苦的培养教育，就没有我们后来的一切。兴建耕读传家纪念馆，就是为了更好地传承教育兴家、耕读传家的理念，让我们的子孙后代更加重视教育，为国家、为社会培养更多的人才。”

刘福海在耕读传家纪念馆开馆招待会上致辞

借此机会，他还向参加纪念馆落成典礼的各位亲朋好友提出四点建议：“一是要高度重视子孙们的教育，牢记‘教育兴家，知识改变命运’的理念，培养他们好好读书，在教育上要舍得投入、下功夫，争取读到大学、硕士、博士。二是毕业后，无论到哪个单位，从事什么职业，一定要好好地干，继续努力地学，争做优秀拔尖人才，为单位、为社会和国家做出重要贡献。三是教育是基础，有了知识和文化，将来无论干什么都不怕。四是现在的社会是一个非常好的社会，也是一个竞争的社会，无论在城市还是农村，无论做什么职业，只要勤劳、有智慧，就能过上美好、幸福的生活。”

刘福海夫妇在耕读传家纪念馆合影

注：本文作者丁杨，浙江传媒学院新闻与传播学院2023级传播学专业本科生。

思者有域，行者无疆

——中铁十七局集团公司耿文军专访

从高处俯瞰，一条条铁路纵贯大江南北，好似伟大祖国的骨骼，疾驰的高铁如血液般贯通祖国的大江南北。中国铁路建设者，让“千里江陵一日还”成为现实。耿文军先生几十年的奋斗，可以说是中国铁路事业发展的一个缩影。

耿文军在会议上发言

行者无疆

1975 年，耿文军高中毕业后在家务农。后来涡阳县兴修水利，耿文军和其他青壮年一起前往劳动。一年的集体劳动生活，不仅锻炼了耿文军的体魄，更是磨炼了他的心性。

工程还没完工，招兵开始了。作为家里的独子，父母当然舍不得他参军，当时的生产队长为此还做了很多思想工作。1976 年 2 月，耿文军应征入伍，成为一名光荣的铁道兵。石弓镇的 50 名新兵徒步到涡阳县，一县四镇一共 200 人进行了集体整顿，登上了前往军营的火车。

当时坐的是黑皮火车，门一关，漆黑一片，窗户也没有，伸手不见五指，只能点上蜡烛才有微弱的光。200 名新兵的心炽热又紧张地跳动着，大家也许看不清彼此的脸，但是心连着心。经过几天几夜的辛苦辗转，大家终于到达四川省达州市的新兵连，就是在这里，耿文军正式开始了他的军旅生活。

新兵训练是辛苦的，流汗是必需的，但年轻的战士们却意气风发、斗志昂扬，一切都在按部就班地进行着。只可惜，天有不测风云，训练进行到第十五天时遇到了十二级以上的龙卷风，新兵连的 4 栋房子塌了 3 栋。漆黑的夜里，冰雹伴随着大雨，大家哭声一片。经过抢救，发现有 8 人死亡、100 多人受伤。年少时的成长总是在一瞬间完成的。短短一个多月时间，耿文军就面对了死亡，经历了磨难，但他没有退缩。休整之后，又进行了一段时间的训练，耿文军被分到了位于青海锡铁山的老连队。他们的任务是发电，以供应其他部队挖掘隧道。

当时，大西北的气候特别恶劣，到处光秃秃的，连草也没有，更不要说树了。水都要到几十公里以外的地方用水车拉，有时候还供应不上，也没有蔬菜吃，生活极其困难。虽然艰苦，但战友们都在一起过集体生活，有苦一起吃，有难一起扛。那里经常刮风，下雨却很少，也看不到当地的人。当时，那里还流传着一句顺口溜“天上没有鸟，风吹石头跑，白天兵看兵，晚上看星星”。可以说，这是一段既艰苦又难以忘怀的时光。

一年后，师直属营的领导在翻阅了耿文军的档案后，把他调到总部做给养员，负责后勤保障工作。当时的后勤工作是十分辛苦而且危险的。地广人稀，气候恶劣，七八百公里都没有人烟，任务又比较重。耿文军说，他们当时住在格尔木，要到七八百公里外的甘肃省张掖市去拉蔬菜。大雪封山，前不能进，后不能退。他们基本上都是吃冰食。晚上冻得没有办法了，就用过去的喷灯点上火烤一烤，当时手脚都冻肿了。

耿文军与军车

耿文军不管干什么都认真负责、踏实肯干，慢慢地得到了领导的认可与好评。1978 年，他光荣地加入中国共产党，成为一名中共党员。1979 年，他荣立三等功。他因为工作业绩突出，被提了干，到连队中继续负责后勤工作。总结起做后勤工作的经验，他提到，一个是吃苦奉献，一个是管理有方，还有一个是以身作则。

耿文军说，部队就是一个大熔炉，在部队 8 年的生活和所受的教育让他终生难忘。一是锻炼了健康的身体，二是磨炼了坚强的意志，三是养成了严格自律、不谋私利的精神，以及对党和国家的无限忠诚。部队的生活有过艰辛、磨难，但更多的是成长、锤炼，是走向更广阔天地的动力和信念。

训练时的耿文军

于烈火中淬炼，在建设中成长

1984年部队大裁军，铁道兵全部并入隶属于国务院的铁道部。耿文军和战友们集体转业，进入中国铁道建筑总公司，并在此工作了30多年。这30多年来，耿文军先后担任了主管会计、财务科长、副总会计师、工会主席、副处长、副总经理、正处级特级项目经理、调研员等职务，直到2015年退休。

中国铁建在几十年的发展中进入了世界500强，并成功上市，是全球较具规模的特大型综合建设集团之一，其成就举世瞩目。

中国铁建实现了从一元经营到多元化的跨越发展，从大宗生产到精细化管理下的标准化施工，从国内市场到国外市场，从技术研发到高新技术应用，再到开疆拓土，精准地把握市场机遇。经过这么多年的发展，中国铁建的发展势头越来越强劲，资产雄厚，现代管理人才较为充足，科技创新也在持续发展。

给进入铁路行业的年轻人的建议

作为“过来人”，对于想要进入铁路行业的年轻人，耿文军先生说，首先要符合国家政策以及人民发展的需要，其次要有扎实且符合要求的专业技能，还要有吃苦耐劳的作风，这一点是非常重要的。

耿文军说，理论和实践的距离好比从楼上跳到地面一样，有相当大的差距，如果不坚持，是干不好的。作为大学生想要择业到这个单位，就要从实际出发，做好吃苦的准备，不断地突破，把自己学到的专业知识运用到实践中去，让理论发芽、开花，不断地用汗水浇灌，才能有所收获和突破。

家乡记忆

提及对老家涡阳县石弓镇的珍贵记忆，以及故乡对他的影响，耿文军先生几乎要落泪。常年在外，他感到愧对家乡、愧对父母。他说，家乡是生我养我的地方，亲人的亲情、朋友间的友谊都是那样的美好。家乡的山、家乡的水、家乡的一草一木，都让在外奔波的人日夜魂牵梦绕。

耿文军说：“记得小时候家门前有十几棵花椒树，一到结果的时候枝叶茂盛，果实香气扑鼻。还有二十多棵柿子树，每到秋季，树上挂满了像灯笼一样的柿子，黄澄澄、金灿灿的，十分好看。农忙的时候帮助家里人劳动，收割小麦、高粱、玉米，还有红薯，因为我们那个地方当时比较穷，主食主要是红薯，劳动的时候就几个人一起在地里挖个地窝，然后把红薯放下去烧上火，烤一烤，弄一弄，就能吃得满嘴、满脸黢黑，但我们吃得不亦乐乎，这都是深埋在记忆里的东西。石弓街的小吃，比如小包子、硬面馍、胡辣汤，都印在脑海里，每逢回忆便觉得幸福和感慨。”

关于返乡创业和乡村振兴

国家的政策推动年轻人从家乡走出去，接受更好的教育，同时也推动他们在成才后走回来，为乡村的振兴和发展做出自己的贡献，也就是我们所说的人才回流。对于人才回流现象，耿文军先生说，人才是基础，政策是保障，要想让更多优秀的年轻人返乡，就要让他们无后顾之忧，安心扎根。

除此以外，就是要有专业素质。如果专业素质不适应市场的发展和社会的变化，便无用武之地。最后，也是最重要的一点，就是当代年轻人一定要保持高尚的品德。做到这点，才能发挥自己的特长和优势去造福人民。

当年的中国铁道兵，现在的中国铁建人，他们忠诚于党和人民的事业，像一棵棵白杨树，傲然挺立在祖国和人民需要的地方。

注：本文作者李城，浙江传媒学院文化创意与管理学院2023级网络与新媒体专业本科生。

从深蓝走向更广阔的天地

——唐山军分区滦南县人武部政委孙亮专访

在这片辽阔的中华大地上，有这样一位青年，怀揣着对国家的深情与对大海的无限憧憬，踏上了通往海军大连舰艇学院的征途。他的故事，是青春与梦想交织的篇章，是坚韧与奋斗并存的例证，激励着后来者勇往直前。他就是唐山军分区滦南县人武部政委孙亮。

孙亮

逐梦深蓝——从石弓到大海的征程

1981 年 1 月，孙亮出生在涡阳县石弓镇耿楼孙庄村的一个普通家庭。自小生活在内陆的他，对浩瀚无垠的大海充满了无限的好奇与向往。1999 年，在高中毕业之际，面对人生的重要抉择，他没有选择安逸的道路，而是毅然决然地报考了海军大连舰艇学院，这份选择源自他内心深处那份滚烫的参军报国情怀。在他看来，能够穿上戎装，保卫国家海疆，是青春最绚丽的色彩，也是对梦想最直接的追求。

扬帆起航——一位战士的成长与蜕变

军校四年的生活，对孙亮而言，是一段既平凡又非凡的旅程。在这里，他接受了严格的军事训练，学习了扎实的专业知识，更在无数次的挑战与磨炼中，锻造了坚韧不拔的意志和勇往直前的精神。虽然其间也遭遇了挫折——考研失利，但对他而言“这也不算太大的挫折，我觉得这样很正常”。虽然他暂时未能继续在学术道路上深造，但这并未让他气馁。他以一种平和而成熟的心态接受了这一结果，并迅速调整方向，投身部队的实际工作中，将所学知识转化为服务国家的实际行动。

在孙亮的成长道路上，有一位特别的“引路人”——家中的一位远房亲戚，现任上海市杨浦区某街道党工委书记，曾是一位普通的乡镇中学英语老师。这位亲戚从师范学校毕业到乡镇中学任教，再到通过不懈努力考取华东师范大学研究生，最终踏入上海公务员队伍，直至担任重要职务。他的每一步都凝聚着汗水与智慧，展现了不凡的拼搏精神与进取心。这位亲戚的经历，如同灯塔一般，照亮了孙亮前行的道路，也为他树立了奋斗的标杆，让他深刻地体会到，只要有梦想、有坚持，就没有什么是不可能的。

如今，孙亮已成长为部队中的一名优秀的战士，他依旧怀揣着对大海的热爱与对国家的忠诚。他深知，无论是继续在军营中奉献青春，还是在未来的某一天以另一种方式服务国家和社会，那份初心与热情都将永不褪色。

螺丝钉的荣耀——一位军人的坚守与奉献

如今谈及个人愿景，孙亮微笑着说道："愿景也不算很远大，我觉得还是脚踏实地干好自己的本职工作，在工作上能取得些成绩。个人能力、素质得到提高，再对社会、军队和国家有点贡献，我觉得就满足了。我也没有大的愿景，脚踏实地干好本职工作吧。"

他没有"宏大"的愿景，也没有豪言壮语，只有一颗朴实无华的心，以及一份对工作的执着与热爱。

孙亮所在的单位承担着繁重的任务，但他总是能够从容应对。在他看来，脚踏实地干好每一件小事，就是在为社会和国家贡献自己的一份力量。"国家的事我们要关心，但也要做好自己的本职工作。"这是他常常挂在嘴边的话。

国家的建设与发展，对于孙亮而言，是每一天都能看到的点滴进步。他说："做好本职工作，就是对国家发展最大的支持。"

在他的心中，国家的钢铁长城是由每一个普通人构成的，无论是前线的战士，还是后方的支持者，每个人都是不可或缺的一块砖。孙亮坚信，正是每个人的一份力量，汇聚成一股强大的力量，支撑着国家的繁荣与稳定。

在他看来，国家的规划和发展蓝图已经绘就，作为基层工作者，最重要的就是将这些规划落实到位。他常说："我们就像螺丝钉一样，虽然不起眼，但每个螺丝钉都在自己的位置上发挥着重要作用。"

孙亮的故事或许并不惊天动地，却如同千千万万普通人的缩影。他们没有耀眼的光环，却用实际行动诠释着对国家最真挚的情感。正是有了这样一群默默无闻的英雄，我们的国家才能稳步前行。

对家乡发展的深思——挑战与潜力的双重探索

谈及家乡，他回忆往昔，发现自己对许多旧日时光的记忆已渐渐模糊，而那些曾深深触动心灵的故事，如今似乎难以清晰地浮现。转而谈及家乡的发展，他不禁流露出一丝忧虑。在他看来，虽然家乡在旅游、教育、经济等领域持续耕耘，但似乎并没有大量涌现出杰出的人才。

他还注意到家乡在文化传承与对外宣传方面的不足。与那些南方的新兴小镇相比，无论是旅游产业还是特色产业的打造，家乡都显得相对平淡无奇，缺乏鲜明的特色与亮点。他深感家乡在发掘自身潜力、打造独特品牌，以及加强对外宣传方面仍有很大的提升空间，而这些方面的不足也直接导致了家乡在影响力上的薄弱。

对于家乡经济发展的现状，他也表示了一定的担忧。他认为，地理位置和区域优势的限制是制约家乡发展的重要因素之一。在这样的背景下，家乡要想实现跨越式发展，确实面临着诸多挑战与困难。

然而，尽管有着种种不足与挑战，他依然对家乡的未来充满了期待。他相信，自己的家乡一定能够走出一条符合自身特色的发展道路，迎来更加繁荣美好的明天。

返乡逐梦——孙亮眼中的青年与乡村振兴

在国家实施乡村振兴战略的大背景下，孙亮始终关注着青年一代的成长与乡村的发展。他深知，年轻人是乡村振兴的主力军，他们的激情与创新将为乡村注入新的活力。

孙亮认为，年轻人如果选择返乡创业，不仅要具备远见卓识，还要拥有坚定不移的意志。他说："年轻人干事还需要有一定的定力，抱定一定的目标，盯着一个方向，不要轻言放弃。"

孙亮强调道："任何时候都要做生活的强者，要不断地挑战自己、战胜自己。任何时候都不能有'躺平'的思想，要保持奋斗拼搏的精神。"

孙亮的话语鼓舞着每一位正在或即将返乡创业的年轻人。在乡村振兴的大潮中，他们不仅有机会实现个人的梦想，还能为乡村的发展贡献力量。

对于年轻人，孙亮有着更多的期待与建议，总结为四个"要"，即要有梦想：年轻人要有自己的理想，为实现梦想而不懈努力；要有规划：设定明确的目标，并制订详细的计划来实现这些目标；要能吃苦：不怕艰难困苦，敢于拼搏，做生活的强者；要挑战自我：不断地挑战自己，战胜自我，拒绝"躺平"。

孙亮还提到，一个人是否成功并不是由自己定义的。他认为，人生要做到这两点：穷则独善其身，即在能力不强时做好自己；达则兼济天下，即有能力时回报社会。做到这两点之后，成功与否并不重要，重要的是过程中的努力与付出。

注：本文作者朱悦文，浙江传媒学院新闻与传播学院2023级传播学专业本科生。

坚定立场，恪尽职守

——徐州美驰车桥有限公司原党委副书记耿志军专访

耿志军出生于1957年2月，是涡阳县石弓镇耿楼村人。回顾人生的前60年，他将其划分为三个阶段：求学、参军、工作。作为一名光荣的共产党员，他始终坚持“从群众中来，到群众中去”的党的群众路线。

耿志军

求学：帮自己继续充电

中学刚毕业，耿志军就参军了。1990 年，已经参加工作的耿志军前往徐州经济管理干部学院企业管理大专班学习，于 1993 年 12 月毕业。1995 年 8 月到 1997 年 12 月，耿志军在中央党校徐州分校经济管理专业本科毕业。这两段在职学习的经历也为耿志军日后评定政工师和经济师提供了很大的帮助。

参军：是机会也是义务

1974 年，17 岁的耿志军在得知部队征兵的消息后，决定去当兵。“当时并没有考大学的概念，想在部队当兵以后继续锻炼自己。这是一个机会，也是一个应尽的义务。”耿志军在采访中说道。

进入部队这个大集体中，耿志军遇到过许多困难，团政委给予了他很多帮助。

刚当兵时，耿志军给团政委当了两年多的警卫员。团政委对耿志军有着很高的要求，他也从团政委身上学到了许多。在工作方面，团政委教他如何处理好和同事的关系；在学习方面，告诉他如何利用好时间学习，给自己定下目标，并不断努力。在这两年多的时间里，团政委还不断地让他下连队锻炼，他也在不断地进步。1976 年，他凭借自己优秀的表现光荣地加入了党组织，成为一名正式的共产党员，不久被提拔为班长。

“我们这个团政委呢，对我就像对待自己的儿子一样，各方面都给了我很大的帮助。”直到现在，耿志军还清晰地记得他的名字——孙敬和。他对耿志军的影响很深，共事的这两年也成为耿志军人生中的一个大转折。

18岁时的耿志军

1983年，耿志军在52821部队荣立三等功一次。当时他在连队当司务长，主要从事后勤工作，为战士日常生活的各方面做好保障。三等功是对耿志军工作成绩的肯定。

1986年，耿志军选择转业，开始在地方工作。

在当兵的12年时光里，耿志军从警卫员、班长、司务长到连副指导员、指导员，这一步步的晋升是他在部队中表现优秀的最好证明。

工作：三十余年坚持群众路线

耿志军的工作经历十分丰富，他工作过的这几个单位都隶属于徐州工程机械集团有限公司。其中，他在徐州美驰车桥有限公司工作的时间最长。徐州美驰车桥有限公司是中美合资企业，由美国美驰公司和徐州工程机械集团共同投资组建。耿志军担任公司党委副书记、纪委书记、工会主席。

党委工作要将党的路线、方针和政策在企业中贯彻落实，在政治引领和动力支持、参与企业决策、协调各方利益、加强党组织自身建设等方面发挥作用。合资公司纪委作为党的监督机构，在公司中扮演着重要的角色。工会要保障员工的合法权益，保证企业正常经营，维护企业、员工的利益。

因为工作成绩突出，2010 年 4 月，耿志军被徐州市人民政府授予“徐州市劳动模范”称号。

2010 年 11 月，耿志军被省总工会聘为工资集体协商谈判员。除此之外，耿志军还连续两年被徐州市总工会评为“徐州市优秀工会工作者”。谈到工作，他认为要做到无私奉献、身先士卒、勤政敬业、创新务实，尤其是要做实事。

面对这些荣誉，耿志军认为这主要是上级对自己工作认可的一种形式，既可以鞭策自己，也可以鼓励自己。“荣誉，实际上是一面镜子，要经常照着自己，提醒自己要不愧对此荣誉。”

生活：工作时和退休后

退休前，耿志军的业余文化生活主要是和同事一起参加企业组织的一些活动和比赛，比如羽毛球、乒乓球、游泳、拔河比赛等。除此之外，还有一些红色教育活动，比如企业曾组织员工在徐州淮海战役烈士纪念塔进行革命传统教育，让员工不忘历史，牢记使命。

退休后的耿志军有了更多的闲暇时间，他喜欢看新闻，一如既往地关心国家大事。有时，他会出去旅游，领略祖国的大好风光。另外，偶尔会有企业向他咨询，他也会毫不吝啬地帮助他们。

当被问到还想做些什么时，耿志军只希望管好自己，做好自己的事情。“这个年龄没有什么太大的目标了，做一些能做的事情，做一个合格的公民，教育子女也是一方面。”

家乡：石弓镇越来越好了

在耿志军的记忆中，石弓镇以前并不发达。

这些年，耿志军虽然生活在江苏省徐州市，但他也经常回到老家石弓镇。“一是回家看看，看看石弓镇的变化。二是有战友聚会、同学聚会，经常回去交流交流。”他感叹石弓镇变得越来越好了：乡村道路畅通了，以前开车从徐州到石弓镇要四五个小时，现在只要两个小时；人民的生活水平逐年提高，老年人的生活有了保障，许多村完善了老人福利院；各村增设了健身器材，供大家使用；乡村文化建设的内容更加丰富，增加了以前没有的宣传栏……

采访时，耿志军也分享了自己对石弓镇发展的看法。一方面是石弓镇自身的经济基础较好，石弓镇有很多有利的发展条件，要做好发展规划；另一方面是有一个年轻、能干的领导班子，领导班子的文化程度、领导能力、创新精神很重要，他们要带领全镇人民发家致富。

耿志军（左一）在石弓镇与战友联谊

期待：石弓镇和新青年

“对于石弓镇未来的发展，现在还是要有一个长远的规划。一个城市、一个国家，都有规划。而石弓镇要结合自身实际情况，做好规划。”

此外，耿志军认为，石弓镇还可以鼓励企业家回乡创业，政府提供一些优惠政策；鼓励优秀青年带产品、带项目到石弓镇发展……只有一步一步地发展，石弓镇才会不断焕发出新的活力。

对新一代的青年人，耿志军先生留下了一段话：“年轻人是中国的未来。现在社会发展、科技进步这么快，作为年轻人要勇敢地承担起责任和担当，以后国家就靠这些年轻人。任务总会落到一些有能力、有责任、有担当的年轻人身上。国家的强大要靠年轻人，人民的幸福生活，也靠年轻人。”

注：本文作者胡王菲，浙江传媒学院新闻与传播学院2023级传播学专业本科生。

铁肩担道义，军魂铸辉煌

——安徽省总工会周宗魁专访

历史的长卷缓缓展开，每一页都镌刻着那些默默奉献、以国家为重的身影。他们以坚定的信念、无私的奉献和卓越的才能，书写着属于自己的荣耀篇章。现在，我们的目光聚焦在一位平凡而又伟大的军官身上，他的故事没有华丽的开场，却在岁月的洗礼下，逐渐显露出坚韧与光辉。

他的名字叫周宗魁，是一名退役中校，也是一名决定继续以工会工作人员的身份服务人民大众的热血男儿。

军校时期的周宗魁

从青涩到成熟：一位军官的初征

1998 年，十八岁的周宗魁怀着从军梦毅然填报了南昌陆军学院（现中国人民解放军陆军步兵学院），对当时的他来说，军旅生涯意味着崭新的开始，也意味着接过前辈的钢枪。“强国先强军，从小我就有着强烈的从军梦，身边退伍军人过硬的素质也深深地影响了我。”

在村里还算不错的家境让他没有后顾之忧地远离家乡和父母，前往一个热血而未知的领域。当时他是家里的独子，但父母并没有因此而不赞成他的从军计划，反而给予他更多的鼓励与支持。

2001 年，从南昌陆军学院步兵指挥专业毕业后，他迎来军旅生涯的第一次军改，被分配到蚌埠市的舟桥部队工作，成为一名码头排排长。舟桥部队的基本任务是构筑浮桥渡场、门桥渡场，保障部队能快速通过江河障碍。部队装备的舟桥型号较老，码头排作业的位置是水中与岸边的结合部分，负责把岸边的部分桩基架设起来。码头架设不仅需要下水人工作业，有时需要在水温只有几摄氏度甚至零摄氏度以下的条件下下水作业，其主要构件的重量也很重，轻的有 180 斤，最重的有 1 吨多，相对于舟上作业的同志，码头排的工作更辛苦。

周宗魁回忆说，刚进入部队时有些不适应，因为在军校里学习的专业与进入部队后从事的工作并不对口，很多工作想做却不会做、会做却做不好，但转念一想，人家义务兵一两年能学会需要掌握的技能，我们从军校出来的军官学一学，训一训肯定不会比人家差，所以渐渐地就适应了新的专业。

2003 年，他迎来了第二次军改，他到驻地在滁州市的步兵第 34 旅工作，重新干回了自己原来的专业。面对陌生而又熟悉的专业，他学理论、练指挥、强体能，工作踏实、作风务实，带领所属官兵较好地完成了上级交给的各项任务。因工作表现好，2007 年他被单位安排到安全保卫工作模范连担任连长。任连长期间，他以连为家，每天第一个起床、最后一个就寝，像长兄般关心爱护部属。在他的带领下，连队建设蒸蒸日上，荣立集体一等功 1 次、集体二等功 2 次，他个人也荣立三等功 1 次。

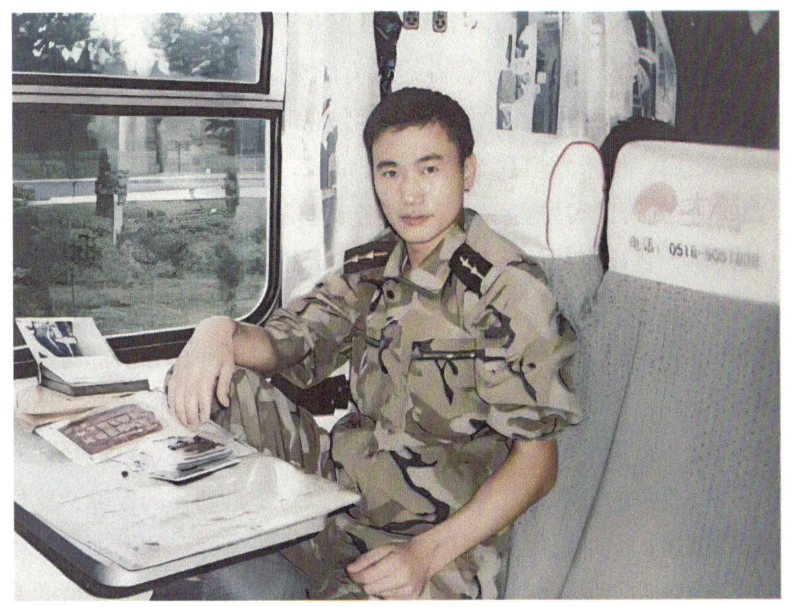

连长时期的周宗魁

岁月如歌，军魂永铸

就任连长三年后，周宗魁晋升为副营长。但刚一就任，他就迎来了执行对抗演习任务的挑战。营长因其他任务不在位，所以只能由作为副营长的他负责全营演习工作。他所在的部队是南京军区的专业模拟蓝军，此次对抗演习负责右翼方向的防御作战任务。他结合地形特点设置工事障碍，结合人员情况科学地排兵布阵，圆满完成了防守任务，并在第二年晋升为营长。任营长期间，他作为蓝军营级主要指挥员多次参与实兵对抗演习，与来自全军的作战部队切磋过招。基于之前军旅生涯中积累的丰富经验、过硬的军事素养和坚韧执着的信念，他在多次演习中表现突出，任务完成出色，所带营队先后被旅表彰为先进营队、被集团军表彰为先进营标兵单位，荣立二等功和三等功各 1 次。

但在军人的生涯中，不仅有“功名祗向马上取，真是英雄一丈夫”的豪气，还有“八百里分麾下炙”的同袍情谊。比起功名对成绩的直接阐述，周宗魁更欣喜的是随着职务的提升和经验的增加，他个人的各方面素质都得到了加强，并且他越来越清晰地感觉到部队的向上发展不仅在于指挥员的努力，还是全体战士共同奋发图强的结果。他说："我获得的所有荣誉，并不是因为我的个人能力有多强，而是上级的培养，更是全营官兵一起努力和奋斗的结果。"

离开营队之后，他来到炮兵旅任职保障部长，负责全旅的后勤和装备保障。上任半年，单位接到跨区实兵实弹演习的任务，这是一个非常考验后装保障的任务，他带着机关同事，昼夜奋战，练指挥、练协同、练战法，统计划、筹物资、修装备，在向青铜峡机动过程中，近1500公里的路，所有车辆无一掉队；在演习场地进行机动演习时，夜间全程闭灯驾驶，全部按时完成任务，导演部对他们的周密保障给予高度评价。当时这场演习给周宗魁带来了比较深刻的感受：作为现代作战，后勤保障是非常重要的，所谓"兵马未动，粮草先行"，古代是如此，现代更是如此。现代战争的自动化程度比较高，所以对于自动化的保障，比如系统的调试联调就要加强，同时现代战争也是高强度的战争，弹药和燃油消耗很大，因此对后勤保障的要求就很高，对指挥协调的要求也更高了，对指挥员的素质要求也在提高。这次演习以及跨区机动的后勤保障，使他更加深刻地认识到现代作战过程中指挥员非常重要。

从军人到地方干部的忠诚与担当

2022年12月31日，周宗魁接到了部队的转业命令。

退伍后，周宗魁带着继续服务社会的情怀，选择进入安徽省总工会工作。他说："因为我们党是工人阶级领导的政党，也是工人阶级的政党，而工会是服务职工群众的，我觉得这个工作很有意义，于是我就选择了总工会这个岗位。"

从以前的保家卫国，到现在的服务群众，周宗魁实现了从军营到社会的华丽转身，但那份为人民服务的初心与使命却从未改变。在安徽省总工会的工作中，他仿佛找到了新的战场，以满腔的热情和不懈的努力，继续书写着为人民服务的华丽篇章。

他深知，工会是职工群众的"娘家人"，是连接党和职工群众的桥梁和纽带。因此，在完成本职工作的基础上，他积极投身于工会的各项工作中，无论是推动职工权益保护、促进就业与技能提升，还是协调劳动关系、加强企业文化建设，他都以高度的责任感和使命感，全心全意地为职工群众服务。

从少年时代到中年时代，军人的热血与铁骨一直深深地影响着他。聊起退伍话题，他的第一反应是“若有召战必回，我们随时做好准备”。对于刚刚加入部队时的回忆是遥远而模糊的，但胸腔内的心脏仍然是滚烫的，他说每当午夜梦回时他就会回到部队，而回到现实里，妻儿就陪伴在身边。

作为两个孩子的父亲，他说：“小家与大家的问题，无论是在部队还是在地方工作，都是一样的。国家国家，有国才有家，我始终以大家为主。”但对家庭，他内心始终怀有亏欠，特别是在部队时，他一年到头都在外面，甚至可能大半年才能和家人见一面，哪怕是家人随军之后，基本上也很少见面。

在聊起家人时，他将妻子称为“家属”。由于父母的身体不是很好，不能给予太多帮助，所以两个孩子都是由家属一个人带大的，非常不容易。但家属非常支持他的工作，他动情地说，自己能取得这么多的功勋与家属的付出是密不可分的，就如军歌《十五的月亮》里唱的：“军功章啊，有你的一半，也有我的一半。”

铁血柔情，情系故里

家乡是每一个游子心里最深刻的眷恋，特别是对于投身军旅的战士来说，家乡的一片叶，就如心里的一块磐石。

周宗魁的家乡是一个叫“山后”的地方，对他来说，这是一个完美的小山村，旁边有一座不是很大的山。在他上初中的时候，每一次上学都需要步行上山，其中有段通往山顶的路非常陡峭，但每当爬到山顶时，一览无余的美好风景给了他很大的启发——成功的路从来不是一帆风顺的。小时候，他随着父亲去山上采石头，辛苦的劳作磨炼了他坚韧顽强的性格，就像这山中的大理石一样坚韧。在他的部队生涯中，遇到一些挫折，因为有了这种坚韧顽强的性格，这种不服输的意识和信念，他干什么事都能做好，什么困难都不能把他打倒。在思念家乡的时候，他就把思乡之情化为自己学习、训练的动力，对家乡的骄傲和思念也成为他少年时意气风发的写照。

最后，对于想要当兵的年轻人，他寄语道：“我觉得部队是一个大集体、一所大学校，是能锻炼人、培养人的地方，也是建功立业的地方。有志的年轻人、青年学生都应该到部队来锻炼锻炼。有一句话叫，当兵后悔三年，不当兵后悔一辈子。后悔三年可能是指当兵很苦，当然这是一种戏称。正所谓‘梅花香自苦寒来’，正是部队的规范管理、环境磨炼，才成就了人生的升华。有军旅生涯的人生更完美、更值得骄傲。”

注：作者刘雪婧，浙江传媒学院新闻与传播学院2023级传播学专业本科生。

军旅赤子心，奉献写华章

——涡阳县工商行政管理局原局长罗书田专访

罗书田，1954 年 8 月出生于涡阳县石弓镇王园村，1973 年 12 月高中毕业，1974 年 12 月应征入伍，1988 年 8 月转业，先后在涡阳县政府办公室、工商行政管理局工作，曾任县政府办公室秘书，工商行政管理局副局长、局长兼党组书记等职务。

“这十多年来，我虽然做了一些工作，但离党和人民的要求还相差很远。党和人民给了我这样的荣誉，我内心是不安的，这样的荣誉也是令我终生难忘的。”罗书田在采访时如是说。

罗书田

少年立志军旅，毅然踏上征途

罗书田对人民军队的热爱，早在少年时期就已深深扎根在心底。那时，校园里老师口中的黄继光、董存瑞、邱少云等英雄烈士的战斗故事，以及那些有着共产主义高尚情怀、在现实中英勇救人的英雄事迹，如同熠熠生辉的火种，点燃了他内心向往成为解放军战士的梦想之火，一颗渴望投身军旅的种子就此埋下。

高中阶段的罗书田，思想愈发成熟，他深知部队是一个锤炼意志、造就人才的绝佳之地。应征入伍，那是宪法赋予适龄青年的神圣权利，而保家卫国的责任更是沉甸甸地压在他的心头，他义不容辞。怀揣着满腔热血的他，毅然决然地认定，部队就是自己要去磨炼、成长的地方，他要做一名优秀的青年，在军队里书写别样的青春。

可当入伍的日子来临，离别却成了最揪心的一幕。罗书田的母亲，一位饱经生活磨难的女性，身体状况一直欠佳。在她心中，儿子就是她生命的全部寄托，是支撑她走过艰难岁月的精神支柱。母亲十一二岁来到罗家，后来经历了离异之痛，因封建思想的束缚，她独自坚守，拉扯着一家四代人。生活虽苦，她却靠着顽强的毅力挺了过来。而这次，面对儿子即将奔赴千里之外的军营，她满心的不舍化作了悲痛的泪水，躺在床上哭得肝肠寸断。她害怕儿子当兵受苦，更害怕儿子可能一去不回，说什么也不愿让儿子离开。

然而，罗书田心中对军队的向往，那份保家卫国的壮志，让他即便满心不舍，也毅然选择了咬紧牙关离开。那是个天寒地冻的日子，积雪铺满了家乡的大地，他在近邻叔叔的相送下，缓缓走向村口。当叔叔转身回去的那一刻，他强忍着的情绪瞬间崩溃，压抑已久的哭声在凛冽的寒风中回荡。那哭声里饱含着对母亲、对家乡的眷恋，是那样的凄凉，让人动容。

走到村东头大沟处，罗书田停了下来，他走到桥边，不顾严寒砸破冰面，捧起那冰冷的河水洗脸，仿佛是在让自己清醒，让自己更加坚定。随后，他带着对母亲的牵挂，怀揣着梦想，迈着坚毅的步伐，向着远方的军营走去。

如今，时光已悄然流逝了几十年，可离别时母亲那饱含泪水的双眼，依旧时常在罗书田的心中闪烁，那是他心底最柔软也是最深刻的记忆，见证着他当年告别家乡踏上军旅路的那份执着与深情。

情系部队，用心铸就不凡

入伍后，罗书田肩负着团支部的工作，深知在青年战士思想变化的关键时刻自己责任重大。为此，他主动阅读教育学、心理学、美学、青年思想修养等诸多与道德、情操相关的书籍，精心组织青年团开展有意义且契合青年成长的活动，认真研究战士们的思想、心理特点，用心备好每一堂政治课，还制订出深受战士欢迎的“战士 17 条涵养措施”。他的努力成效显著，所在团支部在 1980 年“五四”青年节被八十三师批准为先进团支部，他还在师政工会议上分享经验。

1981 年 5 月至 1984 年 9 月，罗书田来到原陆军第八十三师炮兵团加农炮营三连担任政治指导员。彼时，这个连队是出了名的“老大难”单位，事故频发，战士情绪低落，干部斗志不足，党支部思想涣散，被师、团党委定为三类支部。罗书田到任后，主动团结党支部一班人，怀着深厚感情关爱战士，以铁的纪律狠抓管理，竭尽全力改善连队生活条件。凭借集体智慧与力量，仅用一年时间就让连队打了翻身仗，彻底改变了落后面貌。

面对战士们对知识的渴求，罗书田又下苦功夫学习大学语文、现代汉语、写作基础等众多学科的专业知识，写下几十万字的读书笔记，剪贴十多本资料，为做好思想工作、上好政治课不断地充实自己。他热爱政治工作，结合部队现实，深入调研，制定了“坚持自我反省二十个为什么”，这一做法在部队产生了深刻的影响，也起到了良好的自我教育作用。

在他的带领下，连队的战士们不到一年时间纷纷进步，有的入党、入团，有的成为骨干、标兵，有的还得到奖励。连队士气高涨，干部劲头十足。1982 年，全团 11 项大的考核评比中，连队有 10 项夺得第一。年底，30 名退伍战士都能服从组织安排，愉快离队。其中 5 名老战士留下饱含深情的话语——“留下五颗爱连的心，带走连队的好传统”，这句话成了连队最美的闪光点，感动着所有人。罗书田深受触动，深夜难眠，创作了《再见吧，我的好战友》，在连队教唱时，战士们无不落泪。

这一年，《战友报》多次大篇幅报道连队的突出事迹。1983 年，连队更是收获满满，被军、师、团评为建设社会主义精神文明的先进连队，被第 28 军、第 83 师等各级授予荣誉，还荣获集团军锦旗一面、集体二等功。罗书田本人也被评为建设社会主义精神文明的先进个人，得到团通令嘉奖，被师评为“优秀指导员”“优秀政治教员”。

军旅路上的坚守与荣耀

初入军营的罗书田，便将“学习、创新、求实”这六个字深深地刻进心底，奉为前行路上永不磨灭的座右铭。从 1974 年 12 月踏入军营的那一刻起，他就怀揣着对部队的满腔热忱，开启了逐梦之旅。

在原陆军第 28 军 83 师炮兵团加农炮营三连服役的日子里，罗书田不放过任何成长的机会。他如饥似渴地苦练军事技术，严格遵守部队的条令、条例和规章制度，每一个命令都坚决执行，军人的素养在日复一日的磨炼中迅速提升。不仅如此，他还积极活跃在连队的各个角落，上理论课、教歌、出黑板报、编写和排练文艺节目。凭借这份热情与才华，他在全营成为小有名气的理论文艺骨干，年终收获了营嘉奖，这是对他努力的第一次喝彩。

1976 年，罗书田跟随连队奔赴山西省侯马市执行国防施工任务，艰苦的环境没有让他退缩分毫，他把每一次挑战都当作锻炼自己的契机，无畏无惧、勇往直前。同一年里，无论是在陆军第 83 师政治部报道组，还是在陆军第 83 师炮兵团骨干教导队学习，他都凭借刻苦钻研的劲头，交出了优异的答卷，成绩斐然，结业时收获的嘉奖便是最好的证明。而担任班长期间，他更是充分展现出卓越的领导才能，将全班同志的工作积极性彻底调动起来，带领大家出色地完成各项任务。他深知思想引领的重要性，深入研究基层思想政治工作，一本本经典著作如《共产党宣言》《毛泽东选集》等被他反复研读，马克思主义哲学、政治经济学、科学社会主义和中共党史等知识也被他一一吸收，再结合自身工作实践，悟出诸多宝贵的道理和思想方法，进而成为连队思想政治工作的骨干，党支部的得力助手。他就像一团燃烧的火焰，不仅照亮了自己，也温暖和引领着身边的每一个人。1977 年的那枚三等功奖章便是对他的又一次肯定。

然而，荣誉对他而言，不是终点，而是继续奋进的起点。此后，他依旧保持着虚心学习、认真反思、努力进取的姿态，先后被连、营、团作为班长标兵，并在全团召开的三学代表会议上分享“怎样当好班长”的宝贵经验，还因表现突出被评为学雷锋积极分子，再次荣立三等功，荣誉的光环在他身上愈发闪耀。

罗书田在 1979 年 3 月提干后，辗转多个重要岗位，每到一处，他都留下深深的奋斗足迹。在原陆军第 28 军第 83 师炮团榴弹炮营 6 连任排长时，他面对全部从其他部队调来、思想复杂且消极情绪大的战士，凭借强大的凝聚力和领导力，充分发挥党员和班长的作用，稳住了全排人员的思想。在执行上级交给的营房翻修任务时，排里负责的高空作业危险重重、责任重大，可罗书田毫不畏惧，带领战士们顺利完成任务，且未发生任何事故，赢得了团、营首长的高度赞扬，那赞许的目光是对他的坚守与担当的最美注脚。

罗书田在担任副政治指导员期间，部队面临干部制度改革等诸多变化，战士们思想活跃且部分战士出现“当兵没奔头”的想法，罗书田深知抓思想工作的紧迫性和重要性，他深入战士中间，用心倾听、耐心开导，努力为大家拨开思想的迷雾，让大家重燃斗志。

1983 年，他带领全连积极参加军区举办的“我为军区增光辉”知识竞赛，凭借出色表现，连队得到军区的嘉奖，而他也凭借自己的突出贡献，登上了 28 军召开的先进典型座谈会的舞台，分享宝贵经验，荣获个人二等功，还被评为优秀指导员、优秀政治教育工作者，军长张太恒更是称赞他是一位“开拓性的人才”，那一刻，他成为整个部队的骄傲。同年 12 月，罗书田作为先进个人代表，走进北京军区在北京召开的基层政治工作会议，接受北京军区政治部的通报表彰，还得到了中央军委和军区首长的亲切接见，并合影留念。那是无上的光荣，更是对他多年来奉献的高度认可。

1984 年，罗书田肩负起更为艰巨的国防押运任务，带领连队去到离部队千里之外的地方。他们要向全国各地运送武器弹药与军用物资，每一趟列车运输的都是真枪实弹，干部、战士们的责任如山般沉重。可罗书田没有丝毫畏惧，他一边带领大家严格执行任务，一边利用战士们在全国各地拍下的山水风光照片，巧妙地开展“我爱社会主义祖国”教育，让大家深刻认识到任务的光荣，增强责任感。在他的带领下，全连干部、战士严守纪律，没有一人违反群众纪律和连队规定，也没有出现一次事故，圆满地完成了党交给的特殊任务，上级再次为连队集体记二等功。那军功章的背后，是他们用忠诚和汗水铸就的钢铁防线。

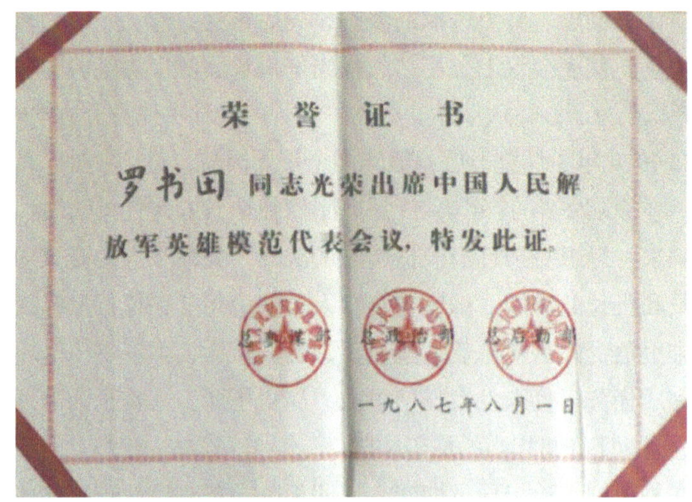
荣　誉　证　书

罗书田 同志光荣出席中国人民解放军英雄模范代表会议，特发此证。

一九八七年八月一日

罗书田的荣誉证书

1987 年 7 月，在中国人民解放军建军 60 周年这个意义非凡的时刻，罗书田作为个人代表，光荣地出席了在北京召开的中国人民解放军英雄模范代表会议。当他站在那里，接受邓小平等党和国家领导人的亲切接见，并一起合影留念时，那画面仿佛定格成了他军旅生涯中最璀璨的瞬间。他手中的荣誉证章和证书，不仅是个人的荣耀，更是对他多年如一日奉献的崇高礼赞。

然而，面对这份荣耀，他始终认为，这份荣誉不仅属于他个人，更属于集体，属于所有并肩作战的战友们，属于那些为国家和人民英勇牺牲的烈士们！

注：本文作者朱悦文，浙江传媒学院新闻与传播学院 2023 级传播学专业本科生。

青春献军旅，热血铸辉煌

——装甲兵某师医院原副院长王允勤专访

“勤奋、奋斗，勇攀高峰。”王允勤先生始终坚守着这一人生箴言，以非凡的勇气和不懈的努力，书写着属于自己的传奇。

在与他的交谈过程中，我看到了一个 16 岁投笔从戎的少年，在 32 年军旅生活中磨砺成长，用勤劳和努力开拓人生道路，用热血和汗水铸就辉煌人生。王允勤先生的故事，要从 1953 年开始讲起。

少年高飞，投笔从戎

1953 年 11 月，王允勤出生于石弓镇山后村一个普通农村家庭。王允勤的父母都是勤勤恳恳的劳动人民，父亲也是一名党员，在生产队里工作。那个年代的石弓镇发展较落后，物资匮乏，人民生活条件艰苦，但正是这样的家庭背景和农村环境，铸就了王允勤吃苦耐劳、勤劳能干的品质，为他日后的成长和锻炼奠定了坚实的基础。

1969 年，在听到征兵消息后，王允勤毅然决然地做出了一个改变他一生的决定——投笔从戎，去部队里学习、锻炼。当被询问是否会因离开故土前往陌生的环境而感到不舍和迷惘时，王允勤说：“我想要到远处高飞，看看外面的世界，往外面走，看看外面是什么样子的。”于是，在 1969 年 12 月，正值青年的王允勤怀揣着对未知世界的好奇和对理想的执着追求，在家人的不舍和牵挂中，勇敢地踏上了部队的征途。

王允勤参加野战救护科目演练

初入部队，在艰苦磨炼中成长

不经风雨，怎见彩虹。刚入伍时，王允勤所在的新兵连要前往安徽省全椒县某地进行为期三个月的劳动与训练。战士们每天要在农场中进行高强度的垦荒、训练，“白天训练，晚上又要劳动，下半夜还要紧急集合”。高强度的训练、严格的纪律、陌生的环境……这一切都让王允勤感到既兴奋又紧张。当时地方刚经历洪涝灾害，洪水退去后，大坝已被洪水冲破了口，作为军人的他们自然担起了搬运填堵大坝缺口石料的重任。但由于当时技术水平有限，能够进行搬运的大型机械寥寥无几，因此，尽管那些石料很重，战士们也只能靠人力搬运。王允勤回忆道：“那是最苦的三个月。”

石料压弯了士兵们的脊梁，却压不垮他们的意志。从小在农村吃过的苦、犁过的地，铸就了王允勤的坚韧与毅力，为他适应军队训练打了一剂预防针。即使白天劳累疲倦，晚上绷紧神经，他也始终保持最佳的精神状态来面对随时有可能发生的紧急状况。虽然说这个时期是最苦的三个月，但他从未有过退缩的想法。

三个月的劳动训练后，王允勤作为侦察兵被部队分配到江苏省句容县黄梅桥的坦克团指挥连，在那里主要进行站岗、军训以及政治学习。也是在这一年，王允勤加入了中国共产主义青年团，以优良的作风被评为“学雷锋好战士”。

漫漫从医路

一次卫生员学习的机会，让王允勤迎来了人生的大转变。1970 年 6 月，王允勤进入师卫训队学习一年的卫生员知识、技能。在师卫训队学习过程中，王允勤对学医的兴趣愈发浓厚，也是从那时起，王允勤从战士转型成为军医，开启了他从医的道路。但因为当时王允勤先生的学历还是初中没毕业，学医对他来说有一定难度，可以说是对他个人能力的巨大挑战。面对学历带来的挑战，王允勤始终坚定理想，不断地学习、积累，用知识武装自己。“路漫漫其修远兮，吾将上下而求索”，这句话最能精准概括王允勤的漫漫从医路。他的行医之路，也是他的学习之路、成长之路。

师卫训队结业后，王允勤留在医院继续工作、进修学习。为了不断提高自己的文化素养以及医学水平、技能，王允勤先是到南京八三医院进修一年麻醉专业。麻醉专业进修结束后，他参加了部队空军招生体检，但在体检中途，他被通知去参加军校考试。有一定文化功底和医疗经验的王允勤成功通过了军校的考试。1971 年 4 月，王允勤入学南京军医学校，学习医学基础理论以及高中文化知识。王允勤说：“这个时期是‘学雷锋做好事’的时期，也是我人生进步的起点。”在军校学习的最后一年，王允勤在南京军区总医院的各科室实习，积累了许多医疗经验。

“时有所学，日有寸进。永不言弃，终有所成。”经过多年的学习和实习，王允勤已能胜任医院的工作。1975 年 6 月，王允勤从军校毕业后，被分配到装甲兵师医院，进行医疗卫勤保障工作，同时提干担任部队医助。在装甲兵师医院工作期间，为进一步提高为部队同志服务的本领，提高医疗工作水平，他先后前往安徽蚌埠医学院进修外科一年、镇江 359 部队医院专业骨科学习班学习一年半、南京军医学校三防专业班学习一年。每一次学习经历都让他受益匪浅，每一次学术交流都让他更加坚定自己的医学信念。

在装甲兵师医院任职时期，也是王允勤做出成绩的高光时期。在担任外科所长期间，王允勤以身作则，带领全科室人员在科室建设方面取得优异成绩，荣立三等功。他开展的新手术项目为患者带来福音，赢得上级领导和同事的广泛赞誉，获得了上级卫生部门的奖励。

此外，王允勤先生还在部队演习卫勤保障以及野战救护所评比等工作中取得卓越成就，获得许多荣誉，也为相关科研工作做出巨大贡献。

“千里之行，始于足下。”从学员、医助、军医到外科处处长，最后到装甲兵部队医院副院长，王允勤从基层做起，不断锤炼、攀登，每一步前进、每一次成功都是对他努力奋斗的嘉奖。

20 世纪 80 年代起，部队开始组织学习初中到高中的文化课程，弥补过去遗留的文化空缺。到 20 世纪 90 年代，部队要求干部参加自修，报考本科，以及学习如何使用电脑。在部队的鼓励下，作为医院骨干的王允勤成功考入上海第二军医大学，进行为期两年的卫勤指挥本科专业学习，最终其专业技术水平达到六级，获得上校军衔。

光阴似箭，王允勤将青春奉献给部队，在部队度过了 32 个春秋。2001 年，王允勤从部队光荣退休，但他仍心系医疗工作，对他来说，从部队退休并不意味着停止工作，他说：“当时从部队退休，年龄不大，还想在医疗行业发挥余热。”于是，2001 年退休后至 2003 年，他继续在原来的医院从事医疗工作。2003 年到 2016 年期间，在部队的安排下，王允勤先后在金华原 122 医院专科中心、生物治疗中心等地从事医疗工作。后来，他在无锡工作了两年后，晚年定居苏州。

回望过去，寄语青年

饮水不忘挖井人，回望过去，王允勤先生感慨万千。他认为自己的成就离不开党和国家的培养、部队的锻炼以及家乡故土对他的养育。在采访中，王允勤先生说：“人人都希望自己的家乡越来越好，发展越来越快。”怀揣一腔故土之情和感恩之情，王允勤先生表达了对家乡故土的殷切希望：“希望石弓镇的发展越来越好，人民富裕，过上幸福的生活，达到小康水平。”

当回忆起在部队的生活时，王允勤先生充满感激。初到部队，他只有十六七岁，思想还没成熟，32 年的部队生活对他的生活习惯以及精神塑造的影响是非常大的。他认为部队是一个学校，教会他要做什么，怎么成长；同时，部队也为他提供了一个学习的平台，帮助他获取新知，鼓励他考取本科学历，掌握更多文化知识和医学知识、技能。

“不怕苦，勤奋学习，有自己的人生目标才有奔头。”这既是王允勤先生对个人经验的总结，也是送给当代青年人的一句话。在与王允勤先生交谈的过程中，他多次强调了学习的重要性。他认为文化是一个人成功的根基，“有知识，学知识”是做出更大成绩的前提。只有具备扎实的文化基础和广博的知识储备，才能更好地理解和应对复杂多变的世界。

通过这次采访，我们走进王允勤先生的军旅生活，了解王允勤先生从医多年的奋斗历程，我们看到了一位追求梦想、坚韧不屈的青年人，看到了王允勤先生的成长和他为国家做出的贡献。王允勤先生的一番话，凝聚了智慧与经验，将更好地激励当代青年追求梦想、成长成才，为国家贡献自己的一份力量。

注：本文作者陈映圻，浙江传媒学院新闻与传播学院 2023 级传播学专业本科生。

诗文书画，皆以人重：
家乡山水孕育的文艺名家

蕙心纨质，永远热忱

——安徽省作家协会会员陈钦然专访

陈钦然先生出生于1948年7月3日，农历五月廿七（戊子年）。那一年也是中华人民共和国成立的前一年。可以说，陈钦然生在旧社会，长在新中国，一生都在党的培养和教育下成长。

陈钦然

苦难童年

陈钦然出生于一个贫苦的农民家庭，祖祖辈辈以种地为生。

陈钦然 1956 年入学，辗转四所学校才修完小学学业，后考入石弓初中，1965 年在涡阳中学高中部读书。“我们家有兄弟姐妹八个（其中一个姐姐是父母抱养的），父母为了让我们都能上学日夜操劳。”陈钦然的祖辈中没有识字的，整个家族都没有上过学。

陈钦上初中时，学习刻苦，成绩优秀，1964 年就加入了中国共产主义青年团，并曾担任班级团支部委员。

服役军营

陈钦然出生在淮海战役炮火连天的时期，长大成人后经常听到老人讲述战争年代人民群众遭受的苦难和革命先烈英勇顽强的事迹，这使得青年时期的陈钦然对军人有着无限的憧憬，最大的梦想就是走进军营，成为一名中国人民解放军战士。

1970 年冬季征兵开始后，陈钦然便立刻报名应征，终于如愿成为一名中国人民解放军战士。到了部队，新兵训练时，陈钦然被任命为副班长。新兵训练结束后，他被分配到团直属的通信连，成为一名无线电通信兵，并被选为通信连团支部宣传委员，担负起连队的宣传工作。一年后，他调到连部，担任通信连文书兼军械员。1972 年 5 月，他光荣地加入中国共产党，成为一名党员，担任党小组组长。其间他曾进入宣传部的通讯报道组，参与部队的通讯报道工作。1973 年 2 月，他调离通信连，担任团司令部管理股文书兼军械员，同时还是团宣传部“延风报道组”的成员，帮助报道组开展部队的通讯报道工作，这也为他以后的工作和写作生涯打下了基础。

陈钦然在部队服役期间，积极学习，刻苦训练军事技能，思想进步，成绩突出，多次受奖，被评为“五好战士”、优秀党员。

工作生涯

1976 年，陈钦然退伍后，在相庙大队协助涡阳县驻大队的社会主义路线教育宣传队工作。1976 年 9 月 9 日，毛泽东主席逝世，陈钦然积极协助大队党支部、村委会和工作组组织悼念毛泽东主席的一系列活动，整个组织过程、布置现场都是陈钦然操办的。他的工作能力被领导发现后，同年将他调到石弓公社社办石料厂工作，担任新进工人班班长。石弓公社领导看到他工作干得好，文化程度高，又有写作能力，不久后又让他到石弓公社办公室工作，同时兼任公社食堂司务长、招待所所长和公社（区公所）会计等职。他还积极协助公社宣传委员、组织委员工作，工作任务繁重，十分辛苦。陈钦然通过自己的努力，先后担任石弓区团委书记兼石羊乡团委书记，石羊乡副乡长，齐山乡党委副书记、乡长。撤区并大乡（镇）后，他先后任丹城大乡党委委员、副乡长兼党政办主任，丹城大乡党委副书记，新兴镇党委副书记、人大主席，闸北镇人大主席，闸北镇新农村建设指导员，涡北街道办事处（区划后）主任科员等，于 2012 年 10 月退休。

工作时的陈钦然

陈钦然在涡阳县农村基层辗转多地，勤勤恳恳地工作，吃苦耐劳，不计名利，乐于奉献，丰富了自己的人生画卷。三十六年的农村工作，提高了思想觉悟，锤炼了意志，增长了才干，他多次被评为优秀共产党员、先进工作者，连续三年被评为优秀公务员，获一级工资奖励。陈钦然还曾获得原阜阳地区“新长征青年突击手”荣誉称号。

陈钦然曾任涡阳县第十四届人民代表大会代表、中国共产党涡阳县第十届党代会代表等。陈钦然酷爱文学，热爱写作，在部队服役时就开始写作，创作了以散文为主要题材的文学作品近千篇，诗词3000余首，除出版了散文选集《梦回故里》外，还出版了诗歌选集《包河浪花》《暮年抒怀》。他经常参与各地文学创作大奖赛和征文活动，多次受到奖励，作品曾在《安徽日报》《阜阳日报》《安徽老年报》《亳州晚报》《散文选刊》《皖风徽韵》《汤都流韵》《亳州文艺》《亳州文史》等报刊和人民网等网络平台上发表。

到目前为止，他不仅曾参与为家乡编写《石弓区志》《涡阳县志》《涡阳史话》《红色涡阳》《高炉古镇》等，还将涡阳县的民间谜语、民间故事和歌谣收集起来，传承下去。此外，陈钦然还将流传在家乡的典故编写为情景剧、曲艺唱词等。陈钦然现为安徽省作家协会会员、亳州市作家协会会员、安徽省诗词学会会员、亳州市诗词学会会员、涡阳县作家协会会员、涡阳县诗词学会常务理事、涡阳县政协文史研究员、涡阳县新四军研究会会员。

陈钦然不仅热爱写作、读书，还带动家人读书，他的家庭曾先后入选“亳州市书香之家”“安徽省书香之家”“安徽省最美家庭”。

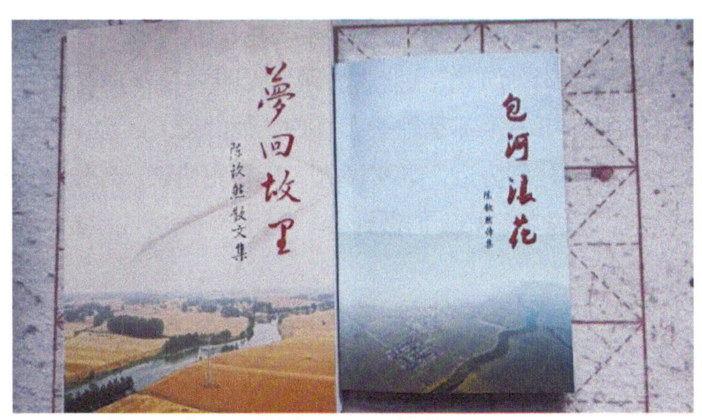

陈钦然所著书籍

感谢的人

陈钦然说：“我一生当中最感谢的有两个人，一个是我的母亲，另一个是我的爱人。”陈钦然和哥哥都上初中的时候，给家庭带来的负担很重，但是陈钦然的父亲和母亲还是想尽一切办法让孩子们过得更好一些。陈钦然每周六回家带干粮上学，母亲每周周中还会步行几公里给他送一次干粮，一年四季，无论是刮风下雨，还是冰天雪地，从不间断，直到陈钦然初中毕业。每次看到母亲离开学校时蹒跚行走的身影，陈钦然都会泪流满面，并暗暗下定决心，一定好好学习，学成后报答母亲。

后来，陈钦然到涡阳县城上高中时，因离家太远，便每两个星期回家带些干粮去学校。每一次回学校离开家的时候，陈钦然的母亲都是早早起床，把干粮准备好，并提前做好早饭。饭后她亲自把陈钦然送到村头，并叮嘱他一路小心，到学校要好好学习。直到陈钦然走得很远，看不见人才回家。高中三年，陈钦然的母亲每次都是如此。

结婚的时候陈钦然和爱人在毛主席的画像前宣誓，这婚就算结成了。后来陈钦然应征入伍，离开家的时候，他的爱人在待产期。在那种情况下，他的爱人大力支持他，说道：“你放心地去吧，不要挂念家里人，你作为青年人应该履行义务，保家卫国，也应该去闯一闯，闯闯自己的人生之路。”

陈钦然退伍后，在外面工作，非常忙碌，无暇顾及家庭。陈钦然的爱人十分支持他，家里的大小事务全都是她一人打理。他的爱人还经常告诫他要安心工作，踏踏实实地工作，处事公道，老实做人，不要犯错误。陈钦然的爱人还曾是生产队的妇女队长，经常带领妇女们做好事。

赞美家乡

“我曾写过很多文章，都是宣传石弓镇的发展，赞美家乡的。”陈钦然曾在家乡的公社和后来区划调整后的石弓区公所工作十四年，他热爱家乡的山水，热爱家乡的一草一木，热爱家乡的父老乡亲，为家乡做出了自己应有的贡献。调离家乡到外地工作后，他仍不忘故乡，不忘家乡的父老乡亲，家乡人有事找他帮忙，只要是不违背原则和法律的，他就会竭力去办。

陈钦然先后在齐山乡和新兴镇两次受命带领民工参加家乡的包河治理和岭子沟清淤工程。他曾参加家乡的青阜铁路和青永铁路的建设，也曾参加过经过家乡的省道建设。陈钦然退休后，利用文章写作、填词作诗的形式，歌颂家乡，宣传家乡的人文景观，宣传家乡悠久的历史文化。他的文章和诗词在各地报纸、杂志和网络平台上发表，为家乡的旅游业发展和经济建设助力。

陈钦然创作的《石弓镇的山水、古迹和传说》《记忆中的石弓山》《包河的自述》《家乡的小河》《石弓集古会》《石弓集老街》《石弓集的美食》《说唱石弓》大鼓唱词和《石弓镇旅游景点》组诗十三首等作品，通过报纸、杂志和网络平台发表宣传，让全国各地了解石弓，向往石弓，慕名来石弓旅游观光，助推石弓文化发展欣欣向荣。

人生感悟

陈钦然说：“在旧社会，我们这样的家庭根本没有机会上学，只有在党的领导下的新社会里，我们才有受教育的条件，才有机会上学。”陈钦然感恩中国共产党，感恩人民政府。他清晰地认识到中国人民翻了身，过上了幸福的生活，这些都离不开中国共产党的正确领导，离不开社会主义制度的优越性。

陈钦然感受到，勤奋学习是十分重要的。他特别爱学习，在求学期间，他的学习成绩一直都比较好。周末的时候，陈钦然就会到图书馆看书，他平日里最爱看的就是文学作品。陈钦然这样说：“不学习，就没有知识。没有知识，你就写不出好的文章。”

陈钦然还感悟道：“不管在哪个行业，在哪里工作，务实实干是最重要的。”陈钦然无论是在部队还是在行政工作中，都脚踏实地、实事求是地去做好每一件事，不怕苦也不怕累，工作兢兢业业，务求实效。

除此之外，陈钦然始终保持忠诚，忠诚于党，忠诚于事业，忠诚于工作。他不仅为人处世讲诚信，而且也保持对党的忠诚和对祖国的忠诚。在工作中，陈钦然处理事情非常慎重而且十分公正。其他人给了陈钦然很高的评价：“工作稳重，坚持原则，遵纪守法，不越雷池一步，不超红线分毫。”陈钦然能够被评为优秀共产党员、先进工作者、优秀公务员等，离不开他这些美好的品格。

陈钦然的荣誉证书

寄语青年

“我写《梦回故里》这本书第一个目的是把家乡的历史记录下来，把家乡的原貌和不为人知的故事记录下来，这本书是要保存下来的，不像手机、电脑，等哪天没电了，或是毁坏了，信息就没有了。第二个目的就是为了教我们的下一代了解我们的国家，了解我们的家乡，了解旧社会是什么样，了解在中国共产党的领导下，新中国是如何建立的，又是如何一步步发展起来的。”国家一直在倡导青年人要了解历史，要了解国家是如何走过来的。不忘历史，感恩国家，这是陈钦然对青年人的希望。

“现在的青年要有奋斗精神，接受正规的教育，把握自己的人生方向，这个往往是最难的，有些人走着走着就迷路了。”陈钦然这样说。青年人要有正确的人生方向，要有远大的理想，要有敢为人先的奋斗精神，要有高尚的道德品质，不要受到社会上不良风气的影响。青年正是学习知识的最好时期，不要被不良风气蒙蔽双眼，耽于享乐，这对青年人是没有好处的。要接受党的教育，听党的话，在党的教育下走好自己的路，系好人生第一粒纽扣。

同时，陈钦然还提到青年人要学会感恩，感恩共产党，感恩祖国，感恩父母，感恩教师。除此之外，青年人要有敢闯敢干的创新精神。陈钦然的人生就是自己闯出来的。无论是当兵还是后来工作，他经历那么多困难和阻力，都是一个个克服，一个个闯过来的，所以陈钦然深有体会，他希望青年人有敢闯敢干、踔厉奋发、勇于创新的精神。

注：本文作者袁博妍，浙江传媒学院新闻与传播学院2023级传播学专业本科生。

在文字中仰望苍穹

——中国当代诗人刘剑专访

刘剑，中国当代诗人，出版诗集《守望》《他山石》《超验者》《鲣鸟啄空了大地的麦穗》等十余部。在《诗刊》《星星诗刊》《诗歌报》《诗歌月刊》《诗选刊》《扬子江诗刊》《江南诗》《西部》等专业文学刊物上发表诗歌作品数百首。

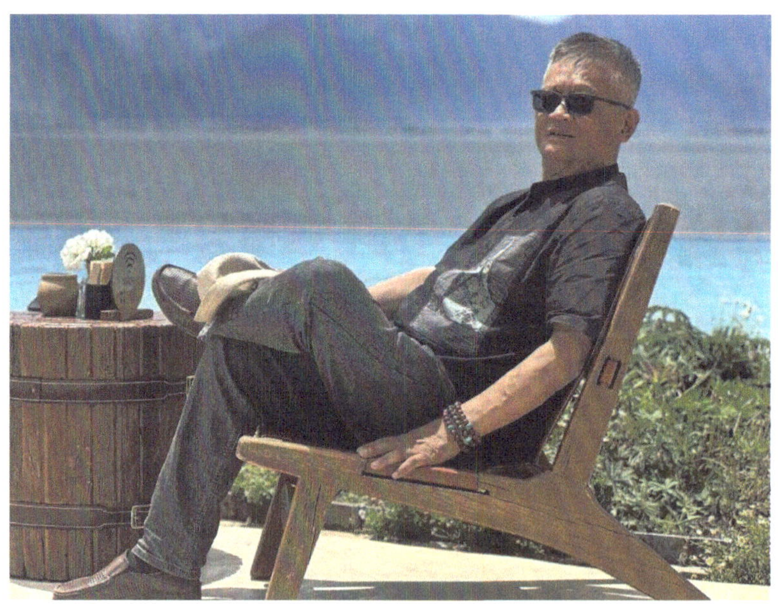

刘剑

普希金的诗集

“那时，白云飘向蓝天的腹地，阳光直抵人心。”刘剑提笔写下自己新诗的第一句，片刻，他为这首诗取名为《扶起河流》——回忆一段初中时光。石弓山、蒲公英、湍急的河流，还有语文老师刘老师的诗集，中学的一切深深地烙印在刘剑心中，也是在这里，他开始与诗歌和文学结缘。

“假如生活欺骗了你，不要悲伤，不要心急，忧郁的日子里须要镇静。”第一次读到这句诗，刘剑就被深深地吸引了。刘剑的语文老师名叫刘长桂，曾经是山东大学的老师。发现刘剑对诗歌的兴趣后，刘长桂老师提供了一切自己所能获得的诗集供他学习，从印度诗人泰戈尔的《园丁集》《飞鸟集》，到俄罗斯诗人普希金的诗选。“在那个文化和物质都很匮乏的年代，能读到这样的诗歌，对我来说真是幸事。”刘剑感慨道。

这些国外名家的诗歌，刘剑熟悉到倒背如流，如果有同学遇到不顺心的事，他会用普希金的这首《假如生活欺骗了你》去劝慰。刘剑还记得自己在一篇作文中引用了这句诗，并且得到了刘老师的重点表扬，一颗热爱诗歌和文学的种子从那时便在年少的心中萌芽。“对我来说这的确是个很大的鼓励，后来学校举办活动，有的同学唱歌，有的同学跳舞，我就朗诵诗歌。”刘剑回忆道。

积累中的探索

20 世纪 80 年代中期，改革开放不久，以北岛、舒婷、杨炼为代表的朦胧诗派在社会上大为流行，已经参加工作的刘剑怀揣着对诗歌与文学的热爱，同样被这些诗歌深深吸引。除了买了一本《朦胧诗选》专心研读外，他还订阅了《诗刊》《星星诗刊》《诗歌报》等专业报刊。“特别是《诗歌报》，在当时以先锋性、现代性、探索性为旗号，对我来说是很新鲜的。”刘剑说。

智利诗人聂鲁达，美国诗人惠特曼，奥地利诗人里尔克……随着一些出版物的翻译、发行，刘剑又大量阅读了国外优秀诗人的作品集，这给他带来了深远的影响，此时的他已不满足于反复地读诗歌，而是尝试自己去创作。

一个偶然的机会，刘剑注意到了单位对于文化创作的规定——在国家级刊物发表作品将会获得额外奖励。“为什么不试试投稿？”酷爱文学的刘剑瞬间萌生了这样的想法。怀着满腔热情，刘剑把自己所写的诗歌寄往了不同的杂志社，期待着答复，然而结果令刘剑大失所望。

“大部分都是泥牛入海，杳无音信。”虽然没有得到答复，刘剑却没有感到十分迷惘：“我只是对诗歌创作感兴趣，当我的作品不能发表的时候，我能感觉到自己的作品还有提高的空间。”他就这样坚持写下去，但始终有一个执念——总有一天自己的诗歌也能像著名诗人一样在报刊上发表。

四溅的火花

终于，在 1985 年的某一天，刘剑突然接到了《诗歌报》编辑部的回信，望着信上的字“您的稿件本报拟近期采用，请勿他投”，被认可的喜悦使他热血沸腾。

功夫不负有心人，接下来的几年，刘剑的诗歌不断地发表。他的组诗《幻象与火鸟》被隆重推出，网站用四分之一的版面介绍这位诗坛新秀。“安徽省各个城市的一些诗人都给予我很高的评价，阜阳市的一个诗人还为我的作品写了一篇很长的评论文章。”刘剑说。这对于他是巨大的鼓舞。随着作品陆续在《星星诗刊》《诗刊》发表，刘剑在当地也成为稍有名气的青年诗人。

刘剑特别感谢自己的伯乐蒋维阳先生，正是他在《诗歌报》上第一次发表了刘剑的作品。“他除了鼓励我要继续进行诗歌创作外，还教我如何做人做事，如何拥有谋生的能力和手段。”刘剑回忆道。

回想自己作品的成功发表，刘剑感慨道：“还是积累的作用。”他说，锤子抡圆了便有四溅的火花，这也是刘剑多年来的诗观。“无论是写诗的灵感也好，创作的源泉也好，这都体现在积累所涵盖的内核上。”刘剑这样解释这句话。走上工作岗位后，他从未中断过学习，几十年来阅读一直是他最大的兴趣，一边阅读诗歌作品，一边做笔记，到现在为止，除去搬家时丢失的一部分，刘剑能找出上百本笔记。

近年来刘剑多次斩获各种奖项，诗集《超验者》被评为“2018年度十佳华语诗集”，2019年度博鳌国际诗歌节“年度最佳诗集奖”；诗集《短歌行》获第二届四川省绵阳市“李白诗歌大奖赛”入围奖；长诗《塞堪达巴罕的燧石》获中国诗歌网首届“歌咏新时代诗歌大赛”二等奖。刘剑还获得第六届中国诗歌春晚评选的“2019中国诗歌十佳”荣誉称号，其作品有数十篇被收录在各类优秀诗歌年选、年鉴中。

刘剑

物以类聚　人以群分

2015年，刘剑认识了一群北京的作家。当时的刘剑已经在北京生活了十来年，生活发生了巨大的变化，这使得他的诗歌投稿停滞了一段时间，他也不追求发表作品，却在不知不觉中结识了北京的一些诗人，刘剑用“物以类聚，人以群分”来形容这样的经历。

“在这个过程中，我好像有了一个爆发式的创作闪耀期。”当年刘剑所在的诗歌协会有北大中文系教授臧棣、翻译家汪剑钊、诗人大卫、北京语言大学教授北塔……他们因对诗歌相同的喜好而聚集，一起聊人生、聊诗歌。一些独特的诗歌感受和灵感如火花般在刘剑的脑海中碰撞，最后在刘剑的创作中展现。按照北京大学中文系教授臧棣的话来说："刘剑的写作对诗歌的精神性的追求，基本上采取的是一种狂飙式的进取态度。"

刘剑在似睡非睡的状态下，一些诗句会突然闪现，因而他的床边常备着纸笔，"有时候我甚至连灯都不会打开，就这样随手记下这些诗句"。他把自己在这种状态下的创作描绘成一首短诗《我的诗句》：梦中的奔马咴咴嘶鸣，我随手拈起一根针，把它缀入起伏不平的草原。灵感为马蹄声，笔为针，纸为草原。刘剑说，这就是诗意。"缺乏语言张力的诗歌，缺乏想象力的诗歌，缺乏生命之感的诗歌，只是一段完整的记忆，这个记忆再好也只不过是记忆。"刘剑说。

诗歌的力量

叔本华说，生命是一团欲望，欲望不能满足便痛苦，满足便无聊。"假如生命就是一场走向死亡的负重前行，我就不妨把诗歌当作人生前行中一路绽放的烟花。"诗歌对于刘剑而言是一种生命体验。回看创作初期那些不成熟的作品，刘剑也并不觉得它们没有价值，他把这些作品看作一种锤炼的过程。当练习达到一定程度，就会形成自己的诗歌风格，创作中也会散发出自己的特质。

而刘剑也始终坚信诗歌有一种强大的力量，中国的屈原、李白、杜甫、白居易……他们已经渗透并流淌在我们的民族血液里；国外的莎士比亚、普希金、里尔克、聂鲁达……他们同样渗透并流淌在世界优秀文化的血液里。

"诗歌改变不了世界，改变不了我们身边的那些丑恶现象。但是，自从我爱上诗歌后，我最大的感受是我变得越来越慈悲，越来越悲悯，越来越接近人类最原始、最纯真的那部分情感，这也许就是诗歌对我来说的意义之所在。"刘剑说。

拿破仑说，世上只有两种力量：利剑和思想，长久而论，利剑总败在思想手下。好的诗歌都是有阅历、有思想的，而有思想的诗歌总会有着强大的生命力，并贯穿和激荡在整个人类生命的长河之中。如何创作更好的诗歌，始终是年过花甲的刘剑所秉持的人生命题。

注：本文作者余家贝，浙江传媒学院新闻与传播学院2023级传播学专业本科生。

笔耕不辍书人生

——安徽省书法家协会会员张友连专访

张友连，笔名张有廉、若颢、泵粥山人，1954 年 9 月出生，现任中国当代书画名家协会理事、中华国礼书法家、中国长城书画院特聘书法家、中国硬笔书法协会会员、安徽省书法家协会会员、亳州市硬笔书法协会顾问。曾于中书协培训中心举办的全科班、高级班和研究班结业，师从沈鹏、钟明善、曹宝麟等书法大家。作品多次在全国性书法大赛中获奖，曾获得全国第十七届、第十八届、第十九届“庐山杯”书画大赛金奖。20 世纪 90 年代，其书法作品曾在《中国书法》杂志上刊载，被海内外人士广为收藏。

张友连生活照

墨香幽梦始，初心映流年

张友连先生有两个别具深意的笔名，一个是“有廉”，蕴含着对自身品德修养的期许；另一个是“若颢”，为恩师刘长桂老师所取，源于《三字经》中“若梁灏，八十二，对大廷，魁多士”的典故。宋朝的梁灏，一生坎坷，八十二岁才高中状元，虽已白发苍苍，但心满意足。

“我的老师告诫我，不要急着宣扬自己，而要先去完成好自己的事情。”张友连先生始终铭记着老师的教诲，在我们几个小时的对话中，他反复提及道：“我没有什么值得宣扬的，也没有什么好宣扬的。”

先生号“泵粥山人”，“泵”字有石有水，“粥”字有弓有米，他将对故乡石弓镇山水的深深眷恋融入这四个字中，也将对书法的爱恋浓缩在这四个字里。他深知自己的书法未臻至善至美之境，但一心希望能写出让老百姓喜闻乐见的书法作品，正如毛主席所言，“我们的文学艺术是为人民大众的，首先是为工农兵的，为工农兵而创作，为工农兵所利用的”。

“‘粥’是八宝粥、小米粥，是白粥，不是琼浆玉液。”他希望自己的书法能如同大众喜爱的八宝粥、小米粥一样，贴近百姓生活，能够带来实在的滋养。

“粥”字中包含两个“弓”，这对张友连而言，恰如一种独特的隐喻，意味着左右开弓。在部队训练时，他意外受伤，致使右手无法正常写字。“右手写不了字，我就拿左手写字当消遣。”后来右手恢复，“泵粥山人”也真有了“左右开弓”的本领。

墨韵浸年少，砥砺书风华

张友连的书法之路上，少不了父亲的影子。“我父亲的毛笔字在乡里写得相当好。”每至春节，家中满是求字的乡亲，张友连自幼便在这样浓厚的书法氛围中耳濡目染。

五岁时，他踏入小学。因入学过早，学业于他而言并非一帆风顺，于是一年后才正式上学。但他对写字的热爱如火焰般炽热。

张友连曾有幸拜当地书法名家纪凤阁为师，开始比较正式、系统地学习书法。师恩难忘，纪凤阁老师赠予他的字帖，被他悉心收藏，陪伴他半个多世纪。

1966 年，张友连升入初中，师从学识渊博的刘长桂老师，一直到高中结束。刘老师在古典文学与书法领域皆有很深的造诣，曾参与《中华大词典》的编写。在刘老师的悉心教导下，张友连踏上了更为系统、深入的书法学习之路。

在物资匮乏的年代，没有太多的字帖以供学习，他从柳公权的《玄秘塔碑》、颜真卿的《多宝塔碑》着手练习楷书，到王羲之的《兰亭序》和《圣教序》行书字帖，日夜临摹，反复揣摩每一个笔画与结构的精妙之处。

每过完一个星期，刘长桂老师就会把张友连写的一大摞毛笔字帖拿到班上展示，有时还会发给班上同学当字帖使用。

“我很喜欢写黑板报，但是我们当年很穷，学校只有两块靠在路边墙上的水泥黑板让我们来创作。”上学时期，学校的黑板报也是张友连练习书法的平台。他满怀热忱地承担起创作黑板报的重任，无论是学术交流动态、学校规章制度，还是表彰优秀学生、宣传毛主席语录等内容，都由他写在黑板上，供师生阅览。

军旅墨香染，壮志书豪情

1974 年 12 月，张友连应征入伍，来到河北省滦平县，成为一名炮兵战士。在新兵连的三个月里，他与战友们住在百姓家中。当时百姓医疗资源比较匮乏，他怀揣着“学雷锋做好事”的心，凭借祖传和高中所学的针灸技能，主动为百姓免费看病。

军旅时的张友连

新兵连结束后，作为石弓镇首届（72 届）高中毕业生的张友连凭借文化优势被分配到侦察班担任炮兵侦察兵。因为在给百姓治病的过程中展现出医学才能，他收到百姓送的锦旗，被调至团卫生队，身兼文书与卫生员两职。

在卫生队，张友连充分发挥书法才华，所写的黑板报和文书材料字体美观、书写规范。彼时物资相对匮乏，宣纸稀缺且昂贵，于是随处可见的报纸便成了张友连挥毫的载体。工作间隙，他用毛笔蘸取掺了水的墨汁，在报纸上练习书法，乐此不疲。有时他还以地面为纸，用毛笔蘸水，在水泥地上苦练书法。水泥地的表面粗糙不平，摩擦力较大，书写起来远不如在纸张上顺畅，但他将此视为提升笔力和专注力的绝佳机会，不断探索书法技巧。

无论是在报纸上还是在水泥地上，张友连始终在用自己的方式坚持着书法练习。“写在地上，用拖把一蘸水就抹掉了。很方便！”他对书法的热爱，早已超越物质的限制。

墨海探新路，坚守铸华章

1986 年，张友连转业回乡。转业后的张友连最初被分配到县人民医院，然而，他深感自身医学技术在临床应用中的不足，且对书法的热爱难以割舍，毅然选择调入公安局工作。在公安局刑警队，他负责内勤事务，在忙碌工作之余，沉醉于书法世界，以笔墨抒发内心感悟。后来，他被调至看守所，在此期间，他将书法融入看守所的文化建设中。

因工作出色，张友连先后晋升为副所长、指导员。职位虽变，但他对书法的热爱与追求愈发炽烈。工作闲暇之时，他便潜心研究书法，不断提升技艺，逐渐形成了独特的风格。

张友连先后参加了中国书画家协会培训中心举办的全科班、高级班和研究班，有幸师从沈鹏、钟明善、曹宝麟等书法大家。他以“二王”为宗，工于楷书，长于行草。通过六十余年的努力，博采众长、兼收并蓄，初具自己的风格，书法作品力求清丽、圆润、遒劲、前后映带、线条优美、神采洒落、雅俗共赏。

张友连的作品

墨香传万里，德艺馨四方

张友连对小楷的钟情，源于家乡安徽省涡阳县石弓镇那深厚的文化底蕴。

涡阳县作为老子的故里，是道家文化的重要发源地。老子所著的《道德经》中蕴含的哲理智慧深深地吸引着他。张友连自幼在这片文化沃土上成长，对《道德经》心怀敬畏与热爱，这份情感也自然而然地转化为他对小楷书写的执着追求。

张友连每月坚持用小楷书写《道德经》，每一本《道德经》的书写都是一次与先贤的对话，也是对传统文化的虔诚致敬。张友连先生心怀宏愿，希望自己书写的《道德经》能被广大人民群众真正接受，中华优秀传统文化能够被传承下去，青年们能为文化传承贡献一份力量。

张友连（笔名张有廉）参加捐赠活动

我国道教四大名山之一——齐云山，坐落在中国第一状元县，即安徽省黄山市休宁县。谈及此处，张友连先生忍不住激动起来，说道：“咱们休宁县是个好地方啊，中国第一状元县！自宋嘉定十年到清光绪六年，全国共出 800 多名状元，仅休宁县就出了 19 名！”

为了家乡道教名山齐云山优秀传统文化的传承，也为了致敬中华优秀传统文化，他将自己耗费数月时间精心创作的《道德经》书法作品捐赠给齐云山风景区管委会，表达自己对齐云山所蕴含的文化的热爱。

“这里的山水、人文和生态都让我们受到了深刻的教育，我也要为中华优秀传统文化贡献自己的一份力量，把齐云山建设得更好。”张友连先生说道。

张友连先生常说，书法家要有扎实的传统书法文化基础知识，书法爱好者要让作品贴近广大人民群众，为大家提供精神食粮。他希望自己精心书写的《道德经》能够代代相传，以书法为载体，传递中华文化的精髓。

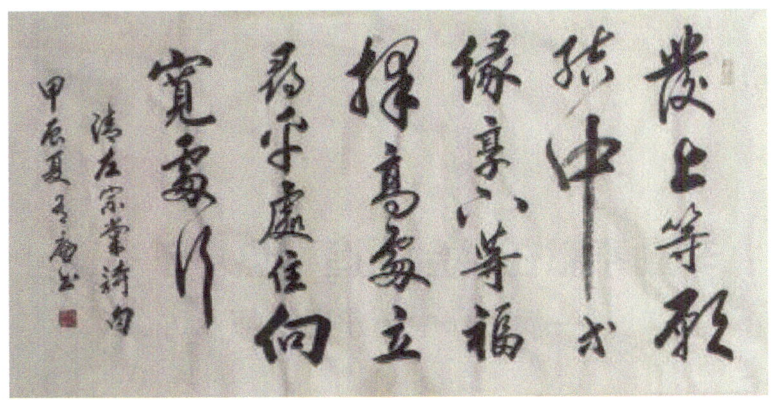

张友连的作品

清代儒将左宗棠曾留有一副对联，它让我们在不凡与平凡间找到平衡，于世事纷扰中从容而行。“发上等愿，结中等缘，享下等福。择高处立，就平处坐，向宽处行。”张友连先生用自己的实际行动践行着其中的精神。

注：本文作者沈赛飞，浙江传媒学院出版学院 2023 级编辑出版学专业本科生。

辛勤奉献在讲台，追寻热爱于书画

——涡阳一中孙建民老师专访

兢兢业业甘为孺子牛，忆苦思甜不忘来时路。孙建民成为人民教师后，专心教学，不求闻达，兢兢业业，甚至因为工作压力过大患上了高血压；退休后，余热生辉，用热爱去书写、绘画，竭尽所能表达自己对生活、对当下社会的热爱与满足。个人的光亮虽弱，却从未停止过发光，不论影响大小，只求无愧于自己的内心！

孙建民

战乱逃荒，童年艰辛

孙建民的先祖居住在涡阳县东北六十里的石弓山东面的孙庄，清末民初，迁居到了石弓镇南面十二里、青町镇北六里的何庄村。1942年，孙建民就出生在这里。

1945年是抗日战争的最后一年，那时的孙建民只有3岁。村子里的人说："日本鬼子来了，赶快跑吧！"村民们都四散逃走了。他的母亲带着他往何庄的西南方向奔逃，逃到了一片麦地里。5月的小麦已经出穗，麦穗打到孙建民的脸上，他看到那天的阳光很刺眼，一望无际的麦田金灿灿的，脚下的土地上还依稀长着杂草，那是孙建民儿时最早的记忆。

那时孙家十分贫穷，整个大家族都住在一起。当时的宅基地只有四五米宽，二十几米长，上面立着两间正房和三间厢房，都是草房。院子很窄，只有一米多宽。孙建民一家是长门，住在堂屋里。他的三爷、四爷住在厢房中。

孙建民一家曾去过河南地界逃荒。他的父亲推着一辆小土车，小土车前面有一个木头做的轮子，后面是一个木头架子，由两条腿支撑，上面可以放些行李。孙建民当时只有五六岁，走累了父亲就让他躺在小车上，孙建民靠在行李上，在茂密的树叶的缝隙中寻找阳光，看着树影在他的脸上一点一点地晃过，还看见路边有一个吹笛子的小伙子。

那时的孙建民已经可以和二姐一起去村子里讨饭了。有一次，他们进了一个村庄，走到一家门前，看见里面坐着一位老妇人。这时跑来了一位战士，那位战士刚要开口说话，远处就响起了枪声，他立即转身跑走了。现在回忆起这件事，孙建民猜测那位战士应该是去讨水喝的，当时正是淮海战役时期。

还是在这一时期，有一天上午，孙建民在门外站着，看见有一架飞机从南往北飞去，声音很响，飞得很低，几乎是贴着树梢飞行。后来他听父亲说，飞机在集市上空投下了三颗炸弹，炸死了几十人。其实是飞机错把集市上的村民当成了军队中的战士，炸死了无辜的平民。

孙建民的童年就是在这样一个战火纷飞的年代中度过的。

勤勉笃学，专心致志

孙建民去上学的契机是邻居家16岁的姑姑想去上学，但是没有同伴，这位姑姑就找到了孙建民的父亲，想要和孙建民每天一起上下学。对于上小学，孙建民是这样跟自己的父亲说的："如果让我去上小学，在家里条件允许并且自己成绩好的情况下就不能半途而废。"因为去上学，参加劳动的时间变少，身体的机能就会下降。如果中途辍学，学没上好，农活也干不好，就成了"学混子"。孙建民不想学没上好，农活也干不好。在邻居的再三劝说、请求下，孙建民的父亲终于同意让他去上学。就这样，10岁的孙建民开启了他的学习之路。现在回望过去，孙建民还是很感谢邻居家那位姑姑。

孙建民学习十分用功，只有在天气恶劣的日子，他才可能会迟到，否则他总是准时到达学校。因为他表现优秀，入学第一年他就加入了少先队。

在初级小学上了4年之后，孙建民去青町的高级小学上五、六年级。孙建民的作文写得特别好，在语文课上经常被老师作为范文在班级里念。除了学习很好之外，孙建民的画画水平也不错。有一次，美术课老师让他帮忙画刊头的天安门，他画完后拿去给老师看，老师发现他把所有的红色都画成了绿色，那也是他第一次认识到自己是红绿色盲。

1957年，孙建民小学毕业，并以优异的成绩考上了龙山中学。龙山中学坐落在龙山脚下，是涡阳县的第四初中，他们是龙山中学第一届的学生。孙建民专注学业，努力学习，争取升学。初中毕业后，孙建民想要走出去接受更好的教育，报考了安徽省重点高中阜阳一中。

那时的高中是两年制的，第二年文理分班，因为色盲，孙建民无法选择理工班和医农班，所以他选择了文科班。文科班只上语文、政治、外语和历史四门课，一个班五十多个学生大部分考上了大学，孙建民考取了合肥师范学院中文系。

不求闻达，兢兢业业

1968 年，学校毕业分配工作，有两个选择，一是先去农场劳动，两年后再进行分配；二是直接去农村学校教书。孙建民选择了后者，被分配到了离家只有 12 里路的石弓中学，成为一名农村中学教师。因为他是第一个被分配下来的大学生，学校十分重视，把校长的两间房子分给了孙建民一间。那个房子虽然只有十几平方米，但已经是整个学校质量最好的宿舍了。

1978 年，孙建民被调到涡阳一中，教高中班级的语文课。一个年级六个班，有三位语文老师，一人教两个班，另外两位语文老师都是老教师，水平很高，所以孙建民的工作压力很大，在工作上兢兢业业，努力向老前辈们学习。也是从那个时候开始，他患上了高血压，要靠一直吃药来保持血压稳定。

在石弓中学工作的时候，孙建民曾多年担任语文教学组组长，语文教学组几乎每年都被评为先进教学组。孙建民个人也曾被评为先进工作者，出席涡阳县先进工作者代表大会。在涡阳一中工作时，他也曾被评为阜阳地区先进工作者。

回顾前半生，孙建民在上学时专注学习，不分心，最终考上了大学；参加工作后，他认真工作，一门心思地想提高教学质量，让自己的学生有更好的成绩，对于升职和任何荣誉，他并不在意。

追寻热爱，余热生辉

2000 年，孙建民退休。本来他应该到 2002 年才能退休，但因为身体原因，他不得不提前退休。退休后，孙建民开始写诗、作画，因为这是他喜欢的事情，做起来也不会觉得疲倦，有灵感的时候就会动笔，以画或诗的形式记录下来。退休至今，他写了很多诗，作了很多画。他还自己出钱找印刷厂将自己的作品印刷装订成册，无偿送给亲朋好友。

退休后的孙建民

一本是《扇面书画——古圣先贤之教诲》，“扇面”是书画的形式，“古圣先贤之教诲”是书法的内容，通过书法作品传播正能量，弘扬中华民族传统文化的精神，具有教育和警示的意义。

《扇面书画——古圣先贤之教诲》

一本是《写真国画》，诗、书、画三位一体，用不同的艺术形式来展现相同的主旨内容。孙建民虽用国画的纸笔颜料创作，但创作出的绘画作品却不同于传统国画，而是酷似西洋油画，所以他为自己的画作取名为“写真国画”。2004 年，孙建民的绘画作品曾在涡阳县文化馆展出，得到广泛好评。

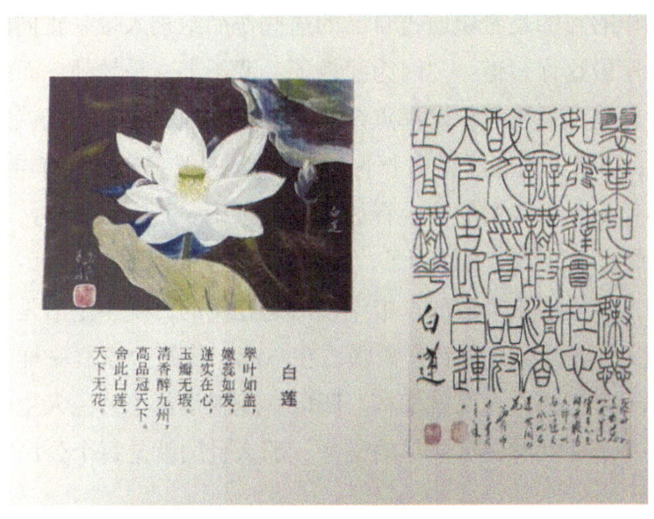

孙建民绘画作品

一本是《烛光》，是一本文学系列丛书合订本，包含了《梦园诗与谜》《逍遥宫放歌》，长篇抒情诗《生命畅想曲》《童话新编》《寓言新编》，中篇志怪小说《乌鸦传奇》。

亳州市文化名人、诗词泰斗杨光老师这样评价孙建民的作品：孙建民的诗“堪称一流”，他的一组悼亡诗“超越历代”。对于长篇抒情诗《生命畅想曲》，杨光老师评价道：“句句金言，串串如珠，只有尝过人间的酸甜苦辣，才能写出这样的文字，真切、深刻、感人、警世，饱含人间哲理，可以醒顽石、警贪腐、立懦者、勉行者，走好人生路。”

杨光老师对孙建民的中篇志怪小说《乌鸦传奇》的评价也很高，他说：“这是一个感人肺腑的故事，一个惊天动地的故事，一个震撼心灵的故事，一个催人泪下的故事，一个发人深省的故事。纯属虚构，但又异常真实，叙述鸟的世界，却写尽人间百态，讴歌真善美、鞭挞假恶丑。恰似解剖刀，揭开假面看本质，又如匕首长矛，直刺西方鬼怪妖魔。一个人，一生的升降荣辱，成败利钝，生老病死，悲欢离合，怎样做人，怎样做事，怎样生活，这是一面镜子，照一照就知如何。这是人生的《正气歌》，情节离奇动人，引人入胜，我读过两遍，还想再读。”

还有一本《梦园诗草续集》。孙建民的诗总体上清新自然，如行云流水，有的大气磅礴，如惊涛巨浪；有的如涓涓细流，润物无声。不管是豪放还是婉约，都充满正能量。“吾日三省吾身”“见贤思齐”是他的座右铭，这些也都体现在他的诗文中，所以他的家庭和谐美满，儿女团结孝顺。

孙建民创作的目的是希望通过自己的这些作品给别人带来正向的影响，他在《烛光》的总序中这样写道：“因为我教了一辈子书，是教师，而蜡烛是教师的象征；退休后已是风烛残年，发挥点余热，不正像烛光吗？有光就还有热，不管这光多么微弱，不管这光能照亮几个平方，它总还是光，有光就有希望……所以，我一直坚持写作，想为我们的社会释放点正能量……不管怎么样，在有生之年，我为我所热爱的这个社会尽力而为了，无愧于心！如此而已！”

孙建民的童年生活是辛酸的，中年生活是充实的，晚年生活是多彩幸福的。他说：“我这一生与国家的发展紧紧联系在一起，像每个家庭一样，国家贫弱，人民就痛苦；国家富强，人民就幸福。所以，爱国是每个公民人生必备的品质，如果说孝顺是每个儿女对父母应尽的义务，那么爱国就是每个公民对祖国应尽的天职。”

宝刀虽老豪气在，老骥伏枥志未衰。向这位睿智的老人致敬！

注：本文作者马廉艺，浙江传媒学院新闻与传播学院2023级传播学专业本科生。

静听风雨，墨洒乡野

——安徽省当代画家罗曼专访

在喧嚣中寻一方宁静，于笔墨间与天地对话，是当代画家罗曼的艺术世界。他自号“听雨楼主人”，现为安徽省美术家协会会员、老子书画研究院副院长。他自幼酷爱书画，精于写意花鸟，兼擅山水，作品洒脱简远，意境深远。他的画作多次荣获“茶香墨浓情系香港书画博览会”优秀奖，并入选《中国书画名人大辞典》，还受邀参加了“东方名家上海世博会邀请展”。

罗曼

缘起：儿时起笔墨相伴

少年听雨歌楼上，红烛昏罗帐。

罗曼自幼便与书画结下不解之缘，春节前换中堂画的时刻总让他激动不已。“小时候，每到春节，我的父亲都会把家里的中堂画换成新的。”罗曼回忆道，“虽是印刷品，但那些画都出自名家之手，深深地吸引着我。”在三、四年级时，他偷偷地在课堂上画画，屡次被老师抓到。后来，他在大伯家偶然发现了一本《芥子园画谱》，如获至宝，便将这本画谱悄悄带回家，临摹了整夜，第二天再偷偷送回去。就这样，罗曼拥有了第一本“自制”画谱。这段经历让他初尝书画的奥妙，也激发了他持之以恒的热情。

1985 年，罗曼以全县第一的成绩考入涡阳师范学校，开始正式学习国画。他不仅痴迷于国画，还对唐诗宋词情有独钟，遂以“听雨楼主人”为号。“听雨”二字意境深远，既是对南宋词人蒋捷的致敬，又寄托了他对未来的憧憬。“当年家境贫困，所谓‘楼’，不过是一个遥不可及的梦。”谈及别号的由来，罗曼说道，“以此命名，以期学业更上一层楼的同时，希望将来能有一个属于自己的小楼作为画室。”毕业那年，他创作了一幅《细雨鱼儿出》，投至《安徽日报》并获发表。收到样报和稿费单时，他难掩激动：“虽然稿费只有 30 元，但我忙得忘了取，如今还留着那张汇款单呢！”

师友相承，深情难忘

2000 年，罗曼提议成立石弓镇书画艺术协会，并举办书画展览。在向文联汇报工作时，他遇见了朱子建老师——这位后来的良师益友。朱老师得知罗曼的艺术梦想后，便邀请他去自己位于涡阳县的工作室学习。朱子建不仅慷慨解答书画技法，还教诲罗曼书画“三记”——画中无笔、有笔无墨、画中无意，还教导他如何避免当代画家常见的弊病。每次见面，朱老师都会展示齐白石、黄宾虹、王雪涛等名家作品，让罗曼从细微之处感受笔墨之美。温厚的师德让罗曼无比感念，“常去学习交流的有十几人，我是少有的一个书画双修的，因此朱老师对我也是倍加呵护，二十多年过去了，他是我真正的良师益友”。

后来，在朱子建老师的影响下，罗曼在石弓镇改造了一个院子，并命名为“包河美院”，为家乡的书画爱好者提供了一个聚会和学习的场所。这一方小天地成为乡土艺术的摇篮，也寄托了他对朱老师的深深敬意。

罗曼在涡阳县老子庙写生

从乡土中汲取灵感

“家乡既是灵魂的栖息地，又是我艺术创作的源泉。家乡的山水人情、一草一木，都值得用画笔再现出动人的画面。”罗曼说道。

在罗曼的作品中，乡土气息扑面而来。无论是荷花、竹子，还是葫芦、丝瓜，都充满田园风光。他不刻意追求精致，而是在质朴中呈现生命韵味。他解释道，家乡的院子中就种着这些植物，从幼年到成年，他都在观察它们的生长，因此作画时自然流露出情感。

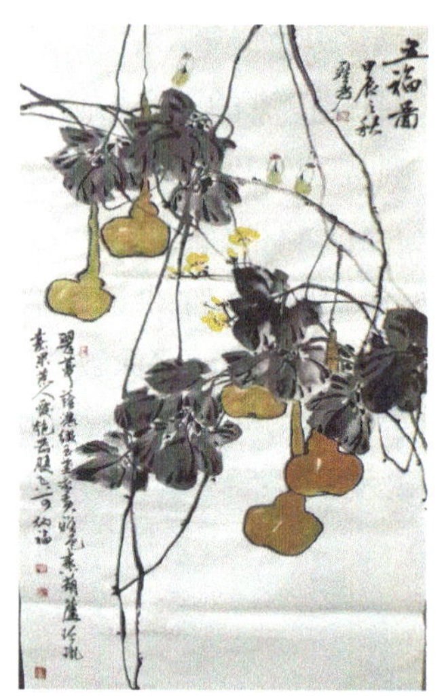

罗曼的作品

其中最令他满意的是一幅名为《硕果飘香》的葡萄画。在创作这幅作品之前，他曾亲自种植葡萄，观察它的枝蔓如何攀缘、果实如何成熟。他说："生活中的葡萄越整齐越好，而画中的葡萄却需要带有残缺之美。画好枝干，要靠书法功底支撑。所以我在画画之前总是要先写半小时以上的书法，然后才去创作。"这种独特的创作思路，使他的作品既有生活的真实感，又具备书法的古韵美。

罗曼的作品

谈及最特别的创作经历，罗老师认为是受石弓镇领导委托创作的壁画——石弓八景。该壁画位于包河闸西北角，内容分别为陈抟卧迹、蓝桥会、遗履桥、仙人巷、道竹桥、嵇康墓、万宝泉、法云寺。这是他从家乡美景中汲取灵感的尝试，也是对古代典故的致敬。他花了一个星期查阅了大量的历史资料，用近一个月的时间完成了这幅壁画。这次创作让他与家乡的文化脉络紧密相连，也为石弓镇留下了一处具有时代印记的艺术瑰宝。

画即心语，笔墨见情。画作不只是线条和颜色的堆砌，更是艺术家心境的流露。罗老师的画作充满对家乡的热爱与敬仰，仿佛诉说着他与家乡无法割舍的联系。

双重使命：是画家，也是老师

自师范毕业后，他被分配到离家 30 公里的新兴镇重兴中学支教。“在重兴中学支教是我一生中度过的最充实也是最寂寞的两年。”罗曼回忆道，“那时三个年级只有六个班，除了校长、会计是公办教师，其余都是民办教师，师资力量非常薄弱。”重兴镇是一个小集镇，当时的学生叛逆而顽皮，不怕老师。

1988 年 9 月，阴雨连绵，校长把初二最难带的一个班交给罗曼，让他当班主任。初生牛犊不怕虎，班里几个最调皮的学生明显没把这位年轻的班主任放在眼里，在他的课上捣乱。放学后，罗曼把他们几个留下，拉着他们打篮球。一说到打球，这些“小虎崽”很是兴奋。这一场球赛让他们个个心服口服，甚至后来他们还帮着管理班级。罗曼巧妙地用篮球拉近了与学生的距离，逐渐将一班“捣蛋”学生带成了一支团结的队伍。这段时光虽然短暂，却成为他教师生涯中最难忘的一段记忆。

当罗曼要调回家乡时，校长姚有道再三挽留他并许诺给其副校长职务，即便面对如此待遇，罗曼脑海中却只有一道声音在回荡——我要回到家乡。

罗曼调回石弓高楼中学。六年后，因为学校撤并到石弓中学，他调到该校担任专职美术老师。为帮助学生取得更好的成绩，他组织了课外美术兴趣小组。每到周末，他都会带着学生们画画，其中五十多名学生考入高校美术专业。他特别提到曾教过的一个学生彭冲，这位学生成绩不佳，但在罗曼的帮助下，进入涡阳四中美术班学习，如今他在北京画院已小有名气。谈起这些学生，罗曼倍感欣慰。

在课堂外，罗曼无偿完成学校的大部分宣传工作，从布置教室到书写横幅，他无怨无悔地为学校贡献自己的艺术才华。

“虽然艺术并没给我带来丰厚的金钱，但是给我带来的精神财富是不可估量的。能够做一位文化传承者，是我的骄傲。”

罗曼在培训中小学美术教师示范中

心随笔墨，魂系乡土

“余年所愿，无非是行山水、画乡情。”对于未来，罗曼老师早就有了规划——游历名山大川，以书法之法传达画意，以大道至简的方式进行创作。他希望未来能用更简洁的方式表现中国画的精髓，将自己的心灵和故乡的自然紧密地结合在一起。

在采访尾声中，罗曼深情寄语后辈：“工作四十年，弹指一挥间，转眼已非少年。生活的苦、工作的累，始终没有影响到我对艺术的偏爱。同时，我也希望后辈及家乡的年轻人能积极向上、勇于进取，能够传承石弓文化，再创辉煌。”

注：本文作者黄心怡，浙江传媒学院新闻与传播学院2023级传播学专业本科生。

平凡之心，守艺人生

——安徽省当代画家王守利专访

在安徽省涡阳县这片浸润着历史与文化的土地上，有一位执着于弘扬老子文化的艺术家——王守利。他的连环画《老子的故事》被列为国家级非物质文化遗产，并多次亮相央视。他用画笔传递千年思想，以真挚之情描绘家乡山水人情。这位以人物画和连环画享誉艺坛的画家不仅是一位艺术创作者，还是文化的守望者，怀着一颗“平凡之心”记录并传承老子的哲思和东方之美。

王守利

心穷则不能达也

孩提之梦，常如清风明月，萦绕心头，难以忘怀。王守利的艺术种子自幼便已萌芽。他回忆道："六岁时，我用手电筒在村里给小伙伴'放电影'，用土墙和麻纱布自制投影幕，照在幻灯片上，大家都特别喜欢。"这种朴素的光影游戏点燃了他对视觉表达的热情。生活虽艰苦，但他从未停止对美的追求。从小学一年级起，王守利便被课本中的插图深深吸引，开始模仿绘画，由此与艺术结下不解之缘。这份纯真的热爱在岁月的流逝中没有消失，反而在他日后的艺术生涯中愈发深沉。

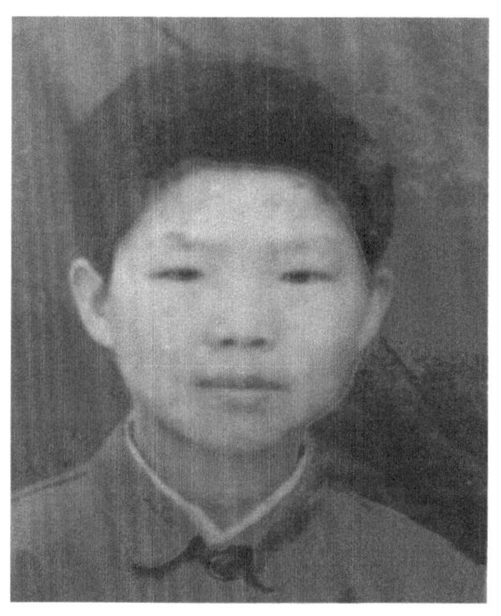

少年时期的王守利

中学时期，美术老师黄兰彩成了他艺术之路的引路人。黄老师告诫他："素描是绘画的基础，必须打牢根基。"尽管家境窘迫，绘画用具甚至学费都需亲友资助，但功夫不负有心人，王守利成功考入河北大学美术系。回想起当时的生活，只有用"不容易"三个字可以形容。"那时我的生活费每天只有一块五角钱，吃饭都吃不饱，饿了就啃方便面。冬天在外面写生时，手都冻烂了。"可即便如此，他也未曾动摇过自己的初心。

师恩难忘：遇见一生良师

在艺术成长之路上，良师的指引往往如烛火一般，照亮前行的方向。在安徽省老子画院工作期间，王守利结识了许多在书画界享有盛名的艺术家，其中对他影响最深的是郭公达先生。郭公达先生的为人和才华，不仅让王守利折服，而且让他在艺术上得以实现更深层次的突破。

“恩师难忘！郭老和蔼可亲，平易近人，我们初见时相谈甚欢。”谈起老师，王守利满是崇拜。在郭老师的推荐下，王守利成为安徽省美术家协会会员。桃李不言，下自成蹊。对王守利而言，郭老师不只是技艺的导师，更是一位人生的指路人，帮助他在艺术创作的道路上稳步前行。

王守利与郭公达合影

老子文化的守望者

作为一位成长于老子故里的画家，王守利始终将“弘扬老子文化”作为自己的艺术使命。他的连环画《老子的故事》不仅入选国家级非物质文化遗产名录，而且成了他艺术生涯的重要里程碑。

王守利的连环画《老子的故事》

为了这部作品，王守利一行人付出了不小的努力。他和几位同事一开始在涡阳县书画院二楼一间小办公室内一同作画，后来在同为书画爱好者的刘永阳先生的帮助下，他们搬到了更大的工作室创作。“为了尽可能还原老子的故事中的情节，我到处去实地采风写生，当时正值夏季，天气很热。”他回忆道，“创作每一幅画，可以说都付出了艰辛。在这一年里，大部分时间我都在工作室里创作，中午也不回去吃饭，就吃县文化局慰问时送的方便面和火腿肠充饥。”他们日复一日的努力终于结出硕果。2008 年，《老子的故事》由安徽美术出版社出版并在全国发行。“大家共同的努力被看到了，这部书的所有参与者见到新书出版都非常欣喜和激动。”谈及成果，王守利很是欣慰，“更让大家兴奋的是，它在 2014 年被列入国家级非物质文化遗产名录”。

这部连环画之所以能够深入人心，不仅因为画面传神、细节生动，而且在于它蕴含了老子思想的深刻内涵。王守利说：“我想要通过作品传达给观者的不只是表面简单的画面，更是老子的思想，能把老子的思想传播给大众是一种快乐的事。”这种从容的艺术心态，与老子“无为而无不为”的思想不谋而合，也为他的艺术人生积淀了深厚的哲学底蕴。

一支画笔，一颗赤子之心

“人生得意须尽欢，莫使金樽空对月。”王守利的创作生涯可谓多姿多彩，然而在艺术的追求上，他始终保持一颗赤诚的心。在而立之年，王守利离开家乡，开始了职业创作之路。他走遍山川河流、乡村厂矿，去追寻创作的灵感。在这段时间里，他的创作心态也随之发生了改变。他坦言：“庆幸的是，我的爱好变成了职业。”这种从容与坦然，让他的艺术作品带有一种别样的质感。

王守利在艺术创作

在他的眼中，艺术创作既是表现自我，也是服务大众。他说：“深入自然才是创作的源泉。绘画作品本身就是一种平面艺术，不光要让观者看到表面，更要让观者看后能领悟到其中的思想，这才是我想要表达的。”这种回归自然的态度，让他在创作时始终保持着对生活的敏感。无论是山水人物，还是民间故事，他的画作中都流露出一种真实、朴素的情感，观者从中可以感受到他的真诚与心意，就如同他所说：“作品和人品是对等的。”

落叶归根

“家乡是我人生不可忘却之地，那是创作灵魂的根基。”说起家乡，他满是深情。他记得儿时在石弓集赶会的情景，也记得善良的和尚齐广云带着他去小吃铺，给他买了绿豆丸子汤和高桩馍。家乡的一草一木，成了他艺术创作的重要源泉。在他的画笔下，老子的智慧、乡土的风貌、人物的神韵跃然纸上，让观者感受到他对故乡的挚爱。他如艺术行者，跋涉在绘画之路上，不为生活所困，不为成名所惑。“做好自己的事，尽量做到最好，仅此而已。”这份简单、质朴的追求，恰如他画作的本色，令人动容。

如今，王守利展望家乡的发展，期待未来的涡阳县更加繁荣，人民幸福安康，并希望年轻一代能在追求个人成就的同时，不忘为家乡增光添彩。

在这个急功近利的时代，王守利的艺术人生如同悠扬的古琴曲，浑厚悠远，令人动容。正是这份对艺术与信仰的坚持，使王守利在他的绘画旅途中永不止步，继续将老子的智慧与哲思传递给每一个观者。

注：本文作者黄心怡，浙江传媒学院新闻与传播学院2023级传播学专业本科生。

医者仁心，大爱无声：从乡土走出的白衣天使

白衣秉丹心，仁术济苍生

——医生世家刘玉礼子女专访

在皖北大地的涡阳县石弓镇，有这样一位医生，他在石弓镇行医 30 多年，救人无数，被当地人称为“农民的贴心人”“老百姓的守护神”——他就是涡阳县石弓镇中心医院原院长刘玉礼。有感于刘玉礼的感人事迹，2021 年 7 月浙江传媒学院 2020 级研究生张冬昊、2019 级新闻学专业学生王哲走进石弓镇中心医院，采写了《医者仁心，大爱无疆——记乡村医生的典范刘玉礼》一文，一经发表，就被多家媒体转载，好评如潮。特别是文章中写道：“医者仁心，大爱无疆。2019 年 6 月 26 日，刘玉礼因病去世，在他的葬礼上，曾经受过刘玉礼医治、帮助的人们从全国各地赶来，共有数百人，缅怀他们心中的恩人、尊敬的医者刘玉礼。”这段话感动了无数人。

刘玉礼的家族三代行医。刘玉礼的父亲刘泰昌是石弓镇神桥村的一名村医，在当地享有盛名。刘玉礼的四位子女，人人成才、个个优秀，其中有两位在涡阳县人民医院工作，老大刘荣英是涡阳县人民医院的药剂师，小儿子刘晓现在是涡阳县人民医院神经内科主任、副主任医师。带着尊敬和感动，也带着好奇，2024 年 7 月，浙江传媒学院参加暑期社会实践人物访谈的部分大学生再次来到刘玉礼的家乡，对刘玉礼的四位子女进行了集中采访，目的就是深入一个家庭，走进一个家族，特别是一个医生世家，听听他们有着怎样的故事，看看他们有着怎样的家风，又有着怎样的家族传承。

大医精诚，大爱无疆

1937 年，刘玉礼出生在涡阳县石弓镇神桥村。在六个兄弟姐妹中，刘玉礼排行老二。20 世纪三四十年代，农民的生活大多贫困，在家庭经济状况不佳的情况下，父亲刘泰昌无法让家里所有子女都接受教育，只有老大刘玉仁接受了正规的学校教育。刘玉礼就留在了他父亲身边，跟随父亲在乡村医院里，逐渐探索出深厚且渊博的医术。

医者仁心，医者仁术。刘玉礼家族的传承就是：每一个刘家人不敢不尊重医德，不敢不认真看病行医。白衣秉丹心，仁术济苍生。在这片土地上，每一个淳朴善良的人都不应该因为病痛而受到折磨。就算物资匮乏，就算条件艰苦，只要自己还有行医之术，就要秉持白衣之心，就应该为病人祛除病痛。

在 20 世纪六七十年代，农村卫生条件差，医疗资源稀缺，疾病预防和治疗水平较低，加之物质匮乏以及卫生知识的缺失，人们不论大小疾病都会不由自主地去询问当地的村医。刘玉礼跟随父亲行医，不断地向父亲学习医术和文化基础知识。他一边自学，一边在治病的过程中探索，通过实践，一步一步地提高自我，最终扎根在皖北石弓镇的土地上，开始他作为医者救治当地百姓、为石弓人民做贡献的一生。

刘玉礼

1970年，刘玉礼被选拔为石弓镇中心卫生院的正式医生。1978年，因业绩突出、能力出众，刘玉礼出任石弓镇中心卫生院副院长，两年后任院长。他在院长这个岗位上坚守了二十年。他有这个能力，也有这份承担责任的决心。他作为一名从乡村走出来的医生，相当于全科医生。内科的胃痛心悸、外科的跌打损伤，连村里妇女生孩子，村民都要请刘玉礼前来照顾和指导。刘玉礼做到了真正地深入人民群众中去，切实满足老百姓的需求。虽然没有上过学，但在长期的医疗实践中，刘玉礼积累了丰富的临床经验。除了向父亲学习之外，刘玉礼也抓住各种机会不断进修学习。在不断地积累下，他的医术越来越纯熟，也越来越受患者的信任。一直到1998年刘玉礼退休后，来找刘玉礼看病的人仍络绎不绝。特别是每逢赶集日，便是病人最多的时候。

刘玉礼夫妇合影

白衣丹心，医者仁术

出生在医生世家，刘玉礼的小儿子刘晓也在追求着治病救人的理想。他从小就跟着父亲去乡下，见证自己的父亲治好一个又一个病人，在感慨父亲的伟大的同时，幼小的他已经在心里埋下了学医的种子。刘晓的两个哥哥一个选择投身教育事业，一个选择从事工业经济管理工作，父亲在小儿子刘晓身上也默默定下了学医的方向。刘晓在高考时成功考上了安徽医科大学，迈出了走向医学的第一步。父亲刘玉礼对刘晓的职业要求强调两点：“一个是医术要精益求精，另一个是对病人的态度要好，无论贫富、地位高低，都要一视同仁。态度好了，病人的病就好了一半。”刘晓牢牢记在心里，并落实在行动上。

刘晓现在是涡阳县人民医院神经内科的主任，父亲对他的言传身教有着非同小可的意义。刘晓回忆起1996年发生过的一起让他印象很深的病例，那是一个才二十多岁的孕妇，死在了手术台上，一尸两命。在后来的医生会诊中，他们集体分析却找不到具体的病因。那一年的中秋节，刘晓回家过节时，父亲问起了这个事情。父亲听后说，怎么会诊断不清呢？这不是肝昏迷吗？父亲说完，刘晓才恍然大悟。刘晓很感谢父亲对他工作的指导，特别是对临床工作的帮助。父亲当了一辈子的乡村医生，大部分农村人不管是疑难杂症，还是发热感冒都找村里的村医看病，正是在这样的大背景下，刘玉礼可以接触到许多病例，并拥有了精湛的医术，他想把所有经验都传给同为医生的刘晓。

聊起父亲，刘晓还说起了另外一件事情。当时父亲快要退休了，但是镇上有人产生了很大的矛盾，有领导去找父亲，希望父亲来调解。他说父亲在当地有很大的威望，这是父亲一辈子行医救人留给世人的最真实的印象。父亲经常教育刘晓，对待病人的态度要好，要有耐心，想要让病人信任你，不论什么事情都要站在病人的角度去思考。这也被刘晓奉为宗旨。

刘玉礼的小儿子刘晓

医学领域涉及的知识和技能极为广泛和复杂，医生需要不断地更新知识、提高技能，以应对复杂的疾病和医疗技术的进步。在工作中，刘晓对自己的规划也很清晰，他说医生的主要责任是治病救人，要多方面发展自己，医术要不断精进，但是也要学会锻炼身体，增强体魄，认识新出现的事物，去适应时代的变化和科技的进步。

医生是一个责任重大且高风险的职业。医生的每一次诊断、治疗决策和手术操作，都直接影响着病人的生命和健康。现如今学医的人群在不断增加，但坚持不住的也大有人在。刘晓对当代青年寄予厚望：困难是眼前的，前途是光明的，职业是高尚的，路途是无畏的，要继续努力。

“我做到了我父亲对我们的期待”

无私奉献白衣羽，承载丹心代代传。“白衣”一词所承担的责任和力量是无穷的，刘玉礼将白衣之心的内涵传承给了子女，子女又在生活中用自己的实践证明“我做到了我父亲对我们的期待”。

家人的嘱托、父亲的希望、深厚的情感、沉重的负担，刘玉礼的子女们全都扛了起来。采访中，他们回忆起往事，特别是回忆起父亲，有苦有甜，有笑有泪。在他们的回忆里，记忆最深的永远是父亲对他们的教育、对他们的关心、对他们无私的爱。这种无私让他们将自己的无私也传承了下去，这是家族的延续、守望。

“父亲是岁月的雕刻家，用他的智慧与爱，雕琢出我们的模样。他的存在，让我们学会了爱，学会了坚强，更学会了如何成为更好的自己。在成长的每一步中，父亲的精神都是我们最坚实的后盾，引领我们勇往直前，无畏风雨。”刘玉礼的大儿子刘永清如是说。

“教育”一词一直伴随着刘永清。刘永清作为刘家大儿子，听从父亲建议选择了走上教育的道路。父亲对他说，“我们是医生世家，还没有出现过有学问的人，你可以尝试选择教育。”父亲认为就算再苦也要去上学，也要做一个有学问的人。“父母之爱子，则为之计深远。”父亲常对刘永清说：“我就是吃了没文化的亏，你们再苦也要去上学，不能再吃这份亏。”

刘永清凭借刻苦学习从石弓镇走了出来，1981 年从亳州一中考到了阜阳师范大学。笔者问他在学习中有没有遇到过什么困难，他说困难的是“生存”。好在国家对他们进行了扶助，18 块钱的生活费和 36 斤的粮票足以支撑他好好地学习、掌握知识，生存下去。

在国家的扶持下，刘永清在毕业之后回到了涡阳一中担任物理老师，这一担任就是十三年。他在采访中说道：“老师对学生不应该只是打骂和教授学业，更应该很好地融入他们当中。”他在教书期间会经常与学生打打球、聊聊天。“青年一代的思想很重要，和他们沟通、交心，了解他们到底想要做什么，他们的想法是什么，我觉得是必要的。”他在教育行业工作了几十年，对于教育他有自己独特的见解，他说：“2000 年后学生的压力骤增，我们更应该关注学生的心理健康，而不只是一味地看重学业。”他还说：“你所处的环境会影响你本身的发展，所以塑造一个良好的学习环境也是非常重要的。”这些话语印证着他对于教育工作认真的态度、无私奉献的精神。父亲对他守护和关爱，他也用心去培养他亲爱的“孩子们”。

刘玉礼与儿子刘永清、刘永杰在上海合影

“理论要用到工作中去”，这是采访刘永杰的过程中留给笔者印象最深的一句话。刘永杰用他三十多年的工作经验总结并论证了这句话。

刘永杰是家里的老三，小学时在石弓镇上学。后来，父亲为了他的学业着想，将他送到了阜阳市第三中学，他一直从初一读到高二。那时的高中是两年制，高二结束他参加高考，第一次高考没有达到本科分数线，父亲觉得他应该再继续考，得考上本科。那是一位农村老父亲的想法：要通过学习走出去，好好地走出去。

所以他回去复读，终于在第三次高考时考过了本科线。他选择了安徽工业大学的前身——马鞍山商业专科学校，攻读企业管理专业。

1989 年大学毕业后，他被分配到涡阳县商业系统，在国营牛羊肉加工厂担任生产科科长。在加工厂的两年，他学到了很多书本上没有的知识，精神得到了升华。他在这里认识到理论要运用到实际工作中去，要与现实结合，要用哲学思想来指导行动，要用所学的管理理论去管理工人。在加工厂的工作经验为他之后的工作打下了基础。

随着国家政策的变化，阜阳市各县（市、区）都设立了招商局。1993 年，他报名参加考试，进入了招商局，之后被安排到煤炭办。那时的涡阳县属于阜阳市管辖，他回到了家乡涡阳县进行能源开发。涡阳县地下有煤矿，煤矿资源的开发使得涡阳县的经济发展水平得到显著的提高，整个社会也逐渐充满活力。刘永杰说：“这都是我十六年里目睹和经历的。”在这十六年里，涡阳县规模以上企业达到 116 家，规模以下企业达到 1000 多家。刘永杰说，他在这里见证了整个涡阳县工业的发展，作为企业成长的见证者和参与者，他感到很庆幸，也感到很欣慰。

2015 年至今，他一直在涡阳县工信局工作，担任办公室主任，主要负责工业生产与协调。“国家要求我们不能过多地干涉企业的发展，但是我们要引导和服务这些企业，为他们营造良好的生产和运营环境”，“一个人最大的危险就是没有对手，一个企业最大的危险就是没有竞争对手”。他鼓励个人和企业创业创新，认为工业的发展道路要追求高质量、绿色发展，特别是智能化、自动化的发展。

作为家里的老大，大姐刘荣英从很小的时候就意识到应该帮这个家做点什么。她 15 岁入校时，带着老二、老三去上学。她的父母外出为人治病，她会偷偷地去帮忙。可家里的日子依然过得很艰难，小小年纪的她望着母亲说：“我们家里什么都没有，只有纸箱子，只有装药的纸箱子。”在饭都吃不饱的时候，有人来家里找父亲看病，父亲仍然会问那些病人有没有吃过饭，并且会留下这些病人在家里吃饭。小时候的他们总是因为别人的到来而吃不上饭，她不理解。为什么家里都没钱了，父亲还要去接济其他人呢？长大后，刘荣英才发现父亲拥有异于常人的责任感。父亲的这些做法也在潜移默化地影响着他们。

说到父亲时，刘荣英不禁潸然泪下。在刘荣英的回忆里，父亲总是很辛苦，常常忙到连一口热饭也吃不上，他挣的那些钱大部分都用来供他们四兄妹上学。父亲长远的眼光将他们四个农村孩子都送上了学习的道路，成就了现在的刘荣英——现在她在医院里担任药剂师。受父亲的影响，从小刘荣英就耳濡目染，不仅在职业选择上受父亲影响，父亲深深的责任感也感染着她。父亲教育她，不要把自己生活中的情绪带到工作中去，“你要对你的病人负责尽责，你要用你的热情去感化他，和他相处得像朋友一样”。她很认可父亲的这个观点。刘荣英说：“我是一个工作努力的人，年年都会得先进。”说这些话时，她的喜悦之情溢于言表。她在回馈父亲，更在造福患者。

刘玉礼的孩子们都是好样的，他们牢记刘家传承，承接医者仁心，以另一种方式“悬壶济世”，真正做到了父亲希望他们做到的。也许，这才是一个家族真正的传承和守望。

注：本文作者孙佳慧，浙江传媒学院文化创意与管理学院2023级文化产业管理专业本科生。

医者仁术，一心为民

——高效美主任医师专访

高效美是一位著名的心脑血管疾病专家。1957 年，他出生于安徽省亳州市涡阳县石弓镇高楼村，父母都是共产党员，且在村里担任干部，家中只有他一个孩子。

高效美

从卫生员到医生

小时候的高效美并不喜欢学习，成绩也一般。直到中学时，他才意识到读书是一件十分有用的事，再加上石弓中学老师的教学水平高，慢慢地，高效美逐渐对学习产生了兴趣，成绩也稳步上升。

1976 年，18 岁的高效美毅然选择去当兵，成为部队医院里的一名卫生员。虽然卫生员的工作是分配的，但部队的生活使高效美慢慢地喜欢上了这份工作。

1978 年的高考有 610 多万人报考，却只录取 40.2 万人。但高效美凭借个人努力成功考上第三军医大学。谈及这段经历，高效美笑着说自己是“一不小心考上了”。

在军医大学的生活和普通医科大学不一样，军医大学要求更为严格。普通大学的考试成绩只要求及格就好，而军医大学要求考到七八十分。除此之外，自习时间也有老师坐班，学校不允许出现“人不在”的情况。

大学毕业后，高效美在中国人民解放军某部医院担任了几年军医。1985 年，部队裁军，从师长到下面的普通士兵全部脱下了军装，整个部队从原来的铁道兵第七师改为铁道部十七局，他便来到了十七局中心医院工作。

此后五年，高效美分别在山西医科大学和中国人民解放军总医院（301 医院）的神经内科进修。

1989 年，转到地方后的高效美开始潜心研究脑血管疾病。在山西从医三十余年，从副主任医师到主任医师，后来还担任副院长职务，高效美凭借在专业领域的成绩一步步晋升，这也是对他在该领域做出的贡献的认可。

救死扶伤，治病救人

在采访过程中，高效美说得最多的话便是“救死扶伤，治病救人，全心全意为人民服务”。

读大学期间，高效美受到老师们的深刻影响。为了治好一个病人，老师会搬个小凳子坐在病人旁边，守一整夜。他们是很厉害的专家，也是一心为民的普通大夫。

高效美行医三十多年来，一直坚持为人民做实事。在农村长大的他，见过太多看病难的例子，这使他立志学好医术，为人民服务。

高效美曾救助过一位 80 多岁的老太太，她在省城各大医院都看过，但得到的结果都是“回家吧，没必要治了”。面对这样的情况，她的家里人也只好接受这个结果，为老太太准备好了寿衣，为举办丧事做好准备，等待着死亡降临。但回家两三天后，老太太依然健在。她的儿子决定再找个大夫给母亲看一下，说不定还有活下去的希望。这时候他们找到了高效美，高效美每天下班后利用休息时间给老太太看病。经过一个星期的治疗，老太太真的被救活了。这件事到现在已经过去 20 多年了，这家人仍然和高效美保持着联系。高效美认为这只是他做的一件小事，但这件小事不仅对专业技术有要求，而且需要医者有一颗为人民服务的心。从另一层面上来说，高效美的老师们的言传身教在此刻具象化了。

谈到医患关系时，高效美的语气严肃起来。他认为，许多医疗纠纷的主要责任在于医生。作为一名医生，医疗水平只有 80 分、90 分都不需要去责怪，但对待患者的态度必须做到 100 分，一点都不能打折扣。从医这么多年，他感受到“全心全意为人民服务”的理念的实践已经不像从前。当医院的发展开始向经济效益倾斜时，“为人民服务”的纯粹就不见了，矛盾便纷至沓来。他也因此呼吁医务工作人员，要怀有一颗“为人民服务”的心，做“为人民服务”的事。

除此之外，在从医这么多年的时间里，高效美意识到对患者进行健康教育十分重要。高效美以高血压为例，分析高血压产生的原因有饮食、运动等方面的问题，但很多人并不知道。因此，高效美产生了一个想法：写一本关于健康教育的书。他希望自己可以完成这本书，让人们可以认识疾病、了解疾病、预防疾病。

从医三十余年，高效美救治了许多病人，得到了很多荣誉。面对这些，他只是很谦虚地说道：“荣誉和称号，都没有什么意义。我觉得当一个医生，就是要为人民服务，就是要脚踏实地地替病人着想。至于这些称号和荣誉，那不值得一提。”

众志成城克难题

在救治病人及科研攻关方面，高效美谈到了他的团队。

“如果说我取得了一些成绩，这是我这个团队共同的功劳，要靠我自己绝对不行。”高效美十分感谢他的团队，他认为一个人的力量是有限的，但整个集体、整个队伍共同努力，困难就可以克服。

高效美说抢救病人的时候，整个团队几天几夜不能睡觉，吃饭要轮流。“如果是一个人根本无法做到，只有一个团队，大家一起日夜奋战，才能救活一个病人，赢得一场战斗。”

作为学科带头人，每救回来一个病人，高效美都无比高兴。对于一个军人来说，这就是打了一场胜仗，只不过是和疾病作斗争。回味起这些时刻，高效美说：“这是别人无法体会的喜悦。”

高效美主任医师，作为山西省著名心脑血管病专家，从医三十余年积累了丰富的临床经验，治愈了大量病人，取得了丰硕成果，也得到国内专家的认可，曾获铁道学会科技进步三等奖、省级科技进步奖等，被群众誉为救命天使。高效美主任撰写论文三十余篇，其中国家级期刊论文十余篇，并参与了国家卫生部陈清崇教授牵头的华北五省“尿激酶静脉溶栓治疗脑梗塞”的研究。在三十多年的临床工作中，他潜心研究心脑血管疾病的诊治和预防，在国家级期刊上多次发表论文，得到同行的好评。在医疗实践中，他十分注重对广大患者的健康知识教育，编撰了《心脑血管疾病防治知识》。2006年，高效美同志荣获山西省卫生厅授予的“卫生系统先进工作者”称号；2010年荣获“榆次区十佳先进模范人物”称号。

心中永远的石弓镇

“家乡给我留下了不可磨灭的印象。”高效美坦言，由于子女都在山西成了家，再加上他的健康原因，“回家乡”成了难以实现的愿望。但在石弓镇生活的记忆永远留在他心里。

在高效美眼中，石弓镇是淳朴的。石弓镇的老百姓勤劳朴实，待人好，做事踏实。在采访过程中，他还开玩笑道："他们宰掉家中唯一一只老母鸡，是供养全家的老母鸡，只为了招待好朋友。即便没有鸡蛋可以去换油、换盐，也要这么做。"

从医这么多年，高效美常年待在山西，基本上一年回家乡一次，有时候几年回去一次。原来回去主要是探望一些亲人，前些年由于双亲离世，就只有清明节回家乡。

对于高效美而言，石弓镇的变化也是显而易见的：记忆中熟悉的街道、学校、教办室，以及原先的"人民公社"都没了，找不到了。

家乡，是高效美心中的牵绊，他抱有愧疚。年轻时候的他有一种想法：等他老了，退休以后，回到石弓镇去坐诊，并且做一些心脑血管疾病的宣传教育工作，为当地人民服务。但他发现现实中有太多阻碍因素——自身身体状况、家人以及异地行医问题等，导致他无法离开山西。

虽然不能回到家乡，但高效美也送给家乡最诚挚的祝福。他希望家乡未来能够越来越好，尤其要重视教育。而在医疗方面，随着医疗设备的发展，越来越多的大学生愿意返回家乡，他相信镇里的医疗水平会不断提高。

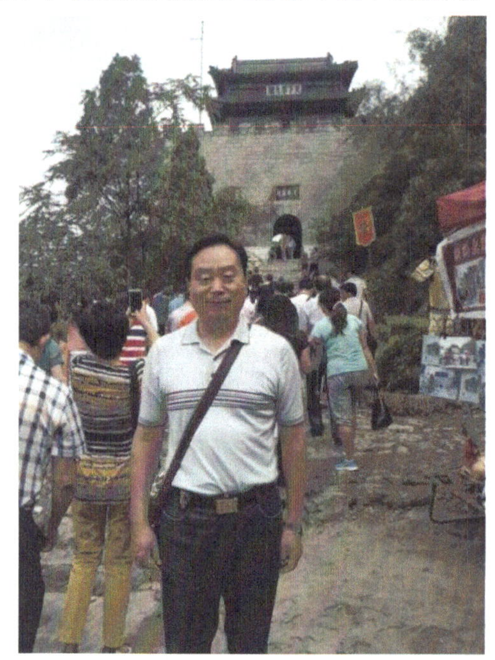

高效美生活照

和青年人说一句话

青年是社会中最有生气、最有闯劲、思想最活跃的群体，蕴含着改造客观世界、推动社会进步的无穷力量。对青年人，高效美说：“我希望你们能够勤劳朴实，努力学习，奋发向上。如果学到一技之长，千万不要忘记为人民服务，这是我们到什么时候也不能忘掉的根本。不管你在哪个场合，不管你在什么工作岗位上，一定要想着为人民做事，这才是根本。”

如今，高效美已经六十多岁，他从一个不爱学习的孩子变成了专业领域的学科带头人。身为医者，他对病人心怀仁爱；身为战士，他坚守在自己的战场。如果没有这份对医生职业的热爱和身为战士的信念，高效美的人生之路不会走得这么坚定。高医生总是说自己“是一个非常一般的医生”，但笔者想说，每一位坚守在自己岗位上为人民服务的人都不一般。

注：本文作者胡王菲，浙江传媒学院新闻与传播学院2023级传播学专业本科生。

风雨兼程，守护生命健康

——高鹏副主任医师专访

高鹏，医学博士，安徽医科大学第一附属医院神经外科颅底内镜组副主任医师。从事神经外科临床工作十余年，主要从事颅底肿瘤、神经内科相关专业工作，对于垂体瘤、听神经瘤、颈静脉孔区肿瘤等颅底复杂病变有较为丰富的临床治疗经验。

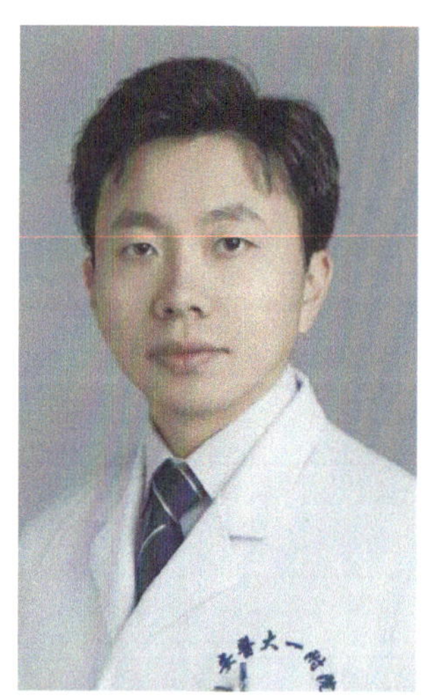

高鹏

从石弓镇走向广阔天地

20 世纪 80 年代，位于安徽北端的石弓镇经济发展相对滞后，教育资源也不丰富，这里便是高鹏成长的起点。虽然他的家庭重视教育，但在有限的条件下，所能提供的资源有限。从小学到初中，高鹏一直在石弓镇的农村学校就读，获取课外知识几乎成了奢望，直到他上初二时，镇上唯一的高中才开始筹建图书馆。正是在这样的环境中，他才更加珍惜每一次学习的机会。

他回忆道，小学二年级时，自己在农村小学中数学成绩优异，因此被选中参加涡阳县的数学竞赛。然而，这次竞赛经历对他来说是一次意外的打击。高鹏的数学成绩仅为 21 分，而获奖者普遍获得了满分或接近满分的成绩。这次竞赛的结果让高鹏首次直面了农村与城市在教育资源和水平上的巨大差距。

“即使在这种成长环境里，你只要愿意努力学习，也能逐渐把教育资源分布不平衡所带来的影响降到最低，并不太耽误一个人实现自己的梦想和追求。”高鹏肯定地说道。这次经历成为他后来学习和成长的重要动力，激励着他不断前行。

然而，高鹏的中考之路并非一帆风顺。当时，中考与初中毕业考试是分两个阶段进行的，一种是初中毕业考试，相当于自己初中毕业了；还有一种是中考，是为了进入一所好的高中而进行的筛选性入学考试。这两个考试相隔一个月的时间。

在毕业考试中，高鹏的排名并不理想，仅排在学校的第 50 名到 60 名之间，远远达不到学校能考上高中的 6 个名额，也就是说距离考上高中的目标遥不可及。

幸运的是，面对这样的困境，高鹏遇到了一位优秀的班主任。这位老师不仅传授给他学习技巧，而且教会了他如何规划时间和把握考试节奏。在那一个月里，高鹏的生活变得异常规律，从早晨 4:45 起床到晚上 11:50 睡觉，每一个时间段都被充分利用。他给自己设定了 580 分的目标——这是高中的录取分数线。经过一个月的刻苦努力，高鹏奇迹般地达到了这个目标，成功考入高中。

“在我从小学到初中的学习生涯里，从来没有人讲学习应该怎么学，没有任何人来辅导我，所以我觉得这个老师对我的影响还是比较大的，而且这个习惯改变了我以后学习和考试的规划，甚至是人生的形式，所以我现在的一切得益于这个老师。”高鹏感激地说道。

朴素的选择，坚实的脚步

2004 年，那是一个没有过多专业选择辅导的年代，高考后的专业选择更多地依赖于身边的事物和个人的直观感受。对于高鹏来说，教师和医生这两个职业是他成长环境中接触最多的，也是较为受尊敬的职业。更重要的是，在他看来，教师和医生能够通过自己的专业知识去帮助他人，传递温暖与希望。

于是，没有过多的调研，没有繁复的资料查阅，高鹏仅凭着自己对医学的朴素向往和对生命的敬畏，结合自己的高考分数，选择了医学这条道路，最终被安徽医科大学临床医学专业七年制（本硕连读）录取，开启了自己的医者之路。

2011 年，高鹏从安徽医科大学毕业后，选择留校工作，即在安徽医科大学第一附属医院就业。那时，医院的招聘形式与公务员相似，需要经过理论考试和面试的层层筛选。高鹏深知理论基础的重要性，于是在备考期间投入了大量的时间与精力。他明白，只有拥有扎实的理论功底，才能在激烈的竞争中脱颖而出。

医学考试相较于其他考试，知识点更为繁多，准备周期也更长。但高鹏从未退缩，他坚信“打铁还需自身硬”。在竞争日益公正透明的社会环境中，他更加坚定了自己的信念，那就是专业知识必须准备得十分充分。当时，他所在的岗位招聘比例高达 10 ： 1，竞争异常激烈。更有来自首都医科大学和复旦大学等名牌院校的优秀学子纷纷前来应考，使得这场竞争更加白热化。

然而，高鹏并未被这些压力吓倒。他最终凭借着扎实的理论知识和充足的信心，在激烈的竞争中脱颖而出，取得了所在岗位理论成绩的最高分，成功进入安徽医科大学第一附属医院——这所安徽省内的龙头三甲医院。

随后高鹏便迅速投入紧张而有序的临床工作中，四年的实践经验让他深刻认识到，医学领域的探索永无止境，终身学习是每一位医者必须具备的理念。

怀揣着对医学事业的无限热爱和对更高专业水平的追求，高鹏在 2015 年做出了一个重要决定——备考博士研究生。尽管当时他已在职且家庭责任重大，尤其是大女儿的诞生给他带来了更大的家庭负担，但这些并未成为他追求学术进步的

“绊脚石”。他将这些挑战视为成长的磨炼，以更加坚定的决心投入备考中。

博士的考取之路并不平坦，它要求考生具备扎实的理论基础和出色的综合素质。高鹏深知这一点，因此他付出了比常人更多的努力。在备考期间，他不仅要应对繁忙的临床工作，还要挤出时间复习备考。“准备起来也比中考、高考的时候要更吃力一点，但是无论怎么样，我坚持下来了。”最终，他凭借出色的表现，成功考取了南京医科大学临床医学专业的博士研究生，为自己的医学之路增添了浓墨重彩的一笔。

然而，考取博士只是他学术生涯的一个新起点。在博士学习期间，高鹏依然保持着对医学研究的热情和对临床工作敬业的态度。他不仅要完成繁重的课程学习和研究任务，还要兼顾临床工作，这种双重压力对任何人来说都是巨大的考验。为了兼顾临床与科研，他养成了每周五下午乘坐高铁前往南京医科大学进行实验的习惯。这一坚持，便是半年多。在这段时间里，他不仅要在实验室中潜心钻研，还要亲自设计临床试验设备，确保试验的顺利进行。高鹏感慨地说：“相对来说，这个过程还是比较艰难的，但是无论怎么样，也算坚持下来了。”

医术精进，挑战中成长

在神经外科领域，高鹏以其精湛的医术和坚韧不拔的精神赢得了广泛的赞誉。在职业生涯中，他面临过无数次挑战，但每一次都凭借强大的心理素质和过硬的专业技能成功应对。

作为神经外科医生，高鹏深知每一次手术都关乎病人的生死和生活质量，每一个细微的动作都可能对病人的语言、运动和精神状态产生深远的影响。神经外科手术时间长、难度大，有时需要连续工作十几到二十个小时，这对医生的心理素质和身体素质都是极大的考验。然而，高鹏从未退缩，他坚信救治患者的自信源于扎实的专业知识和充分的术前准备。

在临床工作中，高鹏医生经常面对复杂而特殊的病例，每一次他都凭借丰富的经验和精湛的技术化险为夷。2024 年年初，他接诊了一位来自涡阳县的脑干出血的患者。脑干作为生命中枢，其重要性不言而喻，而脑干出血更是被视为医学难题，许多县级医院对此束手无策，往往只能宣布患者病情危重。然而，高鹏医生并未放弃，他凭借精湛的医术和坚定的信念，为患者成功实施了手术。经过两周的精心治疗，患者奇迹般地苏醒过来，虽然手脚活动略显不便，但已能自主生活和交流。这不仅为患者及其家庭带来了希望，而且再次证明了高鹏医生作为神经外科医生的专业能力和无私奉献。他的每一次成功，都是对生命的一次深情守护，也是对医学事业的一次崇高致敬。

截至目前，高鹏已经主刀完成了将近5000台手术，每一台都凝聚着他对生命的敬畏和对医学的热爱。在这些手术中，高鹏不仅保持了较高的治愈率，而且将并发症的发生率控制在极低的水平，达到了世界先进水平。这一成就不只是对他个人医术的肯定，更体现了他对患者生命的尊重与珍视。

谈及如何应对这些挑战时，高鹏说道："在心理方面，自信是很重要的，但不是盲目的自信，而是要有扎实的专业知识和充分的术前培训。特别是现在医疗越来越发达，病人要求越来越高了，我们的容错率是非常低的，只有通过反复的、近乎苛刻的训练，才能达到我们对自己的要求和病人对我们的要求。"

医者仁心，大爱无疆

高鹏认为，做医生不仅要有扎实的专业技能，还要有同情心，能够站在患者的角度思考问题。每当面对一个病人，高鹏都会设身处地地为他们着想，替他们的家庭考虑，选择最合适的治疗方案。在他看来，同情心与专业技能同等重要，尤其是在外科领域，这一点尤为重要。

在与患者的沟通中，高鹏始终秉持着共情心理，站在病人的角度去理解他们的需求和困惑。他深知，医学术语对于很多患者来说往往晦涩难懂，因此他会将专业术语口语化、形象化，让患者能够在短时间内对自己的病情有清晰的了解。在面临治疗选择时，高鹏总是耐心地与患者和家属沟通，用生动的例子和形象的比喻来帮助他们做出科学、正确的决定。同时，他尊重每个患者的个人和家人意愿，不强加自己的主观判断。对于像80岁老人脑出血这样的复杂病例，高鹏会综合考虑患者的身体状况、家庭状况和社会因素，为患者提供个性化的治疗建议。他始终认为，医生的职责不只是治疗疾病，还要帮助患者和家属在困境中找到最适合他们的道路。

“我觉得做医生要有同情心，要与别人共情，因为医生面临太多人间悲喜。对于我们来讲可能是日常工作，但对病人来说，在他背后是他的整个人生、家庭和社会关系，所以在处理每一个病人的问题时，我们都要有足够的同情心和爱心，替病人着想，替病人的家庭着想，设身处地地为病人选择合理的、合适的治疗方案。我觉得同情心，有时候甚至要和专业技能放在同等的位置，我们做外科医生尤其如此。”高鹏认真地说道。

注：本文作者张一熠、朱悦文，浙江传媒学院新闻与传播学院2023级编辑出版学专业本科生。

心怀理想，脚踏实地

——刘祥飞主任医师专访

刘祥飞，主任医师，现任上海中冶医院副院长，是医院的“优秀青年专家”。

刘祥飞的家乡是安徽省涡阳县石弓镇神桥村，他在这里长大，在这里徘徊、迷茫，又醒悟。村中有座古老的石桥，名为“神桥”，他说：“在我的印象中，这座桥是一个永久且不可磨灭的印记，我的童年记忆和这座石桥息息相关，这是一个非常有纪念意义的地方。”神桥在他心中具有神圣而庄严的意味，在他的童年时光里，每年夏天他都会在桥边嬉戏、钓鱼、游泳。这座桥温厚、朴实，像家乡的人们一样，守护着这个从乡村里走出来的孩子，让他一路脚踏实地并心怀理想，在医学专业领域不断前进。

刘祥飞

良好家风熏陶成长，童年醒悟立志高远

家庭为圃，儿女为苗，刘祥飞出生于一个勤俭善良、求真务实的家庭，良好的家风如细雨般呵护他成长，指引着他树立正确的道德观与价值观。“我在成长过程中，受到父母、乡邻的言传身教，那里的人淳朴善良，受到非常深厚的中原历史文化的熏陶，我对我们这个村子既充满了爱，又充满了希望。”刘祥飞的外公懂得一些推拿技巧，常常帮助乡邻，在老一辈的观念里，“悬壶济世，救济乡邻”是一种受人尊敬并且高尚的行为，他的表哥和哥哥刘凯也选择了医学，家庭求学上进的氛围十分浓厚。正因如此，他心中种下了一颗名为“有志青年”的种子。

虽然家风温润，但他在成长过程中也不免叛逆。当年刘祥飞以全县名列前茅的成绩考入石弓中学，却因一时骄傲自满，升入初中后并未努力学习，初二、初三学习成绩下降，最后导致中考失利。刘祥飞的母亲是一个充满智慧的人，对待生活的态度积极向上，得知消息后，便安慰刘祥飞，鼓励他再考一次。但父亲勃然大怒，从未严厉斥责过儿子的他，动手扇了刘祥飞一巴掌。这一巴掌成为刘祥飞成长过程中重要的转折点。

“带着无比惭愧、懊悔的复杂情绪走出家门，年少懵懂的我蹲在后院看了一下午蚂蚁搬家，突然醒悟了。我记得非常深刻，我一边看这些蚂蚁不停地建造它们的房子，到外面去采集食物，大家井然有序地去做自己的事情，一边反思为什么一开始成绩这么优秀到最后会中考失利？最后我明白了，是因为自己不够勤奋、不够踏实。没有像蚂蚁一样，踏踏实实地、勤勤恳恳地去做自己应该做的事情。”从那以后，刘祥飞重新认识到自己应该努力学习。刘祥飞谈到，在他的记忆中，有一个人一直作为他的榜样，指引着他不断前进，这个人就是他的二叔刘福州。作为村里为数不多的大学生，刘福州不仅成为大学教师，而且后来又考上清华大学的研究生。刘福州对他来说，像奋斗的启明灯，是他努力学习的动力。在刘福州的建议下，他进入阜阳市的私立高中，一步步走向属于他的未来。他谈到高中时的有趣回忆，说有一天老师来寝室检查，发现他的墙壁上并没有像其他同学一样，贴着游戏或是明星海报，而是贴了一张周恩来的画像。老师惊讶又好奇地问

他为什么，那个从神桥村走出来的少年坚定地说：“我的理想是像周恩来总理一样，为中华之崛起而读书！”

阴差阳错学医学，珍惜机会再出发

立志成为有志青年的刘祥飞在高考中取得了不错的成绩，他说：“我想，21世纪是信息化的社会，也是生物科技的社会，我就想学计算机或生物技术。”因此，在填写高考志愿时，他遵循自己的兴趣和理想，报考了许多有关计算机和生物方向的专业，想为国家的科技前沿技术发展做出自己的贡献。但当时父母建议他报考医学专业，觉得医生这个行业有着不错的发展前景，为了让父母安心，他在最后加上了临床医学专业志愿，没想到的是，录取时出现了滑档的意外，错过了前面他自己选的专业，阴差阳错又仿佛冥冥之中注定的，他走上了这条艰难、辛苦的医学道路。从安徽的一个小镇突然闯入上海这座现代化大都市，面对自己并不感兴趣的医学，以及地域文化差异、饮食习惯的不同，初入大学的他十分不适应。但也许是石弓镇那片土地上特有的文化基因，也许是那些榜样的力量，理想的光照亮了他的前路，刘祥飞找到了自己感兴趣的事情。“现在同学们聚会，大家都开玩笑说，我们是学校老师培养出来的医学人才，刘祥飞是图书馆培养出来的复合型人才。”在忙碌的医学学习之余，他对其他方面的知识充满了好奇，总会抽出时间泡在大学的图书馆里看书，政治、历史、经济、法律等各类书籍，以及《环球时报》《参考消息》等时政报刊成为他每天的必读内容。同时，他参与了众多社团活动，成为当时“图书馆之友”协会的会长，结交了许多志同道合的朋友。

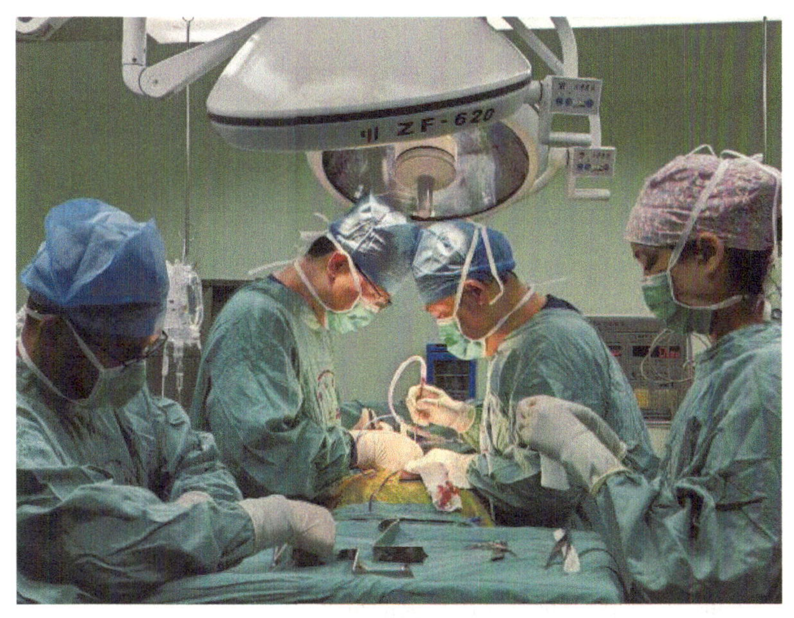

刘祥飞在做手术

2024年是刘祥飞参加工作的第二十周年，43岁的他成了主任医师。从一名普通医生一路走来，他觉得自己这一路上离不开许多人的关怀与支持，这些帮助他、给予他力量，也给他勇气去面对各种紧急、复杂的情况。作为医务管理领域出身的业务副院长，他的管理生涯经历了新冠肺炎疫情的考验。刘祥飞并没有着重讲当时的情况，但他积极协调，圆满地完成了任务。他的有关方案、措施被积极借鉴，最后得到了多项省部级表彰。二十年职业生涯中，提到那些印象深刻的记忆，他说道："医生呢，其实是一个充满使命感、责任感的职业。特别是外科医生，每次成功给病人实施手术，看到病人从痛苦转为病痛解除后的喜悦，我们的收获感和满足感是无比强烈的。"他先后获得集团的"劳动模范""科技创新先进个人"等一系列表彰，面对这些成绩，他谦虚地说自己只是按部就班地做好每一项工作。他认为所得到的表彰既是对自己的努力和付出的认可，又代表着他没有辜负患者，也没有辜负领导、同事和家人的期望。

心正药自真，行远事必成

石弓山，坐落于淮北平原，是刘祥飞童年时唯一见过的山。他就读的石弓中学位于山脚下，每年清明节，他都会跟同学一起去烈士陵园扫墓。“这些经历在无形之中塑造了我的价值观，要向我们的英雄先烈学习，为我们国家、民族的进步去奉献、奋斗。”神桥村是刘祥飞最为感谢的地方，在家乡他感受到“尊师重教”“勤学上进”的浓厚氛围，对他有着极为深远的影响。繁忙的医疗工作之余，他心怀“修身齐家治国平天下”的人生信条，仍然像大学时那样，广泛涉猎众多领域，时时关注国内外政治、经济、军事、金融动态，结合自己的管理工作，不断提升自己各方面的能力，期待着能够做出更大的贡献。

在自己的骨科专业领域，他一直在努力探索。“我是想能够在我和我们团队的共同努力下，把国内外比较先进的诊疗技术引进到我们医院，让患者得到比较满意的治疗效果，并且不断总结医疗实践，积极开展科研探索，在此基础上提出自己的创新理念。”虽然提出独到的专业创新理念十分艰难，国内外许多科研团队都在为此付出努力，他的作用微乎其微，但他依旧将其作为自己的奋斗目标。

对于新时代的青年，刘祥飞说道：“新的时代，只有勤奋务实、懂得奉献的人，才能走得更远，行得更稳。”每个人都要有理想，并且愿意实践，才能做好该做的事。

刘祥飞想对年轻时候的自己说一句出自《钢铁是怎样炼成的》中的名言：“当他回首往事的时候，不会因为虚度年华而悔恨，也不会因为碌碌无为而羞耻。”

如今回看，曾经将周恩来总理作为偶像的少年，心里的种子早已茁壮成长，郁郁葱葱。

注：本文作者章雨慧，浙江传媒学院新闻与传播学院2023级新闻学专业本科生。

紧跟时代，开拓创新：从家乡走出的各界英才

奋楫扬帆三十载，星光不负赶路人

——山西省新华化工有限责任公司原副总经理罗时严专访

罗时严，1965 年出生，安徽省涡阳县石弓镇王园村人，本科毕业于阜阳师范学院化学系，研究生毕业于东北林业大学林产工业系，曾任山西新华化工有限责任公司副总经理。

“我们石弓人，心里都有着万丈的理想，万丈的雄心。虽然现在我年纪有些大了，但我还是很有雄心的，哪怕是让我去饭店擦桌子，我也一定要比别人擦得干净。”

“你好，年轻人。现在，我将为你讲述一段我的人生故事。”

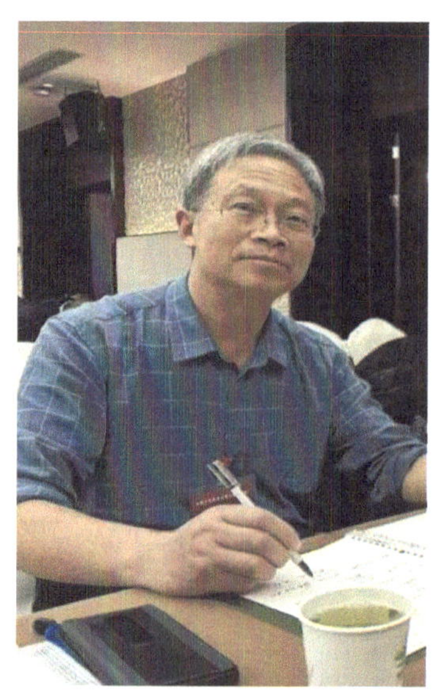

罗时严在学习

从青葱学子到行业领航者

我的本科教育是在阜阳师范大学化学系完成的，研究生毕业于东北林业大学林产工业系，现在更名为材料学院。我的导师是一位木材热解和活性炭领域的学者，跟着他我学到了很多。出于专业背景的原因，毕业后我被分配到了化工行业，一干就是整整三十年，可以说我见证了这个行业的风雨变迁。

求学时的点点滴滴，至今仍历历在目。回想高中时期，物资匮乏，许多东西都是难以触及的奢侈品，别说是手机，就连电视机都是难得一见的稀罕物。当时我的一位同学家中有一台收音机，那可是我们眼中的宝贝。有一天，收音机里响起了一位演讲家的声音，高亢激昂，讲述的是国家、民族的奋斗征程。我们一群同学都争先恐后地围坐在一起，聆听那振奋人心的声音，不知不觉便热血沸腾。那时我心中便埋下了一粒小小的种子——名为“上进心”，我发誓要为祖国献出我的一份力。我相信我的同学们也是这样想的。怀揣着这份上进心，在阜阳师范大学求学的日子里，我们总是比来比去，不服输。每次英语比赛，我们都要一个箭步冲到公告板前，看看谁能跻身前三甲，自己又排在哪个位置，现在想来，真是怀念。

我过去的许多经历造就了现在的我。前几年我老家的黄豆熟了，然而天公不作美，连绵的大雨不期而至。那个品种的黄豆是无休眠期的，一旦遭遇雨水侵袭，便会迅速发芽，而一旦发芽，就意味着一年的辛劳付诸东流。那种焦急的心情，真是难以言表，只能眼睁睁地看着黄豆发芽，心中徒留无奈和惋惜。尽管如此，土地依旧需要耕种。我深知，尽管这一次的播种未能换来预期的收获，但这并不意味着就应该放弃耕作。正如那句老话所说：“但问耕耘，莫问收获；但行好事，莫问前程。”生活总是充满了变数，但只要继续耕耘，总会有收获的那一天。所以，在我工作的那些年里，我很愿意去做一些“好事”而不问前程。我从不故意刁难他人，也从不傲慢自大。这种坦荡的生活态度，让我在任何时候都能保持内心的宁静和坦然。

我之所以愿意全力以赴地做好每一件事情，不仅是因为它能够彰显我的价值，还因为每一次的努力都是对我个人经验的积累，都是对我人生价值的提升。面对再艰巨的任务，我都会坚持不懈、全力以赴，因为我肩负着领导的责任，我需要以身作则，多工作、多付出。

当我还是一个年轻人的时候，我就明白，趁着还年轻，就一定要不甘落后，一定要怀揣自己的理想、梦想，不断地思考、学习、前进。

知足常乐，锐意进取

年轻人，我想与你分享八个字——“知足常乐，锐意进取”。首先，知足意味着在现有条件下找到快乐，认清自己的现状。然而，知足并不意味着停滞不前，我们仍需锐意进取，这样在年老时，我们才不会因年轻时的懈怠而后悔。

学习、生活和工作是不可分割的整体，它们相互影响，构成了我们人生的全部。我见过许多人，因为家庭生活失衡而影响了心态，进而导致工作不顺，又因为工作不顺而酗酒，转而向家人发火，于是陷入了恶性循环，导致健康、家庭和事业都受到了损害。相反，那些在学校努力学习的人，往往在工作中也表现出色，因为他们自律且有上进心。我国的许多院士，即使年过七旬，也仍然活跃在科研和教育的第一线。我非常敬佩他们，他们把工作当成生活的一部分，持续不断地学习，这就是有意义的人生。

成就自己需要拥有吃苦耐劳的精神。无论是学习、生活还是工作，都需要这种毅力。面对挫折，要时刻保持情绪稳定，毕竟人生不可能总是一帆风顺，我们必须坦然接受这一点。面对批评，要保持冷静，迅速调整心态，继续前进。正如杭州灵隐寺的对联所言：“人生哪能都如意，万事只求半称心。”我们需要忍耐力来面对生活中的不如意。

参加过高考的人都知道，高考不仅是知识的比拼，还是毅力的较量。当大家都感到疲惫时，谁能坚持到最后，谁就能成功。这与长跑比赛相似，即使非常疲惫，也要坚持到底，否则之前的努力都将白费。坚持不仅让我们能充分发挥自己的能力，而且是一个积累和沉淀的过程。每个人都需要通过不断地积累和成长，才能成就一番事业。一夜成名、一夜暴富只是幻想。

除此之外，我觉得阅读也是很重要的。阅读是丰富生活和人生的重要方式。我建议你们阅读经典作品，而不是沉迷于网络小说。经典之所以成为经典，是因为它们经受了时间的考验，即使时代变迁，也依然有人欣赏，因为它们有深度和内涵，能展现人性的真善美。而网络小说往往只能提供短暂的娱乐，难以让人回味无穷。

总之，知足常乐和锐意进取是我们生活的两大支柱。通过平衡学习、生活和工作，我们可以构建一个有意义的人生，同时，通过坚持、忍耐和遵守规则，我们可以在社会中找到自己的位置，为家庭和社会贡献自己的力量。

千帆过尽，不改少年雄心

曾经有人告诉我，当你在某件事上做得比别人好时，可能会招来羡慕、嫉妒甚至恨意。尽管如此，我宁愿面对这些复杂的情绪，也不愿被人轻视。我渴望通过自己的努力赢得他人的尊重和认可。

我坚信，全力以赴做好每一件事，不仅是对自己负责，而且是对国家和父母的一种回报。他们养育我、培养我，我怎能不以实际行动来报答他们的恩情？我希望通过自己的成就，让他们为我感到骄傲。

我想对年轻人说，青春是人生中最宝贵的时光，是积累知识和提升能力的黄金时期。把握现在，从这一刻起，就开始努力吧！

“十年磨一剑”固然可贵，但那是一种长时间的积累和磨炼。相比之下，我更倾向于把握当下，立即行动。因为时间不等人，机会稍纵即逝。我们不能总是等待完美的时机，而是要创造时机，抓住每一个可以提升自己的机会。

所以，我鼓励你们，不要害怕挑战，不要害怕困难，勇敢地迈出第一步，坚持不懈地追求自己的目标。记住，每一次努力，都是在为自己的梦想铺路。让我们一起努力，为了更好的自己，为了我们深爱的祖国和家庭，不断前行。

我觉得还有一点很重要，就是报国。要有报国之心、报国之能、报国之才。学习的时候好好学，工作的时候好好工作，大家都这样做，国家才能强大，才能不受人家欺负。正如毛主席所说的“落后就要挨打”，这不仅适用于国家，也适用于个人。如果一个人成绩不好、干活不积极，就无法得到尊重。

还有，要时刻记得感恩社会。包括自己的领导、老师、朋友，还有许许多多帮过我们的人。比如解放军战士，他们保卫着我们的国土，让我们能够平安地生活；

还有警察、24 小时值班的工作人员，他们默默地在自己的岗位上付出，让我们享受着平安、舒适的生活。正是因为有了分工，有了许多人负责任地工作，才有了我们幸福的社会。让我们不忘初心，继续前进，为了个人的成长，为了家庭的幸福，为了祖国的繁荣昌盛，不断奋斗。

罗时严在大会致辞

登科折桂，不忘故乡之情

1990 年，我从东北林业大学研究生毕业。怀揣着对化学与英语的一腔热忱，我踏入了山西新华化工公司的大门。作为应届毕业生，我的起点是公司的工厂研究所，专注于活性炭的研究。那些日子，我在实践中学习，在学习中成长，真是令人难忘。

1991 年，我的职业生涯迎来了新的转折点。我加入了 141 工程指挥部，在改革开放的大潮中，外贸行业如雨后春笋般蓬勃发展，而我也凭借着领导和同事们的信任及个人对外语的爱好，在 141 工程指挥部中找到了与外贸相关的工作机会。

在那里，我不仅学到了许多国际贸易的相关知识，而且积累了宝贵的经验。

2003 年，我进入工厂办公室，承担起公司营销和法律事务的工作责任。同年，传染性非典型肺炎病毒流行。期间，我们工厂积极行动，向全国捐赠并销售了数以百万计的防护装备，如口罩和防毒面具等，为抗击非典疫情贡献了一份力量。

2008 年，汶川地震发生时，我们工厂迅速响应，向受灾地区及参与救援的解放军提供了大量救援物资。虽隔千里，情犹共长，我们希望能为汶川的同胞们提供力所能及的支援。

2020 年，面对突如其来的新冠肺炎疫情，我们迅速调整生产线，增设了口罩生产线，大幅提升了防护物资的生产能力，以实际行动支持疫情防控工作。

为此我感到很自豪，因为无论是在科研一线还是管理岗位，我都为社会的进步和发展做出了自己的一份贡献。这份力量也许十分微小，但它十分坚定，长明不熄。

我在山西生活了三十多年，山西已成为我的第二故乡，但同时我也常常对自己说，不能忘记家乡。涡阳县是我生长的地方，始终在我心中占据着柔软的位置。有时夜深了，闭上眼睛，记忆便如泉水般涌出，带我回到那个纯真无邪的年代。

我想起从前几个村子一起看露天电影的时候，我们从一个村子跑到另一个村子去，村与村之间只隔了五百米。我想起那些种地的日子，面朝黄土背朝天，等到收获的日子，家家户户庆丰年。我想起……

这些回忆如同珍藏的老照片，随着时间的流逝而愈发珍贵，提醒我无论走到哪里，都不能忘记自己从何而来。所以我迫切地希望石弓镇能加速发展，变得越来越好。前段时间，镇上的一位退伍老兵吴增强联合了刘福州老师、其他一些同志和我，共同起草了一个关于石弓镇未来发展的设想及规划。我觉得我们已经迈出了第一步，有了一个好的规划，也就有了一个好的开端。

这里风土人情淳朴，具备丰富的文旅资源，通过这样的实践，我相信石弓镇一定能持续发展，不仅能成为人们安居乐业的美好家园，而且能成为游客们向往的旅游胜地。

罗时严参加论坛活动

回顾自己走过的路，面对那些成功与挫折，我不禁思考：如果让我给自己的人生打分的话，年轻时的我或许会自信满满地打出 90 分以上的高分，但经过岁月的沉淀，我学会了谦逊，意识到自己并非完美无缺，于是会将分数下调至 80 分。

当我看到朝气蓬勃的年轻人时，我特别想说：一定要努力学习，充实自己，不要让自己的青春留下遗憾。把握当下，让每一天都充满意义，这样在未来回首时，才能无愧于心。

注：本文作者罗晨，浙江传媒学院出版学院 2023 级编辑出版专业本科生。

行稳致远，进而有为

——荣耀终端有限公司南京分公司工程师孟刚专访

孟刚先生是一位在荣耀终端有限公司南京分公司任职的结构工程师。他于2022年从江南大学机械工程专业研究生毕业，以优异的成绩和不懈的努力，走出了一条从农村到名校，再到知名企业的精彩人生道路。

求学之路：从乡村到名校

2003年，孟刚在石弓镇的大孟小学开始接受教育，早上出去上学，下午回到家里，周末和小伙伴在乡间玩耍。快乐无忧的童年慢慢过去，被永远刻在记忆长河里。

和大多数农村学校一样，大孟小学也难逃因生源减少而被关闭的命运。三年级的孟刚告别了他的第一所学校，转学到了隔壁村的隆中学校。在这里，他从小学四年级一直读到初中，顺利完成了小学和初中的学业。

中考时，他以涡阳县所有乡镇中学里第一名的成绩如愿考入了涡阳县最好的高中——涡阳县第一中学。在高中阶段，他继续保持优异的成绩，最终在2015年高考中取得了621分的高分。

回忆起高考填报志愿时，孟刚觉得那时候是迷茫的，身边的亲戚朋友也没有给出太多的建议。但也正是通过一次次这样的经历，培养了孟刚独立自主、自立自强的性格。孟刚通过排除法和网络搜索，一步步确定并填报了高考志愿，最终被江南大学的机械工程专业录取。

大学期间，孟刚在学业上依旧表现出色，在 2018 年获得了保研资格。本科毕业后，他继续在江南大学深造，在原先专业基础上对柔顺机构学进行了系统的学习和研究。

一切看似没有现成的路可走，一切却又似冥冥之中自有安排。研究生毕业后，通过校招，孟刚与博世公司签约，但岗位的工作方向与孟刚所学的柔顺机构学方向不完全匹配。

正当孟刚犹豫时，机缘巧合之下，荣耀终端有限公司的 HR 联系到他，表示公司正在招柔顺机构学方向专业对口的人才。孟刚选择了这个既有“诗和远方”又有“现实面包”的工作，一方面他希望自己能在擅长的专业上做出创新，另一方面工资也不错，孟刚感到很满意。

孟刚于江南大学硕士毕业时的留影

初入职场，探索无人区

孟刚本科毕业时，华为受到美国制裁，在他读研究生期间，正值华为出售荣耀的时期。由于美国的制裁，华为体系中的许多业务都受到了影响，而荣耀公司正是在这样的背景下独立出来的。

孟刚负责的是转轴方面的研发工作，这是一个全新的领域，他们相当于在探索一个无人区。在初期，由于没有可参考的友商产品或技术，他们只能一步一步摸索着前进。

“我们每一代产品的研发周期大概是一年，中间会经历很多个版本迭代，最终呈现给大家的是我们优化出来的结果。”孟刚先生说道，“但其实，在中间过程中，我们可能会有几十种大版本，上百种小版本，去解决一个又一个问题，去平衡各个性能方面的关系。”

在研发过程中，团队协作是必不可少的一环。孟刚先生所在的团队有上百个零件需要设计，每个人都负责其中一部分。刚开始，由于缺乏团队协作的经验，孟刚遇到了不少困难。但随着时间的推移，他逐渐学会了从全局考虑，学会了与大家协作，共同解决问题。

“我认为，工作给我带来的转变还是比较大的。”孟刚先生感慨道，“在学生时代，我们很少有机会接触到这种需要大家共同协作的项目。而在这里，我学会了如何去处理个人与团队的关系，如何去更好地与团队成员沟通。”

在进入荣耀后，孟刚愈发感受到这份工作的责任感和意义感。

孟刚一入职就进入了 Magic V2 项目组，他的工作主要聚焦于折叠手机转轴设计的创新工程。转轴设计可以说是手机整机厚度比较直观的体现，想把手机厚度降下来，转轴必须变薄。

2023 年 7 月 12 日，随着荣耀发布折叠屏新品 Magic V2，荣耀折叠屏手机即进入“毫米时代”。而 2024 年 7 月 12 日，荣耀发布的 Magic V3 更是打破了 Magic V2 的 9.9mm 轻薄纪录。通过采用荣耀鲁班架构，Magic V3 机身减薄至 9.2mm，成为迄今为止折叠屏行业最轻薄的产品。

荣耀榫卯式一体成型技术赋予了“做薄铰链”更进一步的可能，通过荣耀榫卯式一体成型技术，铰链轴盖与铰链主体能够一体化制造，龙骨零件数量降低 70%，最小零件不到 1 立方毫米，从整体架构上大幅节省内部空间，使铰链整体变得更薄。

荣耀“薄上加薄”的技术方案，在解决折叠屏“厚”这一痛点上，提供了全新维度的解题思路，使折叠屏厚度跨入“毫米时代”成为可能。

从乡村里走出来的孩子和永远的故乡

在谈及故乡时，孟刚先生的眼神中充满了怀念。他表示，故乡对他的影响是深远的。皖北地区的人们都比较实在、淳朴，而这些品质也深深地烙印在他的身上。

“我觉得，故乡对一个人来说，对这个人的世界观影响是比较大的。”孟刚先生说道，“而且，我觉得农村的孩子其实是有优势的。他们可能更吃苦耐劳，更懂得珍惜机会。当然，我们也有自己的不足，比如自信、硬实力等方面。但我认为，只要我们保持自信，不断地提升自己，就一定能够取得更好的成就。”

在孟刚的求学经历中，有两位老师对他影响深远。小学阶段的数学老师刘彩侠，是孟刚至今难忘的人。“她给我一种感觉，就是她不仅是我的老师，更像是我的亲人。”孟刚说她像母亲一样对他的照顾细致入微，跟她相处很自然。他回想起来说自己在四、五年级时挺调皮的，但刘彩侠老师总是鼓励他。

初二是孟刚学习上的一个小转折点，孟刚甚至觉得当时如果没有这个老师，也许没有他后来的好成绩。初二的课程和任课老师调整后，孟刚的成绩明显下滑。当时的班主任孙瑞老师单独找孟刚谈话，说了一句他印象极其深刻的话：“你要是认真学，隔壁班的学生哪是你的对手？”

很多时候孩子（特别是农村的孩子）就是需要这种鼓励，这给了孟刚很大的信心，让他感到自己被认可了。于是他重新振作起来，他自称为“思想上觉醒，态度上转变”，最终取得了优异的中考成绩，给初中生活画上了圆满的句号。

农村的孩子，在条件、见识以及教育上与城市孩子相比存在一定差距，而在成长过程中逐渐融入城市的孟刚，是如何适应的呢？

“我就是好像有不太服输的性格，暗地里喜欢自己跟自己较劲。”孟刚的方法就是通过不断进步，把从前处于劣势状态下产生的自卑感转化成自信。

孟刚拿他跑马拉松的经历举例说：“成功跑完一场马拉松，这个过程其实是颇具挑战性的。刚开始可能连 5 公里都跑不下来，到后来就是我跑完 5 公里之后还想能不能再快点，就是自己跟自己较劲。可能跑完之后会想吐，跑的时候也很难受，虽然我想下次我绝对不这样了，但等到下次我再去跑的时候，一开始跑起来之后，就感觉好像有人在推着我一样，自己的身体其实已经快要达到极限了，但就总是自己给自己加速，想再提速一点。然后就是一点点完成自己给自己建立的目标，从5公里到7公里，再到10公里。当我意识到自己设定的目标已然达成时，我感觉自己好像没有想象的那么差。正是伴随着这一系列经历，我的自信心也稳步地建立了起来。”

在漫长孤独的求学道路上，有一段时间他不太相信学习能够改变命运。而经过跋山涉水走到今天，他又重新相信“读书能够改变命运”这句话。

对于未来，孟刚表示，他将继续在机械工程领域深耕细作，不断提升自己的专业技能和综合素质。同时，他也希望能够在工作中实现自己的价值，为社会贡献更大的力量。

注：本文作者曹雅玲，浙江传媒学院新闻与传播学院2021级新闻学专业本科生。

行远自迩，笃行不怠

——青岛市开发区投资建设集团高级工程师张磊专访

“我们不要相信手掌的纹路，要相信手掌攥起来的力量。”面对年少时的苦难和成年后的压力，张磊始终保持着良好的心态，积极地面对生活中的困难。

从乡村田野到都市沙滩，从小桥流水到钢筋铁林——在这条通往梦想的人生轨道上，张磊一步一个脚印，不疾不徐，持之以恒。纵使命运让他在某段路上负重前行，他也只是攥紧手掌，修炼内核，迸发出一个普通人平凡而不凡的生命力量。

张磊

直击苦难渡芳华

1991 年 9 月，张磊出生在石弓镇张楼村一个普通家庭。那时的石弓镇还是一块璞玉，尚未得到充分的开发建设。这里没有所谓的“晨兴理荒秽，带月荷锄归”般惬意的田园生活，有的只是心系小事而无大扰的一个个小家——张磊就是其中一个家庭里的普通少年。

在张磊小时候，他和其他农村小孩没有什么不同。上学念书，放学玩耍，或是漫山遍野地奔跑，或是在屋后的小河里摸鱼抓虾，尽情挥洒着汗水和热情。不大的小镇承载着他快乐的童年时光，这段记忆令他印象深刻，哪怕是在成年后的某天，他仰望星空，也会想起那一个个儿时的夜晚。这样的日子平常却又快乐，张磊就在流淌的时光中慢慢长大，但很快他遇到了人生的重大转折点。

2007 年夏天，张磊的父亲因病去世。对张磊一家来说，这无疑是精神和物质上的双重打击，本不富裕的家庭现在是雪上加霜。那一年，张磊还在上高二，家中姐妹也在上学，所有的重担只能压在张磊的母亲一个人身上。“那段时间对我和我的家庭来说，都是一次很大的挑战，那是人生中的一段至暗时刻吧。”他说。

虽然生活条件捉襟见肘，但日子还得继续过。那时，张磊的高中班主任马汉化对他帮助很大。马老师在经济上支持他，在生活中鼓励他，给予他莫大的支持。尤其是在他高三的时候，马汉化老师经常给他做心理疏导，告诉他不能颓废，农村的孩子只有学习才有出路。张磊对马老师十分感激，多年后提起对他影响最大的人，他首先想到的还是马汉化老师。多亏了马老师的鼓励，他才咬着牙挺过了那段艰难的日子。

种下希望启征途

张磊现在是青岛开发区投资建设集团的一名高级工程师，隶属集团下属总工办技术部门，主要负责集团所有下属工程建设的土地问题及设计规划方案的审核和管理工作。关于为什么要选择工程师这个职业，要从他小时候说起——每个孩子或许都有过被问到“你的梦想是什么”这样的经历，张磊小学的时候也思考过这个问题。当其他孩子异口同声地回答要当“航天员”“科学家”时，他注意到了小学的两篇课文——《赵州桥》和《詹天佑》。前者从建筑特色等角度介绍了单孔石拱桥赵州桥的魅力，后者则向我们塑造了一位杰出的爱国工程师形象，让年幼的张磊心生触动，觉得“做个工程师也挺酷的”。这在他心中种下了一颗种子，为以后的职业道路铸造了第一个台阶。

芳华待灼，砥砺深耕。

2009 年，张磊考入青岛理工大学工程设计类专业，从此正式开始他梦想的征途。2013 年，张磊大学毕业，入职了一家建筑规划设计院，从事工程设计工作，主要工作内容是对医院、学校、超高层建筑、工业厂房、大型商业综合体等各类工程进行机电、管道、消防的方案设计。一直到 2019 年，张磊觉得他已经基本掌握了相关的国家规范和行业流程，在设计院也做到了专业技术负责人，于是开始考虑往工程建设管理方向转型。“这样，工程的全流程我就能够全部掌握了。”他解释道。后来在机缘巧合下，他进入青岛经济技术开发区城市发展投资有限公司，担任专业技术负责人。

目前，张磊负责的工作内容不同于以往更偏技术类的工作，他现在工作的主要内容包括：一是对集团负责开发建设的各类工程项目进行设计过程的管理、设计方案的评审；二是执行集团制定的限额设计标准，在设计中对项目建设成本进行过程控制；三是参与建筑材料、部品、设备的市场调研，确定权限范围内的建筑材料、部品、设备的清单、选型、定样与评审；四是负责提供报批报建、销售、招商等所需设计资料及设计变更的受理工作。工作内容更加偏向综合管理类，他也从专精一类到样样都通。在工作期间，张磊取得了很多成绩，例如设计了各种高楼大厦、医院和学校等，其中最让他难忘的一段经历是在 2019 年开展的殷家河旧村改造项目。“这个项目是2019年青岛市西海岸新区唯一列入山东省城镇棚户区改造计划的项目，也是目前西海岸新区改造村庄数量最多的旧村改造项目，项目总投资55亿元，共安置居民3792户，涉及辛安街道、灵珠山街道等10个村庄。”

在这个项目中，张磊和他的团队几乎扎根现场，确保施工进度和质量，同时积极协调、配合新区各职能部门、街道、社区推进安置区拆迁清场，同步办理土地、规划、建设手续，切实关注居民回迁后的生活需求。皇天不负有心人，他们最终在2019年完成了旧村拆迁改造，并获得了山东省优质结构工程、青岛市标准化示范工地、青岛市优质结构工程等多个奖项。张磊在提到这段经历时也十分自豪，他说：“这个项目是我从业以来最急难紧迫的项目，最终在我们的努力下，保质保量地完成了，群众及各街道、政府对我们的评价也很高。”

知足常乐笃信念

“少年就是少年，他们看春风不喜，看夏蝉不烦，看秋风不悲，看冬雪不叹，看满身富贵懒察觉，看不公不允敢面对。只因他们是少年。”一晃数十载，张磊没有忘记年少时的坚持。儿时始于课本的梦想，不再只是文字的排列组合，终于长成参天大树。张磊能有如今的成就，离不开他在工作和生活中良好的心态。

在工作上，张磊说自己其实很容易满足，当路过自己设计的建筑时，总有满满的成就感。虽然张磊已经获得了很多成就，但“吾生也有涯，而知也无涯”，在集团的工程项目建设中，张磊经常前往成都、厦门等地学习，研究新型的建设工程材料以及新型的工程建设方案。正是这样不断学习、坚持创新的态度让张磊持续进步，他负责的项目契合国家五大发展理念并成为青岛市主推路线，他也获得了社会各界和群众的认可。

先进工作者、优秀共产党员表彰（右三为张磊）

在生活中，张磊认为："我觉得有一个热爱的事业，有一个内心丰富、灵魂有趣的另一半，这就是个人成功了。至于幸福呢——有了好心态，人生才幸福，生活中最重要的就是知足，要活在当下。所以要我评价的话，我能给现在的生活打满分。"在张磊眼中，成功与幸福都很简单，主要取决于自身。每个人心中对于成功和幸福的定义不同，对张磊来说，他如今有一份理想的事业和一个美好的家庭，就算是幸福美满了。为此，他还引用了毕淑敏的一句话："幸福感不是某种外在的标签或是技术手段可以达到的状态，而是一种精神世界的内在把握和感知，幸福是一种感觉。"

除此之外，张磊在家庭教育上也颇有心得。他在与自己的两个孩子相处时，始终奉行着三大原则：耐心理解、沟通表达、以身作则。家长是孩子的第一任老师，必须承担好应有的责任。显然，张磊在这方面做得很好，他不仅认知透彻，而且言传身教，他乐观的心态、坚持不懈的精神已经为孩子们树立了榜样。

谆谆教诲引青年

“活在当下”是张磊对自己的告诫，也是他希望所有年轻人可以拥有的心态。

“首先要树立明确的目标，其次要培养积极的心态。上学不是人生的唯一目标和出路，而是要保持终身学习的能力，对新鲜事物保持好奇。”他说，“学习是获得知识的过程，你的老师可以是人，是社会，甚至是动物和自然；你的课堂不应拘泥于这小小的学校，而是应该去更广阔的天地。”张磊强调“终身学习”对青年人的重要性，而他自身也处于“终身学习”的状态中，不断精进自己的能力，丰富自己的知识储备。

同时，他也鼓励青年返乡创业。青年可以通过多种渠道回馈家乡，其中张磊提到了两种方式：一是生产高附加值的农业产品或者从事粮食深加工，二是在大城市学习新的产业模式，然后带回家乡发展。

心怀家乡展未来

躺在青岛的沙滩上，头顶的漫天星辰渐渐与童年那一方天空重合，耳边仿佛回荡着小伙伴们追逐打闹的声音，也是在这个时候，张磊才发现自己好像真的离开了故乡。

石弓镇对张磊来说像记忆的漂流瓶，随着时光流逝，那些不好的记忆通通被冲刷掉，留下来的都是美好又深刻的记忆。虽然他的家乡石弓镇既没有周庄、乌镇那样浓厚的江南风情和悠久历史，也没有一线城市的繁华，但这一点都不影响他对家乡的爱。

这个朴实平凡的小镇，有着最稀松平常的爱意和温情，孕育出了许多优秀的人才，他们无一不对这片土地饱含深情。张磊的话语中流露出他对家乡的热爱，同时他也心系家乡发展，对石弓镇未来的规划提出了建议：“家乡不缺人，缺的是产业，没有产业配套就留不住资金和人才，教育创新和科技创新就是一句空话。”

另外，学习借鉴其他地方的成功经验也很重要，人一定要多出去走走看看才知道自己的弱点在哪里。为此，张磊还拿自己工作的城市举了个例子："我所在的青岛市，当地政府都在积极优化当地营商环境，只要企业愿意来，就免费建厂房，免费提供办公场所，资金、税收等方面都有很多优惠政策。吸引年轻人才能创造消费力，有了消费力，城市才有活力。"

石弓镇自 1992 年撤区并乡建镇以来，变化颇多却历久弥新，但始终不变的是它淳朴的民风和善良的人情。张磊对这片土地爱得深沉，他相信只要各方付出努力，就一定能为家乡吸引更多年轻的力量，家乡的未来会变得更加光辉灿烂。

注：本文作者何单，浙江传媒学院新闻与传播学院 2023 级传播学专业本科生。

不忘初心，逐梦前行

——安徽省黄山市公务员王奇专访

在安徽省黄山市的党政机关里，有这样一位公务员，他勤勉敬业、严谨公正，一生追寻着正义的脚步——他就是王奇，一个从农村走出来的优秀执法者，用汗水和智慧书写了不凡的人生篇章。

王奇

初识：一个平凡的起点

1979 年 12 月，王奇出生于安徽省涡阳县的一个普通农村家庭。20 世纪七八十年代的农村，“面朝黄土背朝天”是生活的常态，由于生产力落后，几乎所有的农活都只能依靠人力。家里的责任田需要全家人共同劳作，父母在地里辛苦耕作，他和兄弟姐妹也在田间地头帮忙。王奇的童年，就是在这样的环境中度过的。

“那会儿，家里兄弟姐妹多，生活条件很艰苦。”王奇回忆道，“父母没时间单独照顾我们，就把我们带到地里玩，他们自己则忙着割麦子、掰棉花杈，为了节省农药钱，有时还要逮虫……”王奇五六岁就和兄弟姐妹一起帮父母干活。即使上学后，在每一个寒暑假、麦忙假和秋忙假，地里也少不了王奇的身影。

麦收季节是他成长中印象最深刻的时节。为了抢收小麦，全家人齐上阵收割麦子。弯腰时间一长，腰就疼痛难忍，但父母常打趣道：“小孩子哪来的腰。”并鼓励王奇，“加油干，割得多回家可以给一个鸡蛋吃”。一个鸡蛋，对当时的农村家庭来说，已是难得的好菜。为了得到奖励，他便又鼓起劲继续干活，直到累得倒在麦秸堆上。

那时候，农村的孩子很少有纯粹的童年玩乐时光，更多的是劳动和学习。

尽管生活艰辛，但王奇的父母深知教育的重要性。他们经常鼓励孩子们要好好学习，将来考上大学，走出农村，改变命运。王奇铭记父母的教诲，从小就立下了要考大学、当法官的志向。

求学之路：梦想照亮前行

20 世纪 80 年代的农村，治安状况远不如今天。农民们辛苦喂养的鸡、鸭、羊常常被盗，甚至连耕牛也未能幸免。年幼的王奇目睹了这一切，心中充满了对恶势力的愤恨和对公平正义的渴望。他回忆道：“我特别恨那些欺负老实农民的小混混，他们还经常偷东西。”那时，王奇便立下了目标：一定要上大学，去法院当法官，这样既能改善家里的生活，又能为百姓讨回公道。

这个念头在王奇心中生根发芽，成为他不断前进的动力。当同龄人在嬉戏玩耍时，王奇却选择了一条与众不同的道路。他静静地坐在书桌旁，专注于书本。对他而言，书本是最好的伙伴，学习是最大的乐趣。这种简单而执着的坚持，饱含着他对知识的渴望和对梦想的追求。在父母的鼓励和自身的努力下，王奇从小学到初中的学习成绩一直名列前茅。

高中时期，由于离家较远，王奇只能自己带粮食到学校做饭吃。一个馒头或是一碗面条，配着酱豆，就是简单的一餐。正是这样的环境磨炼了他坚韧不拔的意志和刻苦学习的精神。

“我那时候的目标很明确，就是要考上大学，成为法官。”王奇说，“在学校里，除了吃饭就是学习。我知道自己的天赋不如别人，但我相信勤能补拙。为了这个目标，我一直努力学习，不敢有丝毫懈怠。”

然而，命运似乎并没有立刻眷顾这个勤奋的年轻人。1998 年，王奇的高考成绩只够上大专，而当时高校已经不包分配，每年的学费也将近 4000 元。对于一个农村家庭来说，这无疑是一个沉重的负担。

面对困境，王奇曾有过放弃的念头。但一想到父母的期望和自己的梦想，他最终还是选择了继续深造。他放弃了统招大专的机会，转而到阜阳师范大学参加自学考试。

王奇学生时代

功夫不负有心人，经过几年的不懈努力，他终于拿到了法律专科和本科的文凭，并顺利考上了研究生，通过了国家统一法律职业资格考试，获得了法律职业资格证书 A 证。

职业生涯：践行正义，不忘初心

研究生毕业后，王奇通过公务员招录考试，成了一名执法人员。2006 年，他的职业生涯始于黄山市公安局，并在那里工作了整整八年。在这八年中，王奇不仅展现了作为执法人员的专业素养，而且体现了他服务人民的无私精神。

在黄山市公安局工作期间，王奇始终秉持“人民公安为人民”的宗旨。他积极参与各种社会服务活动，时常帮助孤寡老人解决生活中的困难，陪伴他们就医，确保他们的健康与安全。此外，他还经常协助游客寻找遗失的物品，为焦急的游客排忧解难。在景区里，他总是耐心地为游客指路，尽可能为外地游客提供方便。

正是凭借这些平凡而真诚的行动，王奇不但赢得了群众的信任和赞誉，而且这段职业经历让他积累了丰富的实战经验和与群众沟通的能力，为他日后在市委的工作打下了坚实的基础。

王奇被赠锦旗

2014 年，王奇进入黄山市纪委工作，他的职业生涯展开了新的篇章。在纪委，他延续着儿时的梦想，以果敢的态度和坚定的信念，大刀阔斧地打击贪污腐败，坚定不移地捍卫正义。

“做一个有名的律师很容易，做一个好律师很难。律师无外乎打赢几场官司就出名了，但一个好律师要忠于法律，忠于人民，从内心迸发出善良、公平、正义。”王奇时刻铭记黄老师的话。

黄老师是王奇大学里教授民法的老师，王奇从他那里领悟到“做一个好律师”的真正含义。虽然王奇没有成为律师，但作为一名执法人员，他始终坚持以公平正义为准则，严格执行法律，维护社会秩序。“作为一名执法人员，我深知自己肩负的责任和使命。”王奇说，“我要时刻保持清醒的头脑和坚定的立场，不放过任何一个坏人，也绝不冤枉任何一个好人。”

面对繁重的工作和巨大的压力，有时王奇也会感到疲倦，每当这时，父亲总会对他说：“想想小时候割麦子累还是现在工作累？不是国家发的工资，别人的钱一分不要拿，公家的钱一分不要贪。”父亲的教诲常回荡于脑海中，指引他砥砺前行。

这份执着和专注，成就了王奇作为一名执法人员的职业生涯。同时，他也积极学习新知识、新技能，不断提升自己的专业素养和综合能力。王奇的工作不仅是职业追求，而且是一种对社会责任的承担。他在处理违纪违法案件时，始终保持公正和客观，努力为社会带来公平与正义。这种责任感和使命感驱使他不断前进，不断追求更高的职业成就。

心灵港湾：乡土情深，永记心间

虽然身处异乡，但王奇对家乡的情感从未变淡。他时常怀念起小时候在田间劳作的情景、和家人一起度过的节日时光。家乡的一山一水、一草一木、一条路、一个沟，都承载着他对过去的回忆和对未来的憧憬。

“家乡对我来说意味着根与魂的所在。它是我成长的摇篮，是我无论走到哪里都无法割舍的情感纽带。它是我心灵的港湾，无论遇到多少困难和挫折，只要想到家乡，就能感受到一股温暖的力量。”王奇动容地说道。

王奇深知，家乡的未来需要更多人的关注与努力。因此，他积极参与家乡的建设与发展，用自己的智慧与力量为家乡贡献着一份绵薄之力。他建议家乡应该加强生态环境保护，守护好那片绿水青山，让子孙后代也能享受到大自然的恩赐；他呼吁促进经济发展，鼓励乡亲们勇于创新、敢于拼搏，共同开创更加美好的明天；他还关注基础设施建设，认为只有基础设施完善了，才能为家乡的发展提供更加坚实的支撑。

谈及对青年人的寄语，他鼓励青年人保持积极向上的心态，面对困难要相信自己有能力去克服，面对梦想要有勇气去追逐。人生短暂而宝贵，要珍惜时间和机会，不留遗憾，同时保持感恩的心态，感谢那些在成长过程中给予帮助的人。他认为，人生是一场精彩的旅程，需要用心去感受每一个瞬间，保持对未来的憧憬和对生活的热爱。

所有平凡的人都可以获得不平凡的人生，一切平凡的工作都可以创造不平凡的成就。王奇的故事平凡而又不平凡。他用自己的行动诠释了什么是真正的坚韧和执着。在这个充满变化的世界里，他始终保持着一颗初心，坚定地走在自己的道路上，追逐着属于自己的梦想和光芒。

注：本文作者黄心怡，浙江传媒学院新闻与传播学院2023级传播学专业本科生。

云程发轫自青田，税务生涯谱新篇

——年轻的税务员黄玉国专访

在安徽省涡阳县石弓镇大黄村这片承载着无数梦想与希望的土地上，孕育着无数平凡而又非凡的故事。在这片被勤劳与希望浸润的土地上，有一位名叫黄玉国的青年，他怀揣着对知识的渴望和对未来的无限憧憬，踏上了一条奋斗之路。他凭借不懈的努力与坚持，成为某市税务局的优秀青年税务干部，用实际行动诠释了“奋斗改变命运”的真谛。

田野之梦，学海扬帆

1992 年，黄玉国出生在安徽省亳州市涡阳县石弓镇大黄村。在黄玉国的儿童时期和少年时期，其娱乐活动既不是使用电子产品上网，也不是去游戏机厅打游戏，而是和同龄的小伙伴做一些简单的小游戏。他回忆道：“当时最常玩的一个游戏就是大家在泥土地上画好格子，然后在格子上面玩一些像象棋一样的东西，我们叫它‘纸牌游戏’。有的男孩子喜欢玩玻璃弹珠，这也是小时候经常玩的一个游戏。”

八岁左右，黄玉国进入大黄村里的大黄小学念书，当时小学的学制是六年制——在一年级之前有一年学前班，读完五年级就小学毕业了。当时的大黄小学只有五六个老师，老师们分别担任数学老师、英语老师、语文老师、美术老师。当时小学英语学习就是照书死读，初中之后才能系统地学习英语知识。

刚进入小学时，黄玉国比较贪玩，成绩并不是很理想。在三、四年级时，他厚积薄发，通过努力学习，成绩在班上能达到前几名，之后他就被老师推荐参加一些语文、数学竞赛。小学五年级毕业后他参加了隆中中学入学考试，以全校第11名的成绩进入了实验班。

初中毕业后，他考入涡阳县第一中学。高二文理分班之后，他进入了文科班学习，在2011年通过高考考上了淮北师范大学。

在学习成长的历程中，黄玉国一直怀揣着对优异成绩的追求，从小学到高中，他都渴望让自己的成绩百尺竿头更进一步。同时，他内心深处充满了对父母的理解与感激。“我爸爸文化水平不算高，但他对教育非常重视，一方面他在我小学、初中大概10年的时间里对我非常严格，另一方面就是相较于其他农村父母，我爸爸对我上学的经济支持，都会尽自己的能力尽量给的。”

砺志征途，学韵华章

黄玉国刚一踏入大学校门，就立志要在毕业后继续攻读研究生。在整个大学期间，他严格要求自己，勤奋不懈，不仅一次性顺利通过了英语四级和六级考试，而且为了深入掌握专业知识并为将来考研打下坚实基础，即便课程安排得满满当当，他也坚持几乎每天前往图书馆学习。

秉持着自律的精神，黄玉国在大三时正式踏上了考研的征途。起初，由于对考研形势缺乏深入了解，他选择了备考历史学方向的研究生。然而，在精心准备了将近半年后，他经过深思熟虑，结合自己的实际情况，毅然决然地放弃了历史学，转而投向了管理学的怀抱。考研之路虽然充满了曲折，但黄玉国最终还是成功迈入了安徽大学的大门，继续深造。

研究生三年的忙碌与充实，让他的内心与人生道路规划产生了剧变，但他保持着大学时养成的自律习惯。在这三年里，他不仅认真完成了学业，而且准备了注册会计师考试（CPA）、律师从业资格考试。

随着时间流逝，黄玉国的梦想也越来越清晰。小时候家人与公务员打交道的经历和父母的言传身教都让他产生了要成为公务员的想法。

怀着这个念头，黄玉国在研究生二年级的暑期着手准备公务员考试，作为

2018 届毕业生，他从网上获取了 2017 年度的公务员考试学习材料，并将这些资料打印并装订成册。暑假期间，他协助一名同学创业，在帮忙的同时随身携带了这本资料。他一边观看教学视频，一边学习并做笔记。2017 年 12 月 10 日，他参加了国家公务员考试，最终以综合成绩第一名的成绩，成功考入安徽省某市税务局。

星辰璀璨，梦铸辉煌

2018 年 8 月 2 日，黄玉国正式成为某市税务局的一员。最初他被分配到了税务窗口工作，这个岗位与许多其他服务窗口有相似之处，比如派出所或行政服务大厅，但税务窗口的工作有其独特性。

与公安窗口相比，虽然两者都承担着为人民群众提供服务的职责，但税务窗口的工作内容更为复杂和专业。税务窗口需要工作人员掌握大量的会计知识、税务知识，甚至一些基本的法律知识。当前纳税人及缴费人中不乏具备较高专业素养的人士。面对这样的群体，如果税务工作人员自身缺乏足够的专业知识，将会难以有效应对他们的需求或疑问。一开始，这种工作需求带给他很大的社交压力，农村孩子质朴单纯的性格难以应对不同服务对象的需求，但在老师的耐心指导和同事的帮助下，他渐渐找到了工作节奏，适应了这种工作环境。

黄玉国在税务窗口工作了三年，在岗位上勤耕不辍，并且重拾旧业，通过了注册会计师考试。如今，他已经成为某市税务局的优秀青年税务干部，但他对自己的事业仍然有精益求精的要求。2023 年，他参加了安徽省遴选考试，并且成功进入了安徽省教育厅面试环节。

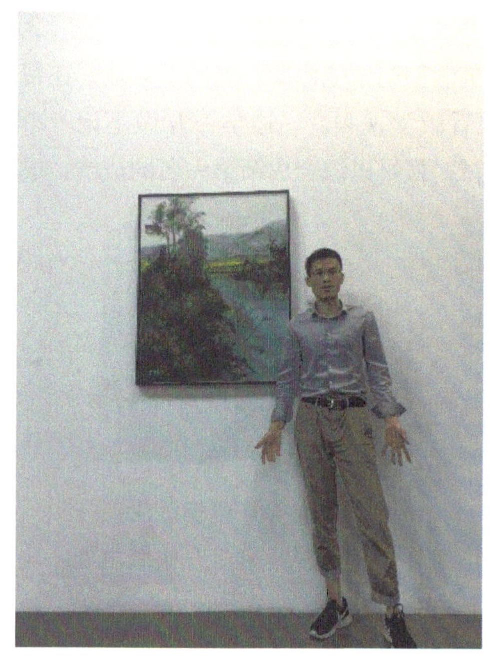

黄玉国工作时留影

工作中的各种新体验与新挑战成为黄玉国成长的催化剂，而导师的悉心教导更是让他收获颇丰。随着时间的推移，他的人生经历与思维方式都发生了显著的变化。在应对那些需要巧妙处理的人际关系时，他反思自己的心态，并这样总结道：“我的父母是比较朴实的，所以受到原生家庭的影响，虽然我在外边生活的时间已经超过了在我们村生活的时间，但是我内心深处保留了最淳朴的那一部分，我认为自己仍然是一个最普通的老百姓，一个最普通的种地人。”

注：本文作者刘雪婧，浙江传媒学院新闻与传播学院2023级传播学专业本科生。

变的是身份和角色，不变的是初心和使命

——深圳市联阳达科技投资有限公司董事长耿君平专访

耿君平先生是深圳市联阳达科技投资有限公司、深圳市联阳达文化发展有限公司董事长，同时也是深圳市关爱书画研究院投资人，目前还兼任深圳市大公关爱青少年协会会长。数十年来，他的身份不断变化，由“教师”到“职员”，再到“董事长”“公益人”，变的是身份与角色，不变的是初心和使命。

快乐与责任并存的童年

20 世纪 60 年代，耿君平出生在安徽省涡阳县石弓镇，他的父母均是供销社职工，他有 5 个弟弟妹妹，这无疑是一个温馨的大家庭。

在谈及排行老大的感受时，耿君平的语气显得比较轻松：“双职工家里也没什么农活要干，弟弟妹妹也很听话。”当时，计划经济依然实行，每月凭粮票、粮本去粮站领粮食是每个家庭的日常。时隔 50 多年，领取面粉的规格依然印在耿君平的脑海里。耿君平笑笑说：“我十来岁的时候经常骑着车跑到粮站领粮食，有时拖不动就会拉个小板车。”孩子较多的家庭领的粮油也多，但耿君平并未将这件事当作辛苦事，在他看来，这些都是作为哥哥该做的小事。谈到儿时的经历，耿君平觉得那是最快乐的一段时光。“当时父母都上班，没人管我们，一条街上几十个孩子一起，去河边抓螃蟹。”小镇虽小，却有着纯粹、朴素的快乐。

“学”与“教”——在平淡中积累

对耿君平来说，求学更像是自学。“当时，除了在学校上课，我们都是在家自己学。”耿君平说。那时许多成绩较好的孩子都选择了中专学校，为的是提早拥有国家编制，吃上“商品粮”。为了帮助父母分担家庭的重担，耿君平到师范中专就读。

完成学业后，耿君平被分配到一所高职学校担任教师。对于这段教师经历，耿君平回忆道：“我当时文科比较强，就教史、地、政，不过也没有待多久。”两个月后，耿君平被安排到了勤工俭学办公室工作，主要负责学校勤工俭学活动的安排部署。又过了几年，国家对教师的培养愈发重视，各教育单位都有教师进修名额。为了进一步提升自己的学历并开阔眼界，耿君平抓住了这个机会，来到华东师范大学进修两年。求学、工作、进修，耿君平的生活似乎一直平淡无波，这让年轻的耿君平萌生出闯一闯的念头。这时，一个机会出现在眼前。

南方谈话——点燃青年理想的星火

1992 年，邓小平先后到武昌、深圳、珠海、上海等地视察，并发表了一系列重要讲话。一时间，下海创业的浪潮席卷了整个中国。而深圳作为经济特区，更是吸引着无数有志青年去创造新的传奇。在同学和家人的鼓励下，耿君平也萌生出南下闯荡的念头，但已有妻儿的他并没有头脑一热当即南下，而是经过了再三考量和周密的安排。几年兢兢业业的教师工作让耿君平形成了更为周全、细致的办事习惯，这也为他后来的工作与创业打下了坚实的基础。

在熟人的介绍下，耿君平来到深圳的一家国有投资集团担任办公室主任。而这份工作对于有着几年办公室工作经验的耿君平来说并不困难，没多久他就适应了深圳的工作节奏。丰富的工作经验和周全的办事作风让耿君平在短时间内得到了领导的赏识，职务、工资一提再提。而当时的他却更加偏向于早点攒够钱回老家安身立命。“当时老板问我心里怎么想的，我说我就想攒 5 万元回家买套房。”耿君平笑着回忆起当年的自己。在当时的他看来，创业是一件离自己非常遥远且具有风险的事，拥有一套属于自己的房产才是最重要的。然而事与愿违，一场危机改变了他原本计划的人生轨迹。

危机转折——初寻创业之路

1997 年，公司被银行抵押清算，耿君平陷入了对未来的迷茫之中。他拿出在深圳打拼的积蓄，开始思考未来的出路，寻找创业机会。

20 世纪末的深圳有许多人尝试新的经营模式，有人成功，也有人失败。一位海归试图在深圳建造仓储式的购物中心，却由于经营不善而倒闭，这块地产也急于转卖。“当时我觉得这里地段很好，就想搏一搏。”耿君平回忆说。他找到了一位广东的朋友和一位安徽老乡一起凑钱将这块地盘了下来，这里也成为他们创业梦开始的地方。

然而如何改变原本的经营方式，将商场变成受人欢迎的场所成为当时摆在耿君平面前的难题。经过再三思索，他计划在商场开设一条中华美食街，让顾客能在这里品尝到全国各地的特色美食。“我们想从每个省找一种特色美食，30 多种美食就能组成一条街。”回忆起美食街的招商情况，耿君平说：“当时招商非常成功，在很短的时间里就找齐了商家，同省美食的商家还互相竞争，摊位非常抢手。”这样的成功与前期周密的宣传部署和商场改造是分不开的。据耿君平回忆，当时他们将广告投到深圳的报纸、商业楼屏幕上，还在商场设立招商咨询处，让商户近距离考察。美食街的成功为耿君平挣到了创业的第一桶金，在他看来，当时的深圳门店少、商家多，供不应求的市场行情是他成功不可缺少的条件。

时势造英雄——企业的探索与发展

作为改革开放的潮头，深圳这座城市有着比一般城市更多的机遇和挑战。而刚凭借美食街招商成功的耿君平，敏锐地意识到了深圳这片地带无限的发展潜能——未来一定会有更多的商户、公司要在这座城市扎根。他决定效仿美食街的开发模式，进一步发展自己的房地产业务。耿君平找到几家工业厂房，将它们改造成崭新的写字楼，出租给要在深圳创业的人，帮助他们组建自己的公司。与此同时，耿君平用自己在深圳打拼多年积累的人脉资源为这些公司提供更加周全多样的服务，用耿君平的话来说："我们更像是一个信息交流公司。"凭借着同行不可比拟的资源和服务优势，耿君平的企业有了更为长足的发展。

而耿君平并不满足于现状，他想要涉足更多的行业和领域。没过多久，耿君平投资创办了两个教育培训机构，主攻中小学教学补课。这样的教育机构充分迎合了当时第一批职场人士无暇照顾孩子的需求，因此十分成功。而对于有着教育经验的耿君平来说，这样的人生经历也是一件趣事。"你看，我绕了一圈到了深圳，又干起了老本行。"耿君平笑着说。在接下来的十年里，耿君平先后涉足贸易、工程建设、物业管理等行业，公司不断扩展业务，才有了今天的联阳达科技投资有限公司、联阳达文化发展有限公司。

"天上龙肉，地上驴肉"

企业的发展绝不会是一帆风顺的，当问及耿君平在创业中遇到的困难时，他讲了一件进入食品行业时发生的趣事。当时，真空包装技术尚未普及，北方的肉类食物运到深圳总是免不了腐坏。耿君平发现了其中的商机，便成立了一家商贸公司专门做这项业务，而在食品的选择上，却出现了一个有趣的乌龙：未经充分市场调研的团队选择驴肉作为主打产品，还将那句"天上龙肉，地上驴肉"印在了包装上。

但让公司没想到的是，真空包装后的驴肉虽然鲜美，却并不符合南方人的饮食习惯。尽管公司推出了许多口味，但销量依然不理想。“我们吃着觉得香，广东人不买账呀。”回忆起这件往事，耿君平的语气多了几分调侃的意味。“天上龙肉，地上驴肉”，谁能想到这北方的食品到南方却无人问津呢？经过这次失败，耿君平吸取了市场调研不仔细的教训，也将之转化为治理公司的宝贵经验。

公益助学——必须进行到底的事

对于自己多年的无偿助学经历，耿君平很少在别人面前提及。但作为深圳市大公关爱青少年协会会长，在助学的 6 年里，他每次都一马当先，领队去需要帮助的地方，把承载着拳拳爱心和殷殷关怀的助学金及时送到学生手里。

耿君平在参加志愿服务

每年春秋季，为了不给当地政府添麻烦，耿君平时常驾驶着他的越野车穿梭于崇山峻岭间，在鲜有人烟的山路上颠簸 20 多个小时。山路难行，他每次助学回来得腰酸背痛好些日子。而且他和同去的爱心人士将过桥费、油费、住宿费、餐费等平摊。“这是6年来延续的优良传统，我们坚决把每一分善款都送到学生手上。”他说。就这样，千里迢迢助学路，从广西、贵州到湖南、湖北，这群爱心人士一去就是四五天，长年不断。

而在耿君平心里，公益事业不是与人喝茶、聊天的谈资，而是要落到实处，使他人活得更好、更有尊严的一种方式。这种务实的作风不仅体现在工作中，而且落实在了他助学的行动中。“我希望在我未来有限的岁月中，将公益助学进行到底。”

耿君平参加社会捐助

耿君平感谢国家这些年的改革发展对他的激励；也正是因为有了千千万万个如耿君平的企业家，他们将经济效益与社会效益并重，努力拼搏，积极创新，为我国改革开放以来的经济腾飞作出了巨大贡献。相信在不远的将来，我国实现中华民族伟大复兴的中国梦之时，耿君平先生依然能够走在时代前列，不忘初心，砥砺前行。

注：本文作者刘锦菁，浙江传媒学院文化创意与管理学院2018级管理学专业本科生。

弘扬新中医，活化老品牌

——浙江省姚朝宗菩心中医药科技有限公司董事长耿明杰专访

耿明杰，1976年出生于安徽省涡阳县石弓镇耿楼村，现任中国市场经济研究会常务理事，目前在杭州经营着两家公司。

一家是浙江姚朝宗菩心中医药科技有限公司。这是一家集高科技、医疗医药、生态农业、文化交流、健康咨询及爱心公益为一体的综合性成长型集团公司。公司于2016年在杭州成立，致力于以“弘扬新中医，活化老品牌”的经营发展理念，推动中国传统中医文化的创新发展。公司传承的姚朝宗千锤拔毒膏，在原有古法炮制的工艺上，结合现代纳米技术，将纯天然草本植物进行破壁处理后，推出了姚朝宗医用冷敷贴，得到了政府领导、行业专家协会以及市场的高度认可，并于2020年7月登上CCTV《发现之旅》栏目。另一家是浙江杰恒福禄康祥生态科技开发公司，公司位于杭州市上城区，是一家集高科技研发、生态农业开发、特色农旅、技术开发与转让等为一体的综合性公司。公司现有无人彩票机数千台、新昌高山有机茶园5000多亩。公司借助互联网+，将农村农副特产品出村进城，推动农产品上行，助力农民创富、致富，并通过发展特色农旅带动各类服务资源，将本公司服务向农村下沉，充分利用智能终端等新型手段，推动线上线下结合的创新服务。两家公司一家旨在传承中国传统中医文化，创新新时代中医文化，另一家则通过新技术助力农民致富，推动生态农业开发，两个完全不同类型的公司在耿明杰先生的带领下，在各自的领域里蒸蒸日上。

耿明杰

成长与责任

耿明杰先生的两家公司在各自的领域成就斐然，且在稳步发展当中，这些均离不开他对时机把握的敏锐度及优秀的商业才能。回想这些年走过的路，耿总说道：“我在创立这两家公司之前是在部队生活的，每天做最艰苦的训练，一天行军几十公里，做上千个俯卧撑。之后退伍转业，我想要自己闯一闯，创业就成了最好的选择。创建姚朝宗菩心中医药公司是因为偶然间听母亲提起了祖传膏药，但那时膏药的制作过程非常艰辛，想要让这门手艺传承下去很困难，我和我弟弟为了不让这门传统手艺失传便肩负起了传承的重担，创立这家公司以传承中国传统中医药文化。在此之后，我弟弟负责产品的研发，而我则提供必要的资金支持，公司就起步了。另一家浙江杰恒福禄康祥生态科技开发公司，则主要是农业板块，为了推动农村农副产品出村进城，推动产品上行，助力农民创富、致富。”

耿总还说，这两家公司是两个机构、一套班子，根据市场需求运作，按照不同模式来做不同的事情。

慢工出细活

聊起公司的核心产品“姚朝宗医用冷敷贴”时，耿总滔滔不绝地讲述了冷敷贴的历史、它的功效以及它相对于其他膏药的特别之处。他讲道：“姚朝宗医用冷敷贴是利用中国传统中医阴阳五行原理，将 39 味名贵草本植物经过人工两万六千锤的打制、击浆而成膏，制作流程非常艰苦。随着科技的不断进步，在传承人的用心钻研下，在原有古法传统制作工艺技术的基础上结合现代纳米技术，将纯天然草本植物进行破壁处理，其效果更胜一筹。而且我们的产品有医院的临床试验报告，治愈率达到 90%。我们坚持老祖宗的配方、坚持百分之百纯手工捶打工艺、坚持百分之百纯天然原生态、坚持一辈子做一件事。”

当问到公司碰到过的难题或难忘的事情时，耿总回忆道：“在公司初创期间，因为我们这个膏药要纯手工捶打，所以生产量是有限的，在将量产推向市场的时候，全国所有的药厂我们都有走访过，但是都做不了我们的产品。为了研发这个量产工艺，我们从 2015 年便开始研发，期间我弟弟小时候受过伤的手又被设备伤到。我们两人顶着经济上的巨大压力，不断努力、不断尝试，到 2024 年才将这门量产工艺正式推向市场，并且也得到了社会各界的认可和肯定。”

耿总还说，人生并不是一帆风顺就是好事。对于他来说，所有经历都是一种财富，“不经历风雨怎么见彩虹”。

做创新性产业，报国惠民

当被问及浙江杰恒福禄康祥生态科技开发公司名字的由来时，耿总这样讲道：“起公司的名字真的花了非常大的心思，很多想过的名字都被抢注了，反反复复很多次，最后历经千辛万苦终于把公司的名称注册了下来。这当中的每个词都是有激励的意义。”

通过翻阅资料，我们看到公司现在合作的杨梅山村和外婆坑村，通过双方的共同努力，都有了崭新的面貌，一个原生态的、天然有机无污染的绿色乡村呈现在我们面前。看到这样的成果，笔者不禁问道："您是如何选择自己的战略合作伙伴的呢？""首先我们得有志同道合的理念，其次我要考虑场地。"耿总回答道，"场地第一得符合我们的要求，要原生态；第二，我们会选择历史悠久、民风淳朴，有着浓厚历史底蕴的乡村进行合作。"

在公司与乡村的整个合作过程中，公司的目标就是本着两宜（宜居、宜游）三化（年轻化、品牌化、社交化）的发展战略，全方位打造绿色生态无污染食品，充分利用生态园自然景观，形成可览、可游、可居的环境景观，集自然—生产—康乐—教育于一体的景观综合体，发展体验农业与观光农业相结合的生态园。耿总还告诉笔者，公司的项目受到了浙江省农业农村厅的高度重视，公司正在快马加鞭地努力将产品进行包装，尽快投放到市场上去，同时公司计划参加世界茶博会，将产品推向世界。凡事不能急于求成，要一步一步、稳扎稳打，将公司的产品做到最好。

坚定信念，努力奋斗

"我们会不断向好的方向发展，并以上市为目标而努力。同时，我们争取在未来发展到全国各地都有我们的分支机构。"短短的几句话，体现了耿总内心深处的雄心壮志，他正在为他的目标而努力奋斗。

在聊到公司的拓展业务时，耿总说道："我们之后会考虑成立慈善基金会，将公司产生的盈利通过基金会的形式捐献到全国有需要的地区。我们也很有可能与大学合作，成立奖学金项目，为贫困大学生提供援助。"

在问其成功的经验时，耿总这样说道："简单一句话就是，做最好的产品，服务于人。而且做产品的前提是要学会做人，人做好了产品才能做好，如果人都做不好，又怎么能做出好产品呢？我们不能为了盈利，不择手段地作假、作虚，我们要实打实地。哪怕产品不赚一分钱，我也要让全国人民用到好产品。我们可以薄利多销，积少成多，财富也就会一点点积累起来，我们也能为自己积福，为人类造福。"

“活到老学到老”“我们不能违背国家政策，违背民心”“公司强也好，大也好，我们都应该本着一个‘善’字，不能去坑人、骗人”。这是在采访过程中，耿总最常说的话。的确，我们经营任何一家公司，都必须坚持党的路线，坚持党的政策，同时也应该通过不断地学习来充实自己，只有这样才能让公司更稳固地发展，才能带领公司走向更加辉煌的未来。

注：本文作者杨昕，浙江传媒学院文化创意与管理学院 2018 级管理学专业本科生。

故土难离，桑梓深情：守望家乡的辛勤奉献者

光洁一身来自贫寒，一尘不染无愧人民

——亳州市水利局原副局长周迅鲁专访

勤学不辍不负自己，栉风沐雨为民解忧。

周迅鲁，中共党员、高级工程师。安徽省亳州市水利局原副局长（2008年退休），曾担任过涡阳县水利局局长、省水利学会会员、市水利学会理事。先后当选为安徽省第九届、第十届人大代表和安徽省第七次、第八次党代会代表，被评为全国水利系统先进工作者、全国农村水利先进个人、全省人民满意的公务员、全省勤廉兼优领导干部，被省政府、省水利厅各记二等功一次，连续两届被评为涡阳县"十佳公仆"和阜阳市首届"十佳公仆"，多次被评为市、县优秀共产党员、先进工作者。

工作中的周迅鲁

周迅鲁扎根基层，一步一个脚印，将自己学到的知识运用到亳州市的水利建设上。在四十年的水利生涯中，周迅鲁竭尽全力为人民工作，为根除水旱灾害，建设高标准的旱涝保收农田贡献自己的力量。他的足迹遍布涡阳县的沟沟河河，对全县每条沟河的分布情况和流域现状都了如指掌，被县领导称为涡阳县的“水利活地图”。为了工作，他患上了高血压、关节炎等多种疾病；为了工作，他无法顾及自己的妻儿，致使自己唯一的儿子不幸溺水身亡……对于这一切，周迅鲁仍无怨无悔，正如他所说：“是党培养了我，是人民哺育了我，我要以我所能，倾我所有，回报人民，回报社会。”

贫穷困苦，坚持不怠

1948 年 10 月，周迅鲁出生在安徽省亳州市涡阳县石弓镇山后村的一户普通农村家庭中，父亲是村里的会计，母亲是农村妇女，家中还有两个姐姐。周迅鲁 6 岁时，父亲在县里开会时不幸因脑溢血去世。

村里的小学最高只有四年级，周迅鲁为了读五、六年级必须翻过一个山头到石弓镇去上学。为了有更多的学习时间，他每天早晨离开家时，带着窝窝头、五香面（由五种植物根茎磨成的粉），中午在学校就找老师要点开水，吃从家里带来的干粮。1960 年一个寒冷的冬天，周迅鲁在学校晕倒了，是他的班主任刘化民老师给他灌了盐水，他才醒了过来。

回忆自己的童年，周迅鲁情绪很激动，直言道：“童年苦得很。”他小时候没有穿过胶鞋、球鞋，没有买过衣服，没有用过雨伞。为了保护自己的鞋子，在下雨、下雪的日子，周迅鲁走山路去上学时都会脱下鞋子，赤脚行走，翻过山头到了学校才穿上。

天道酬勤，心怀感恩

由于父亲因公去世，周迅鲁的学费基本由国家补助，但即使是这样，周迅鲁也曾经面临过不得不放弃学业的境况。初升高时，考学需要交十块钱，但由于家里条件实在困难，根本交不起这十块钱，周迅鲁选择回到家中干起农活，打算放弃自己的学业。他的班主任张兴义老师觉得他这样放弃实在可惜，帮他垫付了这十块钱，才让他的学业得以继续。

1968 年，出于中专毕业后能直接参加工作的考虑，周迅鲁考入安徽水利电力学校。

1971 年，从安徽水利电力学校毕业后，周迅鲁被分配到涡阳县水利局工作。凭借在水利局的优秀表现，1976 年周迅鲁被推荐到合肥工业大学水利系学习。在合肥工业大学学习时，周迅鲁是班长，成绩也在全系保持前列。

1978 年，周迅鲁在合肥工业大学读书期间，妻子来信说家里用来换取粮食的粮本遗失了（当时周迅鲁的爱人和三个女儿均是商品粮户口），粮本上记着一家四口的七八十斤面和油的指标，粮本丢了之后家里没有办法买到面和油，一家四口难以生活。周迅鲁十分焦虑、难过。但过了几天，妻子来信告诉他，家里买到面和油了。原来是班级的两位女同学发现他情绪异常，了解情况后，把平时节省下来的一百多斤粮票和两斤油票寄给了他的妻子。时隔四十多年，周迅鲁谈及这件事情时，依旧十分感动，啜泣着说："我十分感谢这两位女同学，在我最无助、最困难的时候给了我无私的帮助，我和我的家人将会永远铭记。"

1979 年 8 月，周迅鲁完成了三年的学业，顺利毕业。在毕业典礼上，校领导郑重宣布：经校党委认真评选，水利系将唯一的留校任教名额给周迅鲁同学！留校任教在当时是很了不起的一件事情，也是很多人所向往的。周迅鲁考虑到单位领导的重托，考虑到涡阳县的水患，同时也考虑到爱人在家独自抚养三个女儿的困难，在征得县、局领导同意后，留校一个月，就又回到了原工作单位。

从上学到工作，周迅鲁受到了很多人的帮助——同学的扶持、老师的支持、领导的照顾，他都铭记于心。周迅鲁直言道："没有他们的帮助，我也走不到今天。"

艰苦奋斗，勇挑重担

回到涡阳县水利局后，周迅鲁任劳任怨，什么脏活、累活都干。作为一名基层水利工作者，周迅鲁被派往县委书记帮扶的何大大队驻点。单位距离何大大队有 14 里路，周迅鲁每天徒步在两地之间往返，为何大大队解决了水稻的灌溉水源问题。为了完成这个任务，周迅鲁几个月都没有回家。

1984 年，涡阳县水利局换届，采用全体职工无记名投票的方式，当时的周迅鲁只是一个没有任何职位的水利站工作人员，但他却以最高票数当选为水利局副局长。1995 年，周迅鲁晋升为涡阳县水利局局长。

2003 年，百年不遇的特大洪涝灾害袭击亳州市。当时的亳州市刚成立不久，各行政部门的组建和人才配备还不是很完善，亳州市水利局缺乏技术人员。为了解决洪涝问题，亳州市防汛总指挥长发布命令，将周迅鲁抽调到亳州市水利局工作。周迅鲁一到亳州就全身心地投入工作。三十多个日日夜夜，周迅鲁泥里来水里去，往返于各个险工险段之间，坚守在抗洪一线，每天最多在办公室睡两三个小时。市水利局和各县级水利局齐心协力、日夜奋战，使亳州此次洪涝灾害所造成的损失降到了最低。

抽调到亳州市水利局一周后，市委组织部对周迅鲁进行考察。十天之后，周迅鲁被正式任命为亳州市水利局副局长。

2005 年，被国务院确定为治淮 19 项骨干工程之一的涡河近期治理工程正式动工，身为业务副局长，周迅鲁肩上的担子异常沉重。他不仅负责指导全面工程建设，还具体承担着蒙城枢纽和蒙城境内所有工程建设的管理工作。由于蒙城枢纽是除险加固，工程实施难度大，加上施工力量投入不足，开始时工程进展并不顺利。为确保 2006 年汛前完成分洪闸、船闸水下工程，周迅鲁吃住在工地，并向施工单位总部（中水六局）发出通报，责令他们立即增派设备和人员。由于周迅鲁指导得力，措施及时，确保了工程在 4 月 30 日前完工。

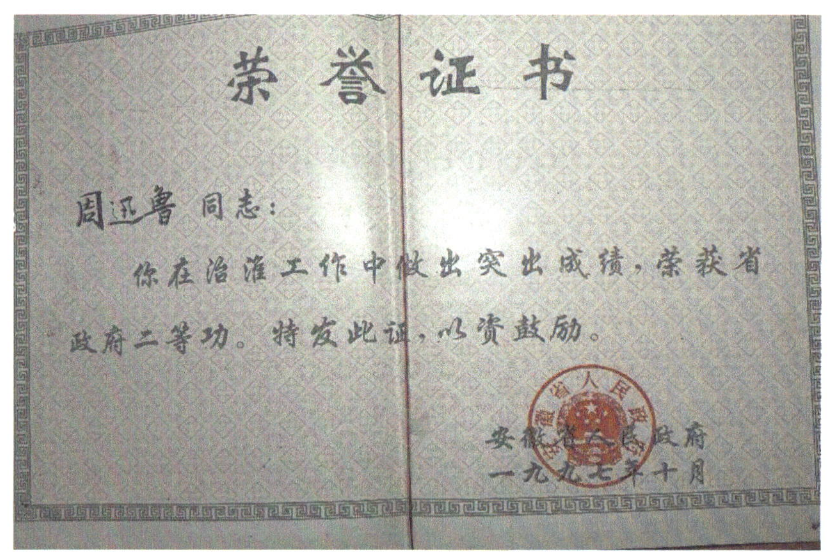

荣誉证书

周迅鲁同志：

你在治淮工作中做出突出成绩，荣获省政府二等功。特发此证，以资鼓励。

安徽省人民政府

一九九七年十月

周迅鲁的荣誉证书

羽翼丰满，扶助弱者

参加工作后，周迅鲁自愿照顾四位老人，用自己的微薄之力，为这四位老人搭建起一个温暖的家。

第一位是本村的老大娘，双目失明，丈夫早年去世，有一个儿子也不幸患肝癌去世，老人和自己的儿媳相处得并不和睦。老人脾气倔，自尊心很强，不愿和儿媳一起生活，生活全靠自己，挑水、洗衣、做饭都自己摸索着干。周迅鲁每次回到家中都会去看望老人，给老人带一些营养品和生活用品，也经常给予老人金钱上的帮助，这种帮助一直持续到老人去世。

第二位老人是周迅鲁的姑妈，周迅鲁的姑父去世得早，他们育有两个儿子，一个在早年间饿死了，另一个离开故乡经商，后来去了中国台湾，40 多年没有联系。周迅鲁一直赡养着自己的姑妈，直到她 97 岁去世。

第三位是周迅鲁的丈母娘，其丈夫英年早逝，育有两个女儿。在农村的说法中，没有儿子就意味着老了没有人赡养。周迅鲁把丈母娘接到自己家，承担了赡养的责任。

第四位是周迅鲁的表哥，他早年出门经商，没有成家，晚年从中国台湾回到家乡。由于他没有子女，周迅鲁便一直照顾着他。

清廉正直，为民服务

作为亳州市水利局副局长，周迅鲁一直坚持自己的原则，确保权力不被滥用。他常告诫自己：不干净的钱一分不拿，损害国家利益的事一件不干。他给自己定下了三条原则：不介绍亲朋好友承揽任何水利设施项目；不安排自己的子女在身边工作；不多吃多占公家的一分一文。在工程投标中，有些投标单位想走捷径，托人、请客、送礼，但他始终做到请客不到、送礼不要；不少亲戚、朋友、老同事想通过他分包工程、送建筑材料，都被他一口拒绝了，为此，他也得罪了不少人。

周迅鲁的小女儿是水利专业毕业生，毕业后在差额拨款事业单位工作，她多次向周迅鲁询问能不能调到水利相关的业务岗位上锻炼。但是周迅鲁的态度很坚决，他对自己的小女儿说：“这个口子我不能开，你要来，别人也要来，我怎么办？你要安心工作，完成领导交给你的任务，我就满意了！”

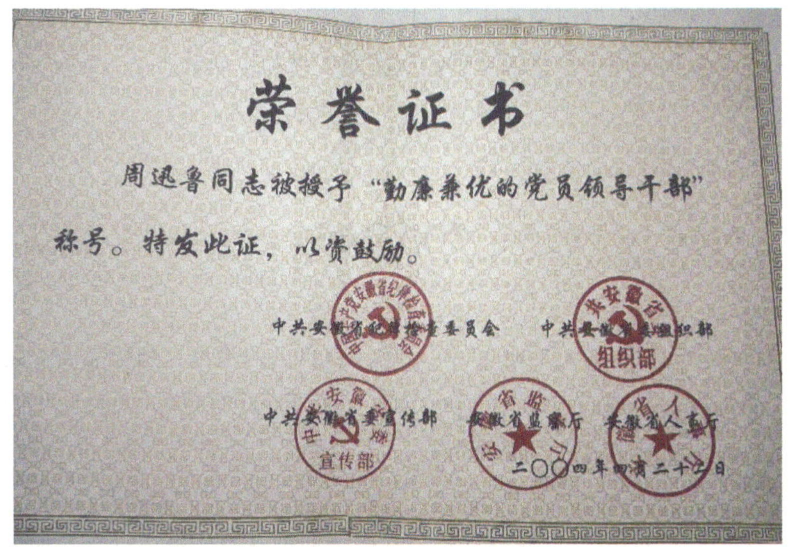

荣誉证书

周迅鲁同志被授予“勤廉兼优的党员领导干部”称号。特发此证，以资鼓励。

中共安徽省纪律检查委员会　中共安徽省委组织部

中共安徽省委宣传部　安徽省监察厅　安徽省人事厅

二〇〇四年四[illegible]二十[illegible]日

周迅鲁的荣誉证书

在自己的家乡工作很不容易，作为领导干部更不容易。要处理好人际关系，必须把握好“度”。在这方面，周迅鲁给自己设立了两条防线：一是道德约束，自己管自己；二是制度约束，不让权力失去监督。

工程师之家——五位高级工程师

谈到家庭时，周迅鲁十分骄傲地说：“我们家有五位高级工程师！”除了周迅鲁外，他的三个女儿和大女婿都是高级工程师。

大女儿周影，毕业于中央广播电视大学，水利高级工程师，省专家库评标专家，现任涡阳县水利监察大队党支部书记。

大女婿杨迎秋，毕业于安徽建筑工程学院，城建高级工程师，国家注册监理工程师，省专家库评标专家，现为安徽省志诚建设工程咨询股份有限公司涡阳分公司负责人。

二女儿周娟，毕业于安徽水利电力职业技术学院，水利高级工程师，省专家库评标专家，现为涡阳枢纽闸管所工程技术人员。

三女儿周玲，毕业于安徽水利电力职业技术学院，水利高级工程师，省专家库评标专家，现为涡阳枢纽闸管所工程技术人员。

对于三个女儿，周迅鲁很满意她们现在的工作和生活状态。

寄语青年

对于新时代的青年人，周迅鲁说：“要注重自己的道德，道德品质一定是一个人成为人的基础。”好的道德标准会让我们约束自己的行为，不会让我们将自己置于道德和利益的矛盾之中。有好的道德，不论将来走上什么岗位、担任什么职位，都不会做出违背国家利益的事情。

讲到对青年人的期待，周迅鲁说：“在学习时要认真，进入社会参加工作后要认真对待每一份工作，脚踏实地地做，不能好高骛远，不能看到这个好就去做这个，看到那个好就去做那个。行行出状元，在不同的岗位上工作，都要认真负责，干一件事成一件事，再苦再累都要坚持，不能半途而废。能把一件事情干好，就是一件很了不起的事情。”

注：本文作者马廉艺，浙江传媒学院新闻与传播学院2023级传播学专业本科生。

学农爱农，坚守“三农”阵地
争先创优，奉献“三农”事业

——亳州市农业农村局一级主任科员王从杰专访

20世纪60年代末，王从杰出生在涡阳县石弓镇。农村出身的他，从小心中就埋下了一颗“兴农”的种子。1986年，他怀揣着无限的憧憬与梦想，考入安徽农学院（现安徽农业大学）学习植物保护专业。“出身农村，上农校，干农业。”王从杰打趣自己这一路走过来也是“三农”。

“农为邦本，食为政首。”多年来，王从杰一直在“三农”战线上默默耕耘。一分耕耘，一分收获，他在各个岗位上为亳州市农业农村发展默默地贡献了自己的一份力量！

怀揣梦想深耕农业技术推广

1990年大学毕业，王从杰被分配到县农业技术推广中心工作。初入职场的他，对农业知识的实践运用和技术推广工作十分热爱。他经常骑着一辆自行车，和同事们兴高采烈地一起到田间地头，查虫情、看农情，向农民推广优良品种和先进技术。在病虫害高发季节，他和同事们需要对害虫发生情况进行预测，根据蛾子数量和产卵情况，分析预测虫害发生的程度和最佳防治时间，印发《病虫情报》，指导农民科学防治。

对农技知识的深入了解和对工作的敬业精神让王从杰深受领导和同事的认可，

他先后担任过县农技中心的技术员、测报站站长、植保站站长、农艺师、中心副主任，以及县农业局综合股股长、县农委生产科负责人等职务。2002 年考入市农委工作后，2003 年他曾主持过市农技中心的工作，在市、县两级农口岗位上，他参与过许多农技推广项目，也因此受到农业部的三次表彰，其中 1998 年和 2000 年分别获得农业部丰收计划奖，2003 年获评农业部农业科技年活动先进工作者。

在小麦测产验收现场留影

参与创建美好乡村

2008 年，王从杰从挂职涡阳县政府办公室党组成员、副主任的岗位上回到亳州，继续负责市新农村建设领导小组办公室的工作。2012 年机构改革后，他担任亳州市农业委员会综合科科长，后当选为机关党支部书记。那时省农科院徐院长在亳州挂职副市长，分管市新农办的工作。在王从杰的印象中，徐院长是一个很务实、很有想法的领导，也是一位学识渊博、十分有远见的领导。

在习近平总书记任职浙江省委书记期间，浙江省启动实施“千村示范，万村整治”的“千万工程”效果显著，影响深远。为学习浙江美丽乡村建设经验，创新推进亳州市的新农村建设工作，徐市长带领当时涉农部门的有关负责同志到浙江省安吉县和临安区进行了实地考察学习。回来以后，经过多次调研和集中研讨，在徐市长的亲自指导下，逐渐明确了亳州市“开展美好乡村示范创建”的主题，提出了产业美好、环境美好、乡风美好、生活美好——“四个美好”的建设思路，既学习了浙江美丽乡村建设经验，又细化了“美好安徽”建设的农村版本。

这个思路很快得到了市委、市政府主要负责同志的认可，经过市委常委会和市政府常务会议研究以后，以市委文件形式印发各地实施。王从杰有幸参与美好乡村建设工作。当省委、省政府的主要负责同志到亳州调研指导时，对亳州市开展美好乡村示范创建十分认可。半年后，省委也印发了开展美好乡村建设的专题文件。正因为超前谋划建设，亳州市美好乡村建设多次在全省评比中居于领先地位。

能亲身参与谋划创建亳州市的美好乡村，为乡村发展办点实事，为家乡建设做点贡献，王从杰感到很自豪。

喜迎乡村振兴高光时刻

2019年新一轮机构改革后，王从杰任亳州市农业农村局办公室主任、一级主任科员，同时兼任市委农办秘书科科长。为市委农村工作领导小组及办公室出谋划策、统筹调度，推进乡村振兴，就是秘书科的主要工作。

在近几年的乡村振兴实绩考核中，亳州市一直位列全省第一方阵，其中2022年获评全省乡村振兴实绩考核第一名。

王从杰说：“亳州市乡村振兴工作取得如此成绩，是市委、市政府高度重视的结果，是全市上下真抓实干、共同努力的结果，是市直各单位、各级各部门‘各炒一盘菜、共办一桌席’的结果。能参与这项工作，振兴亳州市的乡村，我感到无比荣耀。”

情系家乡发展建言献策

对家乡石弓镇的乡村建设，王从杰很关注。他表示，石弓镇需要创新发展，需要更加重视文化资源的传承保护和开发利用，挖掘好文化内涵。石弓镇的文化资源很丰富，法云寺、嵇康墓、陈抟卧迹等文化遗迹，是周边乡镇不可比的，挖掘这些文化资源，打造文旅品牌，应是石弓镇经济发展的最优选项。以文化资源带动地区旅游业发展，先吸引周边地区如淮北、永城、宿州、苏北等地的游客，再辐射扩大，逐步提高文化产业的产值和附加值，倾力打造文旅胜地。

他还说："振兴石弓镇乡村，需要更加注重乡村产业的高质量发展，坚持三产融合，强化农业基础。虽然石弓镇在文化资源上有优势，但发展文旅产业是个漫长的过程，立足当前现实，首先要做好的还是农业，发展农旅融合。现在各地农业发展质量还不高，品牌少，同质化竞争很严重，差异化产品还不丰富。"对此，王从杰认为，发展石弓农业，首先要提高石弓镇农产品的品质，依托家庭农场、合作社打造石弓农业品牌，以品牌增加知名度，从而带动三产融合，拉动销量，提升效益，从而拓宽农民增收渠道，让农民富起来。别人种玉米，你种风味鲜食玉米，别人种蔬果，你种生态优质蔬果，打造石弓小麦、石弓大豆、石弓水果、石弓蔬菜等石弓品牌，这样附加值高了，就有人来做加工，就有电商集聚，就有一系列的生产融合，再结合文化旅游，将土特产品包装成"伴手礼"，产业就发展起来了，农民富有了，税收就上来了，财政工作也好做了。

建设"产业兴旺、生态宜居、乡风文明、治理有效、生活富裕"的和美乡村，还需要石弓镇实施一些长期固本政策，做好农村的教育、医疗、养老、文化、社会治安等多方面的保障。农村建设道路漫长，工作繁多且所需投入巨大，慢不得、急不来，当务之急是要积极争取各类发展资金，做好招商引资、招才引智，将石弓镇打造成一个文旅有资源、农业有发展、配套设施很完善的地方，这样石弓镇就发展壮大了，乡村也就全面振兴了。当然现在的石弓镇做得很好，希望未来能朝着这个更好的方向发展。王从杰对石弓镇的乡村建设发展寄予了殷切的期待。

深情寄语青年向上向善

“胸怀理想、脚踏实地、真诚做人”，王从杰将其视为人生箴言，同时也是他对青年一代寄予的深切希望和提出的建议。

王从杰以对农业的热爱和一心为民办实事的满腔热情，积极投身于“三农”事业，也正是因为这份从青年时期便明确并坚守的志向，他在“三农”领域深耕细作，一干就是三十余年。

王从杰将“要有飞向蓝天的梦想”视为青年人的头等大事。他说：“没有自己的人生理想，没有人生规划，路不可能走远走高。中国有中国梦，青年人也应当有自己的梦想。”

关于当代年轻人面临的就业压力和现实挑战，王从杰鼓励年轻人首先要勇于设定人生目标，勇于激发自己的潜能。让自己有压力，这样才会有动力。青年人要有朝气，才会有创造力，才会有实现梦想的能力。

青年人应当有干成事的能力。掌握好所学的专业知识，积累好社会工作经验，做遇事善解决、能解决的青年人。在过去计算机、网络还没普及的年代，人们只能依靠书籍和参加培训来拓宽眼界，而当今时代，信息获取的渠道变广，青年人积累知识的途径很多，新时代为新青年提出了新要求，要主动学习、学好、学精。

在追求梦想与成就事业的过程中，王从杰还特别强调了格局与真诚的重要性。

王从杰认为，青年人有能力、有梦想，同时还要有格局。成功不仅是个人价值的实现，而且也是为社会做贡献。“你走得越远，你的好的想法就有得到落地的机会，就可以惠及更多的人。”只有胸怀大局、脚踏实地，才能在人生的道路上越走越远、越走越稳。

青年人不能缺少真诚生活的心。“生活像一面镜子，你对镜子笑，生活就会笑；你对镜子哭，那你的生活就会哭。”王从杰说，“做人要有情商，一方面是让人舒服，另一方面，人和人之间的交往靠的是真诚，人和人之间的气场和能量都是交换的，你只有真诚对待你的同事、领导、家人，你的生活才会幸福。”王从杰认为，这一价值观的形成或多或少与石弓镇淳朴的民风有关。在他看来，石弓镇人大多内心很善良、阳光，想的东西也很美好，石弓镇人民这种待人真诚的品质和乐观向上的生活态度潜移默化地影响着他。

伴着家乡月光行稳致远

收成夜，故乡月。石弓镇的月色在王从杰心中如画卷般铺开，格外动人心弦。月光光，照地堂。麦子收成的夜晚，大人们忙碌的身影渐渐在田间隐去，孩童在空地上嬉戏打闹，凉风习习，皎洁的月光将这片土地照得如同白昼。在他的家乡记忆中，他最难忘的是丰收后打麦场上皎洁的月光下孩子们嬉闹的时光。

一晃已过数十载，曾经的孩子长成了大人，但对家乡那抹月光的喜爱和深深眷恋始终未变。现在，王从杰和父母都住在亳州，离家乡不远，他时常会带着父母回老家看看。昔日矮旧土屋已悄然蜕变，二层楼房处处可见，几乎家家户户都有了自己的小汽车，这些变化无不彰显石弓镇在乡村发展建设上的卓越成绩，家乡的新变化让王从杰感到十分欣慰。无论在驻外招商工作期间，还是到长三角学习交流时，他总是乐于宣传自己家乡的巨大变化。新一轮机构改革后，乡村振兴局与农业农村局合并，他的工作有了新安排，周末有了一些空闲时间。“有时周末，我和父母回到乡下的房子住两天，很惬意，园子里有菜，家里有空调，环境又整洁，心情特别好。”

家乡面貌大为改善，故乡的月光依然皎洁。石弓的淳朴民风和善良勤劳的精神风貌，更是经久未变，如同石弓镇的灵魂一般，深深烙印在每个石弓人的心中。农业发展事关国运，乡村振兴事关中国梦的全面实现，王从杰先生将会继续在“三农”道路上贡献自己的智慧与力量，而他的故事与经验，在石弓镇这片土地上熠熠生辉，成为青年一代前行的灯塔。

注：本文作者陈映圻，浙江传媒学院新闻与传播学院2023级传播学专业本科生。

石弓山下的深情凝望

——投资兴建石弓山碑楼的爱心人士耿芝清专访

在时光的尘埃中矗立起一座记忆之楼，石弓山碑楼见证着一位守护者的悲情与执着，更是承载着他不让石弓山古老文化随风而逝的坚定信念。

石弓山碑楼

记忆的呼唤

石弓山以其悠久的历史和丰富的文化遗产闻名遐迩。它与周围的嵇山、齐山、华山等名山比邻而居，共同构成了这片土地上一道亮丽的风景线。在石弓山的每一个角落，似乎都能听到远古的回响，那是历史的低语，也是文化的呼唤。

据耿芝清介绍，石弓山不仅拥有嵇康墓、遗履桥、陈抟卧迹等石弓八景，还有众多名胜古迹，如法云寺、大和古井、黄石公庙等，它们见证了这片土地上千年的变迁。法云寺始建于唐朝贞观年间，大和古井则开凿于唐文宗大和年间，至今已有一千多年的历史。而山中的黄石公庙更是历史悠久，始建于汉朝。这些古迹不仅承载着石弓山的历史，而且是文化的象征。

黄石授書道傳萬世

遗履桥碑记

石弓山南三里许，有一座五拱石桥，飞架于包河之上，世称「遗履桥」，此桥源与张良。

张良，字子房（前250年——前189年），颍郡（今亳州市）城父人，韩国丞相张平之子。汉高祖刘邦之重要谋臣，与韩信、萧何号称汉三杰。张良为三杰之首。先祖五代为韩相。秦灭韩后，张良失志报仇，倾尽家资，广结英豪。前218年，始皇东游，良令力士伦海军持一柄百二十斤大铁椎，于博浪沙（今河南省阳武县），行刺秦始皇，误中副车，刺杀未遂。秦始皇亟令搜捕，良遂潜逃下邳，途中避祸于石弓山南三里处「张王庙」。后，良易「张王庙」为「高皇庙」。（即汉高祖刘邦为皇帝之意）斯名沿袭至今。

黄石公，沛郡下邳人，思想家、谋略家、隐士，神奇莫于鬼谷子。著有「太公兵法」一书。尝隐于石弓山林之间，偶或出游。其时，张良正避祸于高皇庙，去此桥一箭之地。一日夕，良出，适遇公于此桥上，公见良天赋异禀、骨骼清奇，相貌非凡，日后必成大器。欲授其兵书，乃考其德行，故而弃履于桥下，命张良拾起并为其穿上。良勃然大怒，愤尔欲殴，良乃韩国世家公子，焉能做此下等之事？然张良转尔思之，终因其年迈，为老人遗履亦礼所当然，使从之。把履以桥下拾起并长跪于地为公履之，如是者三。公视喜，颔首道：「孺子可教矣。」期五日后平明会与此桥。言毕，飘然不见。

五日后平明，良至，而公以候多时矣，公不悦斥道：「与长老期，为能后也？去！五日后再来。」过五日，鸡鸣欲曙良即前往，复见老人端坐桥头，公怒曰：「又迟！何也？小子去！过五日再来。」后五日，良未至子夜已到桥上，有顷，公飘然而至，公欣然道：「与长者期，固应如是也。」言罢，于袖中取书一卷授予张良，并告知：「读此书则为王者师矣。」嘱其研读，必有大用。言讫，瞬间飘然不见踪影。良喜异之，平明视卷，乃「太公兵法」也！良骇然！遂终日习诵，手不释卷，熟读深思，融会贯通。后，张良悟其精髓，通其奥秘，得遇高祖，如鱼得水，终能运筹帷幄，决胜千里，辅佐刘邦，灭秦建汉，奠定了大汉王朝四百年之基业。张良为感黄石公授书之恩，于石弓山上建「黄石公庙」一座。

因这桥承载着「黄石授书，张良拾履」之历史掌故，遂以「遗履桥」名焉。历经千年风雨，现遗址尤在，为涡阳八景之一。

子房辰已远矣，得蒙教益，扶刘兴汉，名垂千秋，故勒字于石，垂范后世，亦以传承，弘扬石弓山之古文化也。

石弓山耿楼村八旬老翁耿芝清撰，其子 耿语继 耿锡叙 立

二零二三年冬月

張良輔漢名垂千古

耿芝清撰写的《遗履桥碑记》

黑沙河倒流水、两山夹一桥、一步俩井等奇观，不仅令人叹为观止，更让人感受到了这片土地深厚的文化底蕴。然而随着时间的流逝，石弓山上的古文化遗迹面临着被遗忘的风险。耿芝清看在眼里，急在心里，心中涌动着难以言喻的悲痛。“我生在石弓，长在石弓，对石弓山的感情极其深厚，不想看到石弓山古老的历

史文化日益流逝。”他深情地说道。他深知，如果这些宝贵的文化遗产不加以保护，终有一天会彻底消失在历史的长河中。于是，一个念头在他心中萌生——要让这些珍贵的文化得以传承下去，他决定采取行动。

行动的开始

最初，耿芝清打算在山脚下竖立一块广告碑，用以记录石弓山的故事。然而，当他仔细考虑之后，很快意识到，虽然广告碑是一种直观且易于制作的选择，但它难以抵御岁月无情的侵蚀。风雨的洗礼会让文字模糊不清，时间的流逝会使颜色褪去，更重要的是，广告碑的寿命有限，难以成为永恒的见证者。对于耿芝清来说，这远远不够。他渴望找到一种更为持久、更能承载历史重量的方式，来确保石弓山的故事能够被世世代代铭记，石弓山的古老历史文化能够被世世代代传承。

因此，他开始深入思考，探索各种可能性。最终，一个念头如同破土而出的幼苗，在他的心中慢慢生长——将石弓山的历史刻于石碑之上，这一想法让他激动不已。石碑不仅能够抵御自然界的侵蚀，而且能够跨越时光的长河，成为历史的忠实守护者。它就像是一个无声的见证者，静静地站立在那里，讲述着过往的故事，传递着文化的精髓。

耿芝清的心中充满了使命感，他仿佛能看到未来的人们站在石碑前，阅读着那些古老的文字，感受着那份穿越时空的情感与智慧。他知道，这样的石碑不仅是对过去的纪念，而且是对未来的承诺——承诺着文化的传承不会中断，历史的记忆将永远鲜活。

那么把石碑立在哪里又是一大问题。

带着传承石弓山古老历史文化的使命感，耿芝清将自己立碑的想法向镇里汇报。镇里的领导听取他的建议后，深受感动，一致表示大力支持。随后，镇里组织了一次专门的立碑勘查活动，与耿芝清一同前往石弓山进行实地勘查。在这次勘查中，他们沿着蜿蜒的小路攀登，从山脚走到山上，探寻着这片土地上隐藏的秘密。当他们来到一处废弃已久的石坑时，耿芝清眼前一亮。这个地方虽然荒废已久，但这里曾是古人与今人采石的地方，承载着石弓山的一部分历史记忆。耿芝清决定，就在这里建立石弓山碑楼，镇里也表示同意。于是，耿芝清开始筹备立碑的事宜。他不仅亲自撰写了碑文的内容，设计了石弓山碑楼的造型，还积极联系了湖北黄石古建集团的工程师，共同商讨石弓山碑楼的样式。每一个细节都倾注了他的心血，他希望通过自己的努力，让这座石碑成为连接过去与未来的桥梁，让石弓山的古老历史文化得以永久传承。

2022 年 9 月，石弓山碑楼终于破土动工。随着工程的逐步推进，耿芝清的心情越发激动。他仿佛可以看到未来的一天，当人们来到这座石弓山碑楼前，他们会停下脚步，被那些文字所吸引，被那段悠久的历史所打动，用心聆听石弓山的故事，感受这片土地的厚重与美丽。对于耿芝清来说，这不仅是一座石碑的建造，而且是一份对传统文化的承诺与尊重。

挑战与坚持

尽管得到了镇里的支持，但在实际操作过程中，耿芝清还是遭遇了不少困难。

一是村民不理解。村里的一些人并不理解耿芝清的行为，他们认为这是一项无用并且没有经济效益的工程，甚至有人质疑耿芝清的动机。面对这些质疑的声音，耿芝清没有选择沉默或争执，而是在石弓山碑楼揭幕典礼上坦荡、高声地说道：“为使这些名胜古迹不被后人遗忘，为追忆石弓山之圣悠久历史，传承石弓山古老历史文化，这就是为石弓山立碑的初衷。立碑的宗旨是传承、弘扬石弓山古老历史文化，目的也是传承、弘扬石弓山古老历史文化，动力更是传承、弘扬石弓山古老历史文化！”耿芝清的目的只有一个，即传承石弓山古老历史文化，为大家，也为家乡！在采访中，他坚定地说道：“我干这件事不为经商，只供游览，只为大家开心，传承石弓山古老历史文化！”并且耿芝清还表明，建造石弓山碑楼的所有资金是他自己的积蓄，绝没有用政府的一分钱，只希望石弓山的古老历史文化能被记住。

二是审批手续复杂。当 11 月下旬的寒风开始在村子间穿梭，第一层混凝土刚刚凝固，还散发着淡淡的水泥气味时，耿芝清接到了镇政府的通知——需要补办地质勘查报告和施工图纸。这一消息犹如一盆冷水，泼在了他那颗热忱的心上。但耿芝清没有因此放弃，他知道，只有迎难而上，才能让目标具体落实。

耿芝清毫不犹豫地从阜阳请来了专业的地质勘查队伍，冒着寒风仔细地勘查每一寸土地，确保工程的安全与稳定。同时，他还联系了湖北黄石古建集团，与他们一起为这个承载着古老记忆的碑楼绘制出精确无误的施工图纸。图纸上的每一笔都凝聚着对未来的期待，每一处细节都彰显着对传统文化的尊重。

一切准备就绪后，耿芝清将所有文件提交给镇政府，满怀期待地等待审批。然而，几个月的时间悄然流逝，他却始终没有收到任何回复，这让他感到前所未有的焦虑与悲伤。每一个清晨醒来，望着窗外冰冷的天空，耿芝清的心里总会掠过一丝凉意，但他从未放弃希望，也从未停止努力。

幸运的是，在一次县政府派人来石弓镇调研的机会中，耿芝清抓住时机向县领导汇报了自己的计划与目的。县政府被他的真心打动，对这个项目表示了极大的认可和支持。这一刻，仿佛春天的阳光穿透了冬日的阴霾，温暖了耿芝清的心田，也照亮了整个工程的前景。

正是这次机会，让工程得以重新启动并最终完成。那一刻，耿芝清站在工地上，望着那些忙碌的身影，心中充满了感激。他知道，虽然前方依旧会有未知的挑战，但只要心中有目标，就没有什么是不可能实现的。

匠心独运

在石弓山碑楼的建造过程中，耿芝清始终保持着一颗匠人之心——精雕细琢，力求完美。他坚信，每一砖每一瓦都承载着历史的温度，每一道工序都蕴含着文化的精髓。为此，他亲自参与每一个环节，从选材到施工，从设计到雕刻，无不倾注着他对石弓山文化的深深敬意与传承之心。

在第一层建设初期，耿芝清敏锐地察觉到高度略显不足，便毫不犹豫地要求施工团队立即进行调整，以确保整体建筑的协调与庄严。而在审阅施工图纸时，他更是细致入微，如窗户高度这样看似不起眼的地方，他也坚持认为需要加高，以更好地匹配整体风格，让每一处细节都展现出非凡的气度。

为了确保碑楼的质量达到最高标准，他不惜重金，精心挑选了全国驰名的顶级花岗岩——“山西黑”。此外，他还特别选择了一等品大理石——“黑金沙”作为装饰材料。

耿芝清深知，只有用最好的材料，才能打造出最完美的作品。他严肃地说道："我们本着安全第一，质量第一，高标准严要求，力争做到施工一流。竭尽所能、不遗余力，凡是想到的我们力争做到，不留遗憾，不惜重金精心打造。"他希望通过自己的不懈努力，不仅能够建造一座巍峨壮观的碑楼，而且力争让它成为涡阳县乃至皖北地区的第一碑楼！为这座千年古镇增添一抹独特的风采，为千年古镇石弓添砖加瓦！"石弓山碑楼是石弓的财富、社会的财富、全民的财富。我深信石弓的明天更美好！"他继续说道。

在时光的尘埃中矗立起一座记忆之楼，耿芝清先生希望通过这座碑楼，让石弓山的古老历史文化得以传承下去，让人们永远不会忘记这片土地上发生过的每一个故事。

传承之美

如今，石弓山碑楼已经巍然耸立，它不仅成为一道亮丽的风景线，而且是传承石弓山古老历史文化的重要载体。每当晨曦初露或者夕阳西下，碑楼在光影交错中展现出别样的韵味，吸引着无数游人前来探访。这里不仅是一处供人观赏的景点，而且是一扇通往过去的大门，让人们得以窥见那段悠久而厚重的历史。

耿芝清用实际行动证明了一个人的力量可以改变很多，他的故事激励着更多的人为保护和传承文化遗产贡献自己的力量。当被问起这座碑楼背后的故事时，耿芝清总是微笑着讲述那段充满挑战与坚持的旅程。他的话语中充满了对这片土地的深情与对文化的热爱，让每一位倾听者都能感受到他那份来自心底的温暖与力量。

这座碑楼不仅是耿芝清个人努力的结果，而且凝聚了无数人的心血与期望。它像一座灯塔，指引着后来者继续前行，为保护和传承文化遗产而不懈努力。在石弓山的每一个角落，人们都能感受到历史的呼吸、文化的脉动，仿佛时光在这里停滞，只为让更多的人能够停下脚步，倾听那些古老的故事。

耿芝清的故事就像一首悠扬的歌谣，在这片古老的土地上回荡，唤醒了沉睡的记忆，也激发了更多人的共鸣。他的行动告诉我们，每个人都可以成为文化的守护者，无论身处何方，只要心中有爱，就能为这个世界带来不一样的色彩。

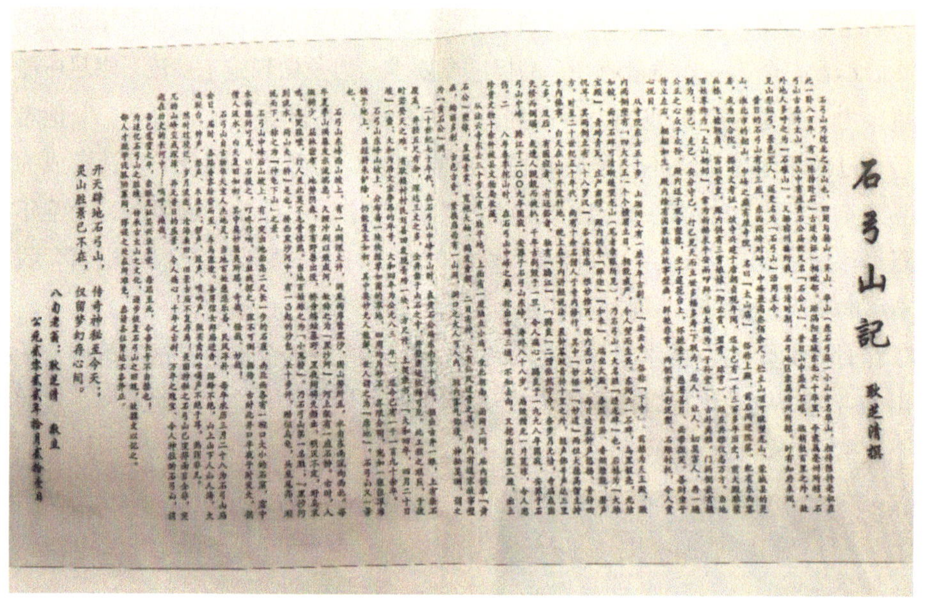

石弓山記

耿芝清撰

开天辟地石弓山，传奇神秘至今天。

灵山胜景已不在，仅留梦幻存心间。

八旬老翁：耿芝清　敬立

耿芝清撰写的《石弓山记》

寄语青年

在采访中，耿芝清提到了他的名字“芝”与“清”的深刻含义，强调了“做人就要先立德”的重要性。他解释说，“芝”通常象征着高洁的品质，而“清”则寓意着正直与纯洁，这两个字都体现了他对个人品德修养的重视。他进一步阐述道，无论是在公共生活中还是在日常交往中，坚守道德底线、秉持良心行事都是至关重要的，即“立业先立德，做事先做人”。

耿芝清

注：本文作者朱悦文，浙江传媒学院新闻与传播学院2023级传播学专业本科生。

石头的两次生命

——安徽省第五代石弓石雕非遗传承人王志超专访

宁可细刀琢米粒，不要快锤敲珠玉。“石头有两次生命：第一次属于大自然；第二次便是匠人们的加工。石头是有血有肉的灵魂。”王志超这样说道。

王志超与省级非物质文化遗产石弓石雕牌匾

门里出身，自会三分

1973年，王志超出生于安徽省涡阳县石弓镇的一个石雕世家。清末民初时，他的高祖父石弓石雕创始人王大锤（艺名）就是这一带远近闻名的“石雕王”，皖北地区乃至苏鲁豫等地的一些大型牌坊、桥梁出自王大锤和他的团队之手。第二代传承人王在云（王志超曾祖父）、第三代传承人王新贤（王志超祖父）都是石雕行业的领军人物，对石弓石雕的发展作出了重大贡献。

中华人民共和国成立后，第四代传承人王民顺（王志超父亲）继承父辈手艺，继续开展石器制作和石雕作品雕刻。当年百姓刚刚翻身，经济上并不富裕，大型石雕几乎没有市场，仅仅制作一些农业生产生活用具，经营至20世纪50年代末难以维系，断断续续做一些小石件；直到1978年改革开放以后，石弓一带的村庄以家庭为单位的石雕作坊如雨后春笋般冒了出来。第五代传承人王志超自小受家庭环境熏陶，对石雕技艺表现出浓厚的兴趣。1979年，王民顺组织起家庭石雕作坊，进行石雕小型加工。

据王志超回忆，小时候，父亲便带着他上山，学习开山、凿石、开料、雕刻等技艺，因此，王志超十几岁时就能单独制作一些传统石雕制品。到20世纪八九十年代，王民顺一家的加工产品从单一的农具扩展到祭祀石器、镇宅石器和一些大型的建筑构件。1990年后，王民顺把技艺和产业交给儿子王志超经营至今。凭着多年的学习和石雕技艺积累，王志超着手把石弓石雕从实用石器和建筑石器向艺术石雕作品转变，雕出的作品保留了石弓石雕粗犷、敦厚的传统风格，新的作品讲究造型，增加了细腻的刀法，赋予了石雕作品不俗的气韵。

捏镂剔雕，缺一不可

石弓石雕

石弓石雕在传统中创新，采用象征、含蓄、寓意深刻的手法雕刻作品。它古朴粗犷，既具有本土风格，又具有世界的、民族的风格，是真正寓意传统、纯正的民族特色。传统石雕工艺（俗称“打巧”）包括四道工序：捏、镂、剔、雕。捏，即先在石头上画出线条，进行初步雕凿。也可以先捏个泥像或石膏像，进行大体的塑形，再进行下一步的加工。镂，即把内部无用的石料挖掉。剔，即把外部多余的石料剔除。雕，就是雕琢加工使雕件定型。最后进行修细、抛光上蜡。

独特的地理位置和先天的自然优势，为石弓石雕提供了丰富的山石资源和人才资源。“石弓石雕是石弓人民的艺术”，是石弓人民情感世界的一种表达，它代表着无数石弓人民淳朴、直率、顽强拼搏的品格，彰显出石弓人民不屈不挠、奋勇直前的与时俱进的精神。

此生泰山重，勿作鸿毛遗

志超石雕艺术有限公司

2021 年 5 月，王志超注册了涡阳县志超石雕艺术有限公司。10 月，申报了安徽老字号。从家庭作坊到民间石雕艺术厂，再到股份有限公司，现在已是志超石雕集团公司。志超石雕始终秉承“宁可细刀琢米粒，不要快锤敲珠玉”的祖训，教育后世子孙切不可为了眼前珠玉之利，忽略石雕艺术本真，要坚守石雕匠人的工匠精神，视匠人声誉为生命，刻好作品上的每一刀，凿好作品上的每一凿。志超石雕始终秉承“仁义为本，平和经商”的家风，坚持“富了不忘乡邻，有了不忘家国”的理念。多年来，王志超热心公益，公司用工优先招录生活有困难的毕业生，扶持需要帮助的学生，在 1998 年洪水、汶川地震、郑州暴雨等灾害时慷慨捐资，树立了良好的社会形象。与此同时，王志超也不忘为石弓山的治理出一份力。“作为知名的企业，我要带头做好环保工作，让企业得到更好的发展。”截至目前，王志超已经先后投入几十万元购置环保设施，进行防尘、洒水作业，减少污染。

草木蔓发，春山可望

近年来，志超石雕被亳州市文化旅游体育局命名为“首批亳州市文化产业示范基地”，而王志超本人被亳州市委组织部授予“亳州市乡村创新创业领军能人”，被亳州市文化旅游体育局认定为“首批亳州市代表性非遗传承人”，被亳州市总工会评为“亳州工匠”。2012 年，王志超的作品《麒麟送子》荣获“安徽省传统工艺美术展三等奖”。2015 年，王志超被评为安徽省高级技工。2017 年，“石弓石雕”被安徽省人民政府列入第五批省级非物质文化遗产。2021 年 10 月，中央电视台《探索与发现》栏目对王志超的石雕技艺进行了专题报道。2022 年，王志超被选为亳州市人大代表。2022 年 2 月，志超石雕被安徽省商务厅认定为“安徽老字号”……

中央电视台《探索与发现》栏目专题报道王志超的石雕技艺

党的二十大报告提出“四个尊重”：尊重劳动、尊重知识、尊重人才、尊重创造。非物质文化遗产是各族人民智慧的结晶，是各种文化表现形式的集合，是一个国家和民族历史文化成就的重要标志，也是中华优秀传统文化的重要组成部分。

王志超认为，如今非物质文化遗产的传承面临重大问题，即传统手工艺面临失传困境，传承人老龄化、数量分布不均。为此，王志超利用闲暇时间，去县内学校进行石弓石雕非遗文化的宣讲，从娃娃抓起，让孩子们了解非遗文化的重要性。如何让非遗变得有活力，这是一个亟待解决的问题。作为传承人的王志超，始终坚持对祖传石雕工艺的传承，招收徒弟，培训学生。他已向有关部门申请开办“石雕工艺学校”，期待能系统地传授“石弓石雕”的传统手工技艺。他还多次参加省工艺美术博览会并获奖；作为市文化产业示范基地，他的加工基地多次对外开放，展示非遗作品和石雕产品；为了创新发展、博采众长，他经常远赴河北省曲阳县、福建省、广东省惠州市等地进行石雕手工艺交流。此外，王志超告诉采访者，他正在筹备建立一个石弓石雕博物馆，预计近两年完工。届时，这个博物馆将作为非遗文化宣传的媒介，不仅要让安徽人看见，而且要让全国乃至全世界的人看见，知道并了解石弓石雕这项非物质文化遗产。

值得欣慰的是，王志超的儿子王佳乐大学毕业后，也加入石弓石雕非遗传承的行列，成为一名石雕工匠。而王佳乐的爱人袁尚萍，同样也是石雕工匠。夫妻两人都对石弓石雕非常热爱。2024 年，王志超也荣幸地被评为安徽省省级工匠，这对石弓石雕的传承来说，无疑是一件好事。

山乡巨变，犹可期

对于迷茫的青年人，王志超这样说：“我自己这边也有年轻的石雕团队，每年我们都会组织一部分石雕骨干到外地的石雕之乡去学习、交流，再结合涡阳县这边石雕的现状，取长补短，以取得更大的进步。对想要学习石雕的年轻人，我们愿意免费辅导，并且我们成立了石弓石雕工会，我担任工会主席，会免费给同行指导石雕工作。”

王志超还说道：“由于新中国成立 75 年来，特别是改革开放 40 多年来经济社会的发展进步，石弓石雕也有了新的发展活力。石雕既有装饰性，又有实用性，广泛应用于建筑、生活工具，乃至殡葬中。坚持，方是成功之路。”

注：本文作者叶倩，浙江传媒学院新闻与传播学院 2023 级传播学专业本科生。

荒野里盛开的桃花

——石弓镇桃花岛生态休闲农庄负责人姚丽专访

“这里就是我的风水宝地，我觉得我还在上山的路上一直前进着，还没有达到顶峰。”回望创业的经历，姚丽这样总结道。2003 年自主创业承包土地 400 亩，成立桃花岛生态休闲农庄，从一片废弃的荒地到石弓镇的生态乐园，二十余载的时光里，纵使道路曲折，前路漫漫，姚丽也未曾想过放弃，怀揣着一份毅力与决心，她闯出了一片属于自己的新天地。

废弃的土窑厂

20 岁的姚丽第一次来到桃花岛这块地时，这里地处河汊，只有一个废弃的土窑厂，那时的她绝对不会想到这里会成为自己倾注一生心血的地方。

“我觉得这里前不着村，后不着店，村里还流传好多有关这块地方的鬼故事。”姚丽回忆道，“所以那时候在这里我一到晚上就不敢出门，还天天做噩梦。”最开始的桃花岛只是一片坑坑洼洼的野地，两间残破的房子还漏雨，放眼望去甚至找不到一条像样的路。

如今的桃花岛，北靠包河，西邻 S238 省道，南有青永煤炭专用线，义民沟与包河水在岛内相连，岛上绿树成荫、桃树成林，微风吹拂湖畔垂柳，木桥上紫藤花盛开，“桃花岛”成为远近闻名的生态农庄，也是石弓镇乃至周边地市人们向往的聚餐胜地，“桃花岛岛主”姚丽的名字也被每一位小镇村民所熟知。

一切发展与成就离不开姚丽和她的丈夫对这片土地倾注的心血。这块地本来属于姚丽的丈夫家，结婚前丈夫曾带她来到这里，“他说以后这里就是我们的一片天地，我们未来的事业就在这里。”那一瞬间，或许是被这句有些理想主义的豪言壮语打动，看着眼前泥泞而荒芜的废弃地，姚丽心中燃起了一簇火苗，她决心在这里从养殖鸽子和鱼干起。

初生牛犊不怕虎

因为是白手起家，家庭条件又不好，创业初期遇到的种种困难与挑战，姚丽和丈夫都经历了一遍。回忆当时的生活，姚丽用又脏又累来形容，因为没钱买饲料，她亲自去厕所收粪便当肥料，怀孕时仍然每天背着箩筐在河岸上割草，生完孩子一个星期就继续顶着大风干活……“我干的都是别人最不愿意干的活，但那时候虽然累，心里却感到充实和幸福。”姚丽笑着说。

姚丽坦言，刚开始创业的时候自己不过二十岁左右，正是和如今的大学生差不多的年纪，因为没有经验，也不懂养殖的技术，常常鱼生病了自己都浑然不知，姚丽和丈夫只能硬着头皮去解决。数着创业后的日子，清点着鸡鸭的数量，看着养殖场一天天发展起来，姚丽感到自己心中的火苗燃烧得越来越旺，而一个日子也时常萦绕在她的脑海：等到八月份鱼就要上市，收获的时候就快到了。有了这个盼头，似乎没日没夜地在土地上挥洒汗水的苦，也有了些甜味。

暴风雨

在极度疲乏的生活中，人总会幻想些什么，或许是支撑一路走来的艰苦，或许是慰藉情绪上的低落。当姚丽梦想着靠自己的努力，一步一个脚印闯出一条路时，命运还是和她开了一个玩笑——意外不期而至。

心心念念的八月终于来临，那一天，姚丽如往常一样割草、施肥、喂鱼，一袋饲料“哗啦”一声撒进河里，千百条鱼扑腾起来抢食，眼看着鱼苗一天天长成肥美的大鱼，姚丽心满意足，自己的心血终于看到了成果。但当天夜里，一场突如其来的暴风雨打破了宁静，姚丽被呼啸的风声吵醒，看到雨点猛烈地砸在窗户上，她连忙冲出房门，来到河塘边，可眼前的一切却让她傻眼了——坝子被暴风雨冲毁，密密匝匝的鱼全部被冲走，河塘里一片死寂，只剩急速旋转着的水流。姚丽望着眼前的景象，一句话也说不出来，只能呆呆地凝望着眼前的场景。

多年以后再回忆起那个场景，姚丽用低沉的声音慨叹道："什么都没有了，就这么眼睁睁地看着所有的钱、所有的心血没了，那种感觉现在想起来都心酸得不行。"

通往致富的路

可生活的重担不会给姚丽喘息的机会，要么想办法重新开始，要么就此宣告失败。回想自己这一路的崎岖坎坷，姚丽难免感到挫败、心酸，但那一年和丈夫在土窑厂荒地上憧憬未来的情景再一次浮现，姚丽不想就此放弃。"我遇到的困难都可以写一本书了，但只要你自己不言败，那么谁都打不败你。"后来姚丽经历了太多次失败——鸽子受伤、房屋着火，损失也不少。但经历过那一夜的暴风雨，这些失败已经不能再击垮她。"如何弥补上一次的失败""农场下一步要怎么发展"才是每天充斥在姚丽脑海里的问题。

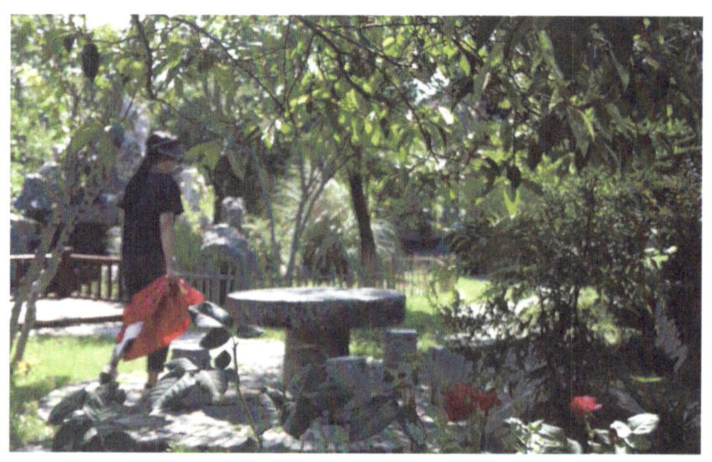

桃花岛一角

一次巧合，朋友受邀来到姚丽的农场，碧绿而清澈的河水倒映着湛蓝的天空，闪烁着熠熠的波光，草地被姚丽打理得干净整洁。望着被姚丽打理得井井有条的农场，朋友不禁感慨这里的环境真好，“干养殖业挣的钱只能刚好维持开支，干吗不试试开一个饭店呢？”一个大胆的想法从姚丽的脑海中冒出来，一个生态农家乐的草图渐渐浮现。

“身边没有一个人看好我。”姚丽的想法被亲朋好友认为不现实，最大的反对理由便是交通的问题。“以前这里连个像样的路都没有。你在这里开个饭店，人家绕了八百圈都找不到，谁会来这里吃饭？”

但别人的劝阻并没有动摇姚丽的决心，“不尝试怎么知道对错。”怀着这样的信心，姚丽为自己鼓劲。没有路就自己动手修，从绕过农田的土路到政府修的公路，从荒郊野地到生态园林，十年的时光如白驹过隙，姚丽真的兑现了自己许下的诺言，靠着这份拼劲闯出了一条自己的路。

“桃花岛岛主”

桃花岛因盛开的桃花而得名，“桃花岛岛主”姚丽的名号也成了农家乐响亮的招牌。提起创业路上要感谢的人，姚丽第一时间就想到了自己的顾客。“你看现在竞争压力那么大，我们家还是这么火爆。”姚丽坦言，没有顾客的支持，自己不能走到今天。桃花岛大部分顾客都是十几年的老客户，对于他们的支持，姚丽说用真心去对待顾客是她能竭尽所能做到的最好的事情。

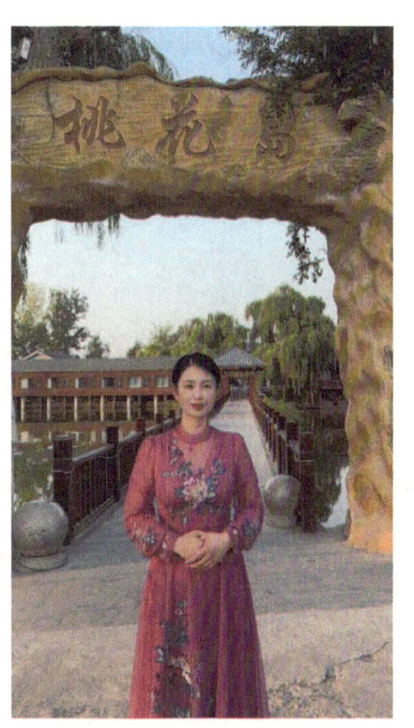

姚丽在桃花岛入口处留影

顾客的支持给了姚丽一份底气，盈利多少就投资多少，姚丽从没想过亏钱怎么办。“钱不够投资就去借，我们的原则就是守信用，人家都是打电话问我们需不需要借钱。”投资的费用用于扩建桃花岛，从河边的度假酒店到对面新建的KTV，姚丽觉得自己还在“山腰”不断地前进，前方还有太多上升的空间。

桃花岛生意最火爆的时段里需要几十个工人和服务员，其中一二十人都是石弓镇周边需要帮助的群众。她们因为需要照看孩子，所以不能离家太远，桃花岛的工作给了她们一个重新走向社会的机会。也正因为如此，姚丽作为勤劳致富先锋，回报社会、回馈家乡，连续两次当选市人大代表，获得“三八红旗手”等十余项荣誉。“努力向前冲，直到冲到看不见的地方为止”，这是姚丽多年来对自己的鞭策。

未来展望

“找到自己的目标和理想，然后一点点去做好自己的事业。”这是姚丽常常对自己的孩子说的，也是她对年轻人的深切寄语。“也许你漫无目的不知道往哪里去，那是因为还没到这个年龄，说不定哪一天你就开窍了，明白自己想要什么了。”姚丽笑着说。每个人总有一件爱好的事，喜欢干哪一行就去做哪一行，人不需要样样精通，把自己擅长的做好就足够了——这也是姚丽创业经历中最大的感悟。

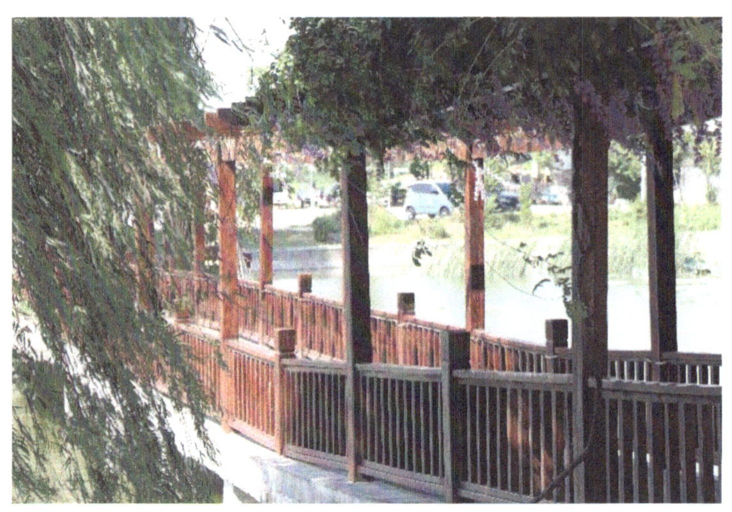

桃花岛的廊道

夜幕降临，桃花岛亮起星星点点的灯光，身穿新中式连衣裙的姚丽正对着手机镜头边走边宣传着自己的农家乐——这是她每天都会进行的直播。随着新媒体平台的发展，姚丽也在尝试用抖音进行网络宣传，采访顾客、参观桃园、直播介绍……从不安于现状，做浪尖上的前进者，再到做山峰上的开拓者。“一辈子干好一件事”，姚丽正在用行动践行着自己的话。

在谈到桃花岛的未来发展时，姚丽说，有领导和朋友向她提出很多很好的建议，如加大桃树种植面积，设立涡北桃花节（春季）、采摘节（秋季），以招引更多游客来石弓镇观光，带动石弓镇的文化、旅游、经济的发展；筹办桃产品加工厂，就地加工成系列桃产品；在此基础上再创办综合性产业公司，做大做强产业，带动更多村民致富；扩大土地租赁面积，增加其他果树和四季花卉品种的种植，带动桃花岛周边系列农产品的开发；把桃花岛建成包河文化旅游经济带的龙头企业和引领村民致富的经济明珠……对这些建议，姚丽表示要因地制宜、量力而行，但也一定会扩大规模、提升品质，努力将桃花岛打造成生态优美，集旅游观光、瓜果采摘、休闲垂钓、餐饮服务于一体的现代化新农庄。

注：本文作者余家贝，浙江传媒学院新闻与传播学院2023级传播学专业本科生。

言传身教春风播，三尺讲坛教绩扬

——隆中学校创校校长田利云女士专访

走进石弓镇的十里八乡，只要提到隆中学校的田利云，父老乡亲们无不竖起大拇指连连夸赞道："她是一位好母亲、好儿媳、好校长，更是一位好党员。"她扎根在隆中学校的讲台上，用自己的双手托起了许多孩子的未来。学校从创办初期的艰难运行，靠着四处借钱得以存续，到现在大家争抢学校的入学名额，田利云通过自己的努力使隆中学校做大做强，为了心中的教育梦想走出了一条传奇之路，为胸中那份大爱，铸就了一个绚丽非凡的传奇人生。

田利云

办学初衷

1990 年我嫁到安徽之后，在公立学校石弓镇高庄小学代课。“当时的高庄小学条件比较艰苦，校舍和教学设备都比较老旧。我就想着办个学校，让农村娃都能在宽敞明亮的教室中上课。”对于办学的初衷，田利云讲了这样一段话。

田利云并不是本地人，她的家乡在黑龙江省佳木斯市。涡阳县石弓镇既没有家人的陪伴，也没有相对富裕的生活条件，但田利云最终还是选择留在这里，不为别的，就为了这里的一群孩子。她选择扎根在这里，致力于创办一所学校，教授自己的学生，投身自己热爱的教育事业。

田利云创办的隆中学校

办学过程

当她有了创办学校的想法之后，便开始实施。但是想建立一所学校并不容易，需要考虑许多因素。田利云回忆道：“当时最困扰我的就是资金问题。因为我自己没钱，只能借，向朋友、向之前的同事借。值得庆幸的是他们听说我的想法之后都愿意支持我，使我成功凑到了第一笔资金，把这个学校办了起来。”学校创办成功只是整个计划的第一步，后续在经营方面也面临着许多问题。“我们当时发出去的工资都是借的，但是好在老师们都支持我。我们这个学校是不图盈利、不图回报的，只要学生们能安安稳稳地学习，我们就开心。”因为这个信念，即使是在学校最艰难的时候田利云也从来没有想过退缩。在那段时间里，学生们在学校里最纯真的笑脸，是支持她不断前进的动力。

学校的名字是田利云校长经过深思熟虑后决定的。她从不宣传自己，也不喜张扬。“当时很多人告诉我，你创办的学校就叫利云学校。但我不是一个功利的人，学校也不是我一个人的成果，是大家共同努力才创办出来的。”学校的名字既有对学校未来发展的期许，又饱含着对学生们真诚的祝福。

最终，田利云确定了学校的名字——隆中。古代隆中是三国时期诸葛亮躬耕苦读、立志成才的地方，刘备“三顾茅庐”和《隆中对》的史实对她有很大的启发。以“隆中”命名，她就是希望能够培养更多的英才，教育出更多的“卧龙”，为社会做出更大的贡献。

隆中学校校门

学校稳步发展

建造隆中学校的地方原本是一块普通的平地，随着隆中学校的创办，学校周围的第三产业逐渐发展起来，变得越来越繁华。现在隆中学校的教职工有七八十人，学生有一千八百余人。隆中学校从初建到现在的规模，离不开校长和老师们的努力。“我们的所有收入都投资到了教育教学上，然后我们不断地改善教学条件，建起了一栋栋教学楼、宿舍楼、实验楼、图书楼。”田利云校长始终以学校为先，不计较个人利益的得失，把学校建设放在第一位。隆中学校也始终坚持“开放办学、民主理校、以德立校、科研兴校”的办学思路，以及“一切以学生的发展为本，一切以教师的发展为本，一切以学校的发展为本”的“人本主义”办学理念。

隆中学校教职工合影

隆中学校的成绩也是有目共睹的：学生初进校时只有三四百分，通过三年的努力可以达到五百多分；学校年年被评为“先进单位”“平安校园”。当问到学校如何取得这么好的成绩时，她指出两点原因：一是脚踏实地地开展教学，二是规范化管理。隆中学校的每个教师都是十分尽职尽责的，他们不仅关注学生的学习成绩，而且特别关注学生的心理健康问题，发现问题会及时进行沟通和疏导。

田利云曾到很多地方交流学习，她与行业精英们深入探讨前沿理念，汲取创新的力量。她带着满满的收获回到自己的岗位上，将学习到的知识融入校园管理中，将所思所学转化为实际行动，推动隆中学校朝着更好的方向发展。

教育理念

“教育最正确的一个思路就是德智体美劳全面发展。”这是田利云在教育学生的过程中始终贯彻的教育理念。这使得隆中学校不仅重视语文、数学这些基础学科的教育，而且重视音乐、体育、美术这些在其他人眼中“不重要”，但对提高学生综合素质有重要意义的副科。因此，他们从未减少过这些课程的数量，更没有出现莫名其妙被主课占用的情况。

隆中学校也会通过举办一些活动来调动学生的积极性，让他们更多地与世界接触，而不是成为“书呆子”。这些举措也从侧面展现出田利云培养学生全面发展的教育理念。

除此之外，田利云校长还提到了学生的德育问题和安全问题。在传授文化知识的同时，隆中学校狠抓学生的思想品德教育，“欲成才，先成人”。学校安全不单单是指学生身体上的安全，还有常被忽视的心理安全。为了同学们更健康地成长，避免出现心理疾病等问题，田利云校长会仔细地观察每一个学生的一举一动，只要学生出现一点异常，她就会去沟通，尽职尽责，毫不懈怠。

未来规划

“从最开始创办这个学校的时候我就考虑过，我想办成一个可以持续三四十年、五六十年甚至一百年的学校，我希望这个地方一直能够多出人才。我们也将不断加强教师队伍建设，充分调动教师的积极性，同时开展一系列的校园文化活动，为学生成长成才提供更好的学习环境和氛围。”

田利云校长还表示，学校的使命就是培养学生成为全面发展的人才，现在学校正在寻求一个转折的方向，想要引进一些创新的举措，未来学校也会不断发展壮大，提供最适合学生发展的教育。

给青年人的建议

提到对青年人创业的建议时，田利云表示，现在的经济环境对创业不太友好，之前都是在外地大城市创业，未来可能回乡创业的机会要多一点，也能为家乡的发展出一份力。

“青年强，则国强。青年，如初升之朝阳，蓬勃而富有朝气，他们以无畏的勇气挑战困难，以创新的思维开拓未来。他们用实际行动诠释着责任与担当，用奋斗奏响强国的乐章。青年人是时代的顶梁柱，未来的希望都寄托在他们的身上。在任何情况下都应该不断地去努力，积攒自己的智慧和能力，更要有一技之长能够发挥，对社会和国家作出更大的贡献。”田利云说道。

注：本文作者袁博妍，浙江传媒学院新闻与传播学院2023级传播学专业本科生。

附录一　石弓镇的山河古迹和传说

石弓镇位于涡阳县城东北 30 公里处，东临濉溪县临涣镇，西靠马店集镇，南接青疃镇，北依丹城镇。辖区面积 79.87 平方公里。镇政府驻地石弓集。

石弓镇是一个历史悠久、名胜古迹较多、文化底蕴深厚的古镇。据史书记载，早在唐代，这里就是官商必经之地。当时，有一蓝姓人家在此地开了一家过客店，招揽过往的客商与行人食宿。因姓蓝的是村中一大户，此地就被称为“蓝店子”。后来随着店铺规模逐渐扩大和迁入人口增多，这里就变成了集镇。

现在的石弓集，已成为涡阳县北部较大的集镇之一，是方圆几十里物资交流的集散地，也是石弓镇政治、经济、文化的中心。

石弓镇交通发达，境内有青永铁路（青龙山至永城）穿过，安徽省 S202 省道贯穿南北，以石弓集为中心通往四周的乡镇和村庄的公路已全部铺设了水泥路面。正在建设的济祁高速公路自北向南经过该镇。

石弓镇又是皖北亳州市境内为数不多的有山的乡镇之一。在撤区设镇之前，其境内有石弓山、嵇山、齐山和华山。

远古时期，石弓这一带人烟稀少，山上山下层林密布、花草丛生、植被茂盛，平原坡地沟壑纵横。到处是一派山清水秀、风光宜人的景象。据史书记载，这里曾是贤士隐居、云游之地。唐朝时期，石弓山上就建有神庙寺院。直到明清时期，这里的神庙寺院都保存得非常完好，香火旺盛。

后来，石弓镇境内仍遗存有诸多名胜古迹、庙观佛寺，奇闻轶事、民间传说也十分动人有趣，吸引很多游客前来寻觅观看，一饱眼福。

石弓山

据有关资料，石弓山原面积约 2.19 平方公里，海拔 68.3 米。

《石弓区志》载：石弓山古名龟山，因形状而得名。山有三峰，其中的中峰形状如龟，山顶平似龟盖，山前有一石鼓似龟头，山后尾稍长，似龟尾，四角有山涧，似龟腿。

石弓山过去又被称为“石鼓山”，因山的中峰前有一巨石，呈鼓状，鼓面直径近两米，人称“石鼓”。据传说，那时可以擂响，响如战鼓声，可传三四十里。

秦朝时石弓一带，归属宿州所辖。据《宿州志》载，黄石公曾隐居于此并授予张良兵法。故此山又叫“石公山”。

又传，秦汉年间，当时的文人因对现实不满，不愿为官，便三三两两隐居深山。曾有十个老翁隐居此山，所以此山又叫“十公山”。

石弓山周边地区，也有人把石弓山叫“石磙山”。因石弓山自古以来盛产石磙并远销方圆数百里。又因“石弓”与“石磙”谐音，故把“石弓山”称为“石磙山”。

到了明清时期，石弓仍属宿州所辖。宿州知州巡视此山时，见山的三峰弯曲，颇似弓形，遂名之曰“石弓山”。山名沿用至今。

石弓山山石石质坚硬细腻，色青有光，内含白色花纹，可做石板、石臼、石磙、石槽、石碑、石桌、石凳等物，也可烧制石灰，为当地一大宗财源。

20 世纪 80 年代，经有关部门鉴定，石弓山的山石为优质青色石灰岩大理石，驰名国内外。品种有稻香玉、彩云玉和灰云大理石等，是建材、装修的好材料。储量可达 150 万立方米。

嵇山

嵇山位于石弓山东北约 3 公里处，面积 0.3 平方公里，海拔 54.3 米。

嵇山为石山戴土，独立的山丘。山上土层很厚，故此山又叫“土山”。因山前有一村庄，名为“郭黄楼村”，当地人又称此山为“郭土山”。

志载，“竹林七贤”之一嵇康的祖上，因避怨由会稽上虞徙居于此，以山名为姓，在山下的竹林中打铁为生。嵇康被司马昭杀害后，也葬于此山。

嵇山上发现的嵇康墓，常有游人参观。

齐山

齐山位于石弓山西北约 5 公里处，面积 0.1 平方公里，海拔 41.3 米。齐山原名“双凤山”，因双峰对峙，山之内坡有黑石两块，形如凤凰，故而得名。齐山的两峰，一曰东齐，一曰西齐。东齐山顶有天齐祠，山北有齐王墓。据传，春秋时期，有齐姓人占此山称王。当时，有双凤自西南飞至，各落一峰，其身化为石。齐王闻之，甚为惊异，乃驾临观看，果见有二石如凤凰状。旁有阿谀逢迎者曰：“昔日凤鸣岐山，周武王遂得天下，今双凤落于我境，乃我主得天下之先兆也。百年后陛下归天，若殡于此，可应此兆。”齐王深以为然。是年，齐王驾崩，果葬此山，故曰“齐山”。

华山

石弓集内原有一小山，古称华山，经数年开采，久已夷为平地，中间反成巨坑，当地人称此地为“小山子窝”。

山窝之西岸上，有一块一丈见方的凸石，光滑如砥，东高西低，稍倾斜，面上有巨人仰卧所压之痕，首颈、躯干、四肢清晰分明。旁有马躁时踢踏之蹄迹，四蹄之间，还有马撒尿冲刷之凹坑，一切惟妙惟肖，穷形尽相，令人深信不疑。这块凸石，便是传说中的“陈抟卧石”的遗迹。

陈抟

陈抟，为五代宋初人士，字图南，号扶摇子，生于唐末。五代时，社会动乱，于是他不图仕进，在华山修道，称“华山处士”，常一觉百余日不起。每闻改朝换代，他即皱眉数日，及闻宋太祖登基乃笑曰：“天下自此定矣！”宋太宗赐其号曰“希夷先生”。陈抟著有道经《指玄篇》，被后人尊为道家重要人物。

石弓集内“小山子窝”西岸方丈凸石之上巨人仰卧所压之痕，传说为陈抟压成，他一觉睡了八百年，压小了此山。

包河

淮河水系的浍河支流包河，自西北至东南经石弓镇境内中间地带穿过，流经石弓镇的13个村，全长10公里，流域面积38平方公里，是涡阳县的四大水系之一，也是石弓人民的母亲河。

包河发源于河南省商丘市梁园区西北部张祠堂村附近的黄河故道南侧，向东南流经河南省的商丘市和虞城县、永城市，以及安徽省的亳州市，于邢园附近喇叭口沟入口处进入涡阳县境，经丹城镇流入石弓镇，在石弓镇刘浅附近出石弓镇入淮北市濉溪县境，于濉溪县临涣镇附近汇入浍河。

相传宋代时，包公到陈州放粮，途经此地，因运输有困难，遂开此河，以保运粮畅通无阻。后人感其大恩大德，故称此河为“包河”。

包河在石弓镇境内的主要支流有涡包河、岭子沟、郗沟、义民沟、孙沟、梁沟、相沟、曹沟、西寺沟、东寺沟、许沟、郑沟等。其中涡包河为20世纪70年代初，涡阳县组织万名民工开挖的人工河。涡包河的开挖将涡河水系与包河水系连通在一起，增强了石弓地区抵御自然灾害的能力。

大山庙

石弓山中峰的山顶上，在 20 世纪七八十年代，还保存着一处较为完好的寺庙，原名“太山庙”。因石弓山的中峰叫“太山”，故太山顶上的寺庙就叫“太山庙”。后来，当地人俗称“太山”为“大山”，这座寺庙也随之易名为“大山庙”了。

大山庙又称“上寺”，是相对“下寺”而言的。上寺主体建筑是前后两栋，分别为三大间，配有东西厢房各三间，形成四合院。

据碑文考证，该庙建于唐朝贞观年间。东西厢房为长老及众僧住室，前后大殿供神。前大殿供“三霄娘娘”（即云霄、碧霄、琼霄）。后大殿供“太阳奶奶”。前后大殿所供之神两旁，均有因果报应故事的五彩泥塑和石雕衬托。

20 世纪 80 年代末，大山庙还有两个僧人守在寺庙，他们的法号分别为“腾江”“腾良”。

大山庙会

据史书记载，过去大山庙的香火非常旺盛，方圆几十里乃至上百里的民众，都来大山庙烧香拜佛，求佛保佑平安、升官发财，求观音或送子娘娘送子等。后来，这里便逐渐形成了一年两次的庙会。

每一年的农历三月二十八日和十月二十五日，是石弓山大山庙会的正会日。这一天，山上山下车水马龙、人山人海，热闹非凡。四面八方的商贾和各种形式的文艺团体聚集在石弓集，繁荣了集市贸易，活跃了大家的文化生活。

中华人民共和国成立后，当地人民政府把石弓山大山庙会改办成物资、文化交流大会，并将会期延长到三天，即每年农历的三月二十七日至二十九日和十月二十四日至二十六日。现在当地人把这两个会期称为“石弓古会”。“古会”仍是各地经商者和人民群众期待的日子。“古会”期间，商品的交易量和人们的消费量是平时集日的数倍，极大地促进了石弓镇的经济发展。

法云寺

大山庙东去约五十步，又有一寺院，史书称“法云寺”，俗称“下寺”。寺院主体建筑为两进，两边有东西厢房。法云寺前殿供观音大士，其像坐于莲台之上，慈眉善目，眉间点有“吉祥痣”，唇红齿白。后大殿供释迦如来，两旁立有十八罗汉，一个个横眉立目，相貌威严。中大殿供有弥勒佛和韦驮菩萨。

黄石公庙

法云寺东面约二十米处，有三间独立小庙，谓“黄石公庙”。坐北朝南，靠西墙依山有一山洞，洞口大小仅能一人通过，人称“黄石公洞”。庙前有一方平坦场地，约百米见方。

庙内曾有黄石公塑像，黄冠素裳，宽袍大袖，鹤发童颜，双目有神，大有仙风道骨之姿。身后有道家故事的彩色壁画，绚丽多姿，古色古香。

凡人误入仙境

据传，在黄石公庙前的山坡上，有一块被山下村民开荒耕种的耕地。有一天，这位村民赶着耕牛来到这块地里耕地，中间歇息时，他看到黄石公庙前的石凳上有两位白发苍苍的老人在下棋，就走到跟前观看。在他观棋的过程中，看到身旁的树叶，一会儿变绿，一会儿变黄，一会儿又变绿……当这两位老人下完一局棋，抬头看到这位村民，便说：“时候这么晚了，你怎么还不回家？”此时，这位村民才想起耕牛和耕地的农具还在地里。就在他转身要走的时候，两位老人突然不见了。他急忙来到田地里一看，耕牛和农具也不见了，他家的地里已长出了庄稼，他只好向家里走去。可是，当他回到村庄一看，村庄和房屋都变了样子。村庄里的人，他不认识了，人们也不认识他了。当他回到自已家里，看到的不知是几代子孙了。他向子孙讲述了自己上山耕地看见黄石公庙前有两位老人下棋，子孙才想起曾听老人讲过，家中祖辈到山上去耕地，到天黑的时候，还不见他回来，就去山上找他。但是到了山上那块地里，只见耕牛和农具在地里，却找不到人。后来全家人又四处找了好多天，也没有找到。多年之后，家人都以为他不在人世了。有人说，他可能是误入了仙境。

大寺（圣寿寺）

大寺（圣寿寺）位于石弓集东南约八里处，紧靠包河南岸。据碑文记载，这座寺院建于唐朝武德六年（公元 623 年）。该庙主体建筑是后大殿三间，造型巍峨雄壮，美观大方。正中间一间，又向后凸出一间，使整个建筑呈“凸”字形。当地人称这一间为“倒坐观音”。

大殿东侧，有毗卢殿三间，东西厢房十二间，组成四合院。门楼稍高，门两边各有一石狮子把门，造型奇特，惟妙惟肖。出门下台阶五级，即是广场，约两千五百平方米。20 世纪 80 年代，该寺院还有一名僧人看护寺院，姓齐，名广云，法号“海龙”，时年八十高龄，当时为涡阳县政协委员，每月由有关单位发放生活补助金 30 元。

仰前寺

仰前寺，位于石弓集南约九里处，是一个四合院。前后殿各三间，东西厢房各三间。后来，这里改作一所小学。

相庙

石弓集东约七里处，有一个以相姓人为主的村庄。这个村庄的西北角有一座庙，人称“相庙”，这个村庄也叫相庙。

在石弓这一带，相庙是除了大山庙、黄石公庙，在乡村小庙中较大的。后来，相庙也被改作小学。

美姑楼

石弓山中峰古寺院后曾有一楼，高两丈余。世传该楼为三霄仙姑（即云霄、琼霄、碧霄）梳妆美容之所，她们在此楼梳妆打扮之后，更加娇美，艳丽非常，故将此楼叫作“美姑楼”。

嵇康墓

嵇康墓位于石弓山东北约六里处的郭黄楼自然村北，嵇山（郭土山）南麓。

嵇康字叔夜，三国时曹魏人，官做到中散大夫，学识渊博，精于音乐，极善属文，与当时名士阮籍、阮咸、山涛、向秀、刘伶、王戎等六人为友。他们常于竹林间游乐论文，时人称他们为“竹林七贤”。当时曹魏权臣司马氏意欲篡位。嵇康等人对司马氏的作为深为不满，常加非议，进行抨击。当时掌握权柄的司马师、司马昭弟兄，以及司马昭之子司马炎视嵇康为眼中钉、肉中刺，遂以钟会构陷的罪名，将嵇康处死。临刑前，太学生数万人请命，要求赦免嵇康，并拜嵇康为师。司马氏非但不允，反而坚定了杀害嵇康的决心。嵇康在临刑前，还抚琴一曲，琴韵抑扬顿挫，与平日一样，以示其不因生死而改变反抗司马氏的决心。

出土的碑文记载，嵇康生前居于涡阳，死后葬于嵇山（即郭土山）。

楼台子

楼台子，位于石弓山东南约五里，丁庄村以北约三百米处。这里有一处面积约 2000 平方米的土丘。据传，这里原为一富豪大户的宅院。当时，这户人家有粮田千顷，骡马成群，楼堂瓦舍百间。不知何时衰败，这里成为一片废墟，经年累月，形成了这一土丘。当地人把这里叫作“楼台子”。

响场

楼台子西南角有一方平地，据传是当时楼台子这一户人家的响场。这户人家为了显示家境富裕，就把这方土地挖成一个圆形的大坑，立柱架梁，在梁上铺上木板，板下吊着无数铃铛，这里就成了一个大大的圆形木板场地。场地上方安装支架，支架上可罩篷布。收割季节，这户人家就在这场上打场脱粒，骡马拉着石磙在木板场上跑动时，就可听到木板下吊着的铃铛发出的声响，十分悦耳动听。故此场叫作“响场”。

如果遇到下雨天气，响场上罩上篷布，雨水顺着篷布流进下面的坑中，和晴天一样正常打场脱粒。遇到炎热的晴好天气，响场上罩上篷布，可以遮挡阳光，防暑降温，不误在场地上劳作。

马趟子

响场的南边有一条村道，当地人称这条村道为“马趟子”。据传，当时楼台子这户人家的佣人经常在这条道路上遛马，成群的骡马在道路上跑来跑去，十分壮观，人们就把这里叫作“马趟子”，流传至今。

孙庄户

石弓山东南约四里，S202省道南200米处，有一方约20亩的耕地高于四周，当地人把这块地叫作“孙庄户”。当地人说，这块耕地的土质和周围的土质截然不同，含沙量大，松软，又很肥沃，所产的粮食籽粒饱满。这里很早以前可能是一个村庄，何年何月因何故被掩埋在地下，不得而知。

一步俩井

石弓山中峰的东北半山腰处，有一凸石，石面平整，高约尺许，石面上有两个石眼，顺山之势西南东北排列，间距一步，口若茶盏，当地人谓之“一步俩井”。

据传说，这两口井在夜间子时，井口会变大，山上僧人可在井中取水，白天恢复原状。又传，当年此井深不可测，曾有一卖丝线者，感到稀奇，遂以其所卖丝线坠石探之，竭尽担中之丝，犹未探至井底。

如今该井已被土石填埋，唯留痕迹而已。

大和古井

20 世纪 70 年代中期，当地政府组织民工在石弓山中峰前劈运山土，备建石料厂时，掘出一古井。上有条石覆盖，井口直径一米有余，用青砖砌成，当时有人用绳系砖探之，深达三十四五米，井水水面粼粼，隐约可见。山前一村民曾拾得一块砌井古砖，方尺许，上镌隶书“大和四年四月二十四日竣”。大和四年为公元 830 年，距今已一千多年。因此，当地人把这口井称作“大和古井”。

万宝泉（又称暖泉）

万宝泉位于石弓集西关包河东岸临水处。泉眼如斗口，虽不甚热，然隆冬亦不结冰。数九寒天，附近居民常往泉边洗衣。泉水水面上，经常雾气缭绕。传说此泉为陈抟周游此地时，掘土而成。又传饮用此泉水可病疾。故称为“万宝泉”。

透龙碑

据传，石弓山中峰大山庙前约六十步处，有黑石一方，矗立于山坡，酷似碑状，石质细腻，晶莹反光，明滑如镜，可映人影。更甚者，天气晴朗之时，可南映龙山，虽相距三十余里，亦可分辨山上行人。古人称该石为“透龙碑”。

席地

石弓山东峰的西山坡上，生长着大小不一的十余块草地。每一块草地，绿草如茵，呈矩形，其四周均为光秃秃的山石，这些草地宛如一床床绿色的草席铺在地上，边缘如刀切一般，界线分明。即使铲除草根，犹能复生如故，历经泥沙覆盖，山水冲刷，依然如是，别有风趣，为该山所独有，其中之奥妙，无人可知。因其形为席状，当地人奇之，故称之为“席地”。此情景，20世纪末笔者曾目睹。

黑沙河倒流水

石弓山中峰与东峰之间，有一涧溪。涧底、两侧皆黑沙，当地人称其为“黑沙河”。这条涧溪东高西低，雨季时溪水自东南流向西北，与当地的河水流向相反，特别是山洪暴发时，溪水裹着黑沙奔腾，泄入石弓山西北的包河之中。此景象被称为“黑沙河倒流水”。

“黑沙河”的中段有一凸起的黑沙包，形似乌龟，头低尾高，若下山之势。山水至此，一分为二后，又合二为一向西流去。此景象被当地人称为“乌龟下山”。

夏日里，山洪暴发或暴雨时，黑沙河水流湍急，漩涡颇多，抛入鹅毛也会沉入河底。此景象，人亦称奇，因此“黑沙河”又被称为“鹅毛沉底之河”。

两山夹一桥

“黑沙河”上有一座简易石板小桥，位于石弓山中峰与东峰之间，当地人就把这座小桥称为“两山夹一桥”。

这座小桥为山前山后唯一通衢。远古时，石弓山山高林密，这一带山势隐蔽，地僻险恶，经常有歹人作案，过往行人被害之事时有发生。常有骷髅暴野，磷火多现，行人至此便会毛骨悚然，胆战心惊。故此桥又叫“小鬼桥”。

龙沟

据传说，古时天上有一小龙，因行错雨，被上天降罪，贬至人间，落于石弓山东麓，尾北首南。当时正值盛夏酷暑，该龙为病所困，身下蝼蚁满地，身上蚊蝇遮天，濒于毙命，痛苦异常。黄石公见状怜之，乃以拂尘驱蚊蝇，又于百会穴上深砭一针，继而口含钵水，猛淬其顶，小龙即时生机盎然，长吟一声，昂首而起，渐离地面，回首对黄石公将头连点三下，以谢黄石公搭救之恩，然后腾空向南而去，其尾画地为沟。此沟即今孙沟，当地人称为“龙沟”。

仙人巷

石弓集西关居民区内有一条通往“陈抟卧迹”石的小巷，当地人称为“仙人巷”。

据传，陈抟老祖来到石弓山，在包河岸边的万宝泉饮水解渴之后，便骑马（也曾有“陈抟住此山时，有一驴一石弓为伴”的传说）经过这条小巷，来到现存的这块大青石上卧石而睡，并在小巷的石板路上留下清晰可辨的马蹄（或是驴蹄）痕迹。如今，这条小巷依然存在。

仙人巷也是石弓山古称的八景（万宝泉、仙人巷、陈抟卧迹、透龙碑、一步俩井、黑沙河倒流水、两山夹一桥、席地）之一。

神桥

石弓山西约七里处，有一个村庄，名曰“神桥”。这里有一条双横沟自南向北穿庄而过，汇入包河。沟上有一座石拱桥，村民皆称“神桥”。究其名称的来历，皆云：“此桥为神仙所修”。

据传，昔日此村有三霄娘娘庙一座，村民们每日焚香膜拜，虔诚之至，感动了三霄娘娘。三霄娘娘见此村中双横沟上无桥，每逢汛期，沟水上涨，两岸村民过往不便，遂于夜深人静之时在此修石桥一座。村人早起，忽见此桥，惊叹不已，皆云为三霄娘娘所修，遂称此桥为“神桥”，此庄为“神桥庄”。

蓝桥与《蓝桥会》

据史书载，明朝万历年间，石弓山下有一小集（即今石弓集），当时，这个小集叫“蓝店子”。因有一蓝姓人家最早在这里开了一家过路店，后来才逐渐形成集镇。

相传集东魏庄有一书生，姓魏名学士，于集内华山学馆攻书。一日学暇外游，适逢一女郎往井边汲水，魏生视之，乃本集蓝田玉之女瑞莲也。魏生在此求学，与瑞莲间或相遇，见其青春妙龄，面如芙蓉，口若敷朱，早有爱慕之心，遂向前求水解渴。瑞莲亦见魏生举止潇洒，品貌端庄，久有托付终身之意，此时二人眉目传情，顿觉难解难分。魏生遂解扇坠儿为信物，瑞莲亦拔金钗作表记，相约当夜于井边桥下相会。

是夜，魏生如期赴约，到桥下等候。未几，风雨骤起，电闪雷鸣，山洪暴发，水漫石桥，魏生仍手持金钗抱石守信。再说瑞莲汲水至家，父亲怪其归晚，又见失其金钗，甚疑，遂严加看护，禁其夜间出门。瑞莲不得脱身，心急如焚，及至天明，奔至桥头，见魏生尸横芦苇丛中，手握金钗，顿时心痛欲裂，悲叹：“我与魏郎既有前盟，终身已定，不能同生，但愿同死！”遂投水殉情。

此桥原为无名小桥，魏、蓝二人的忠贞爱情感动了当地人，遂称此桥为“蓝桥”。又有文人以此为题编成戏剧《蓝桥会》颂之。然蓝家以为该戏有损自家体统，严禁在本集上演，延续了很久。

李桥

石弓集西包河上有一座古老石拱桥，叫作“李桥”。桥西头有一个村庄叫“桥头李家”。

李桥以石弓山的山石为料，全部用青石砌成。拱形桥孔五个，中间一个桥孔最大，两侧的逐渐减小，桥面宽约六米。20 世纪末，包河闸建成后，河水上涨，该桥被河水淹没。

现有一座新建的钢筋混凝土结构的桥梁代替了该桥。

遗履桥

石弓山东南约一里处的包河上也有一座五孔石拱桥，相传为“遗履桥”。

据传，秦末专制最甚，天下贤士都销声匿迹，敢怒不敢言，如张耳、陈余、沧海君等有志之士，都是如此。黄石公也不例外。张良指使大力士拿四十斤重的铁锥行刺秦始皇，结果误中副车。秦始皇令天下大搜十日，结果并未拿获张良。

张良躲避追捕时，与黄石公相遇。黄石公对张良说：“我有一部兵书，明日早来，授予你。”

次晨，张良来到约定地点，但比黄石公晚到，黄石公怒道：“与长者约会，而自误其期，未免失礼。”不予书而去。第二次，张良虽比前一天早到，但黄石公更早，仍未予书。第三次，张良总算走在黄石公的前头，到了约会的地点，等了一会儿，黄石公方来。张良行完礼，黄石公即出书授之。张良喜出望外，既得此兵书，如饥似渴，熟读数遍，精通其中奥秘，后用来辅佐刘邦。后来刘邦灭掉秦朝而得天下。

这段故事与“遗履”二字有何关系呢？原来，相传黄石公本住在石弓山下，张良等人在谋刺秦始皇未遂之后，为躲避搜捕，也到了石弓山。他俩第一次相遇时，黄石公坐在石桥上（现遗履桥），所穿的旧鞋掉于桥下。他看见张良后，欲授兵法，想试验一下张良有无诚意，便说：“孺子为我拾起鞋子。”张良本是韩国公子，他的先人，五代都当过韩国的宰相，哪里受过这等侮辱，心内大怒，便想殴打黄石公。转而一想，自己现在正是忍辱负重的时候，便跑到桥下，替黄石公拾起鞋子，又跪在地上恭敬地替黄石公穿上。黄石公心内欣喜，便说道：“孺子可教。”然后才把兵书授予张良。古代鞋叫“履”，掉叫“遗”，“遗履”就是鞋子掉了，所以这桥叫“遗履桥”。

由于该桥距石弓山约一里，“一里”与“遗履”读音又很相近，当地人后来渐渐把此桥叫作“一里桥”了。

《史记》记载，此故事发生在江苏下邳之圯桥，不知为何在石弓地区广为流传，众说纷纭，只能留作后人考证。

20世纪末，涡阳县人民政府在“遗履桥”东修建包河闸，拦河蓄水，“遗履桥”被河水淹没。

道竹桥

道竹桥位于包河下游的石羊庄南，距石弓山约九里，是一座八孔漫水石桥。河水稍涨，便无法通行。此桥为何叫“道竹桥”，无人知晓。

据传，此桥为唐初张士贵所建。当时，张士贵在朝中为官，家住石羊庄，便打着“为民谋利”的幌子，奏请皇上拨银建桥。皇上准奏，即拨帑银万两，命士贵监造。

张士贵领旨回乡，不言皇上拨银建桥之事，招来能工巧匠，兴建豪华房舍，其建筑富丽堂皇，如皇宫一般。而后又建陵筑墓，工程庞大壮观，与皇陵无异，墓地石碑林立，石香案、石香炉、石俑、石马、石羊、石龟不计其数。最后仅用些碎石在包河上垒一座八孔漫水石桥，桥头立一石碑，编一歌谣，进京回旨。歌谣曰："道竹桥，八丈高，履桥到它半身腰，精修桥长一百（碑）单八孔，玉石栏杆金小雀，人过桥上百雀叫，赛过天河喜鹊桥。"皇上闻禀大喜，即要御驾亲观。张士贵闻言色变，遂又急中生智，忙奏道："万岁恐不服我乡水土，若龙体欠安，小臣吃罪不起，且我乡蚊虫既多又大，万岁岂能受了？若万岁不信，我可回乡捉一只与万岁看。"皇上将信将疑，即命张士贵回乡捉蚊。张士贵回乡捉了一只金蝉回京，拜见皇上，将金蝉从袖筒内放出，金蝉高叫展翅飞去，皇上目瞪口呆，再也不提观道竹桥之事，张士贵暗自高兴。

次年，一钦差路过此地，原以为这里有桥，但临河一看，只见河水泱泱，微见水面下有一小石桥，便回京上奏皇上张士贵犯有欺君之罪。皇上大怒，传旨将张士贵全家抄斩，诛灭九族。

1966 年，当地人民政府拆除道竹桥，在其西侧修建了一座水泥板桥。

张士贵（或家族）墓地

道竹桥北约一百米处有一大坑，面积约 2000 平方米。坑内残碑横七竖八，残破的石俑、石马、石羊等物狼藉满地，据传即张士贵墓地。但此处一块石碑的碑文中又显示为"张士擂之墓"，《涡阳新志》上说，此处为元代张德之墓，不知孰是孰非。

断头石羊

在张士贵墓地的大坑内，有一尊无头的石羊，关于它还有一个有趣的传说。

相传当年这里有一家财主，家中有一女儿，芳龄十七八岁，长得婷婷玉立、如花似玉。其父家规甚严，此女从不出门。

有一日，她的父母发现女儿日渐消瘦，面色发黄，显现病态。便请来名医给女儿看病。但是名医请了不少，都没有效果。于是，父母就怀疑女儿是不是有什么事情瞒着他们。经再三追问，女儿向父母说出了实情。她说，近日每天晚上半夜时分，就会有一个穿着白色长衫的男子来到她的房间，和她幽会，鸡叫时分便离开。父母就询问看门的家丁，晚上是否有生人进入，家丁皆说每天晚上大门紧闭，绝无生人进入。父母感到奇怪，不知何因，便请道士来查明原因。道士拿出一个丝线团，要女儿在那白衣男子再来时，将丝线一端悄悄地拴在他的脖子上。是夜，那白衣男子照例来到女儿的房间。女儿就按照道士的吩咐，在那白衣男子要走的时候，悄悄地将丝线的一端拴在他的脖子上。天亮以后，道士就带着这家主人顺着丝线找去，到了张士贵墓地的深坑里，看到丝线拴在一只石羊的脖子上。大家这才得知，那白衣男子是石羊所化。这家主人愤怒至极，找来铁锤，将石羊的头砸掉。从此，再也没有白衣男子来纠缠他的女儿。

大力士良老坡

据传，从前石弓集东良庄有一个叫良老坡的人，身高六尺，膀大腰圆，力大无比。在河工挖土时，别人是两人抬一筐土，而他则是一人挑两筐，人称“大力士良老坡”。

有一次，他从石弓集赶集回家，路过一个村庄，口渴难忍，正巧有一村妇在井边汲水，他上前深施一礼，想要在其水桶中喝水解渴，村妇可能怕他弄脏了桶中之水，没有应允。良老坡非常生气，就到附近的打麦场携来两个石磙，来到井边，将两个石磙卡在井口之上，然后便回家了。其他村民到井边汲水时，看到井口被两个石磙卡住，无法汲水，又没有力气同时搬走那两个石磙，如果只搬一个，另一个就会掉到井里。有村民想到可能是有人得罪了良老坡，一打听，方知刚才良老坡借水解渴之事。于是，村中德高望重之人亲自到良老坡家，当面赔礼道歉。良老坡这才气消，来到井边，两手同时用力，轻而易举地将两个石磙搬走。又说，良老坡饭量很大，能吃一筷子扎不透那么厚的烙馍。有一次，他去岳父家串门（走亲戚），不巧，只有其小孩的舅母在家。小孩的舅母知道他的饭量大，蒸了一锅馒头，都被他吃完了。就在这时，小孩的舅舅从外边回来，看到馍筐里没有馍了，就问他：“吃饱了吗？”他笑了笑说：“什么饱不饱，吃点垫垫算了。”

注：本文内容由陈钦然搜集和整理，资料来源于《宿州志》《石弓乡志》《石

弓区志》《涡阳县志》《涡阳揽胜》等及作者在石弓实地踏看、走访和耳闻目睹。文中所列古迹、庙宇和建筑现存能见的极少，多为传说或是近年来遭到毁坏灭迹。但是，今虽然不能再见其物其貌，有些古迹和文物也是作者及其上代人亲眼见到过的，我们这一代人，有责任、有义务把这些祖先留下来的宝贵财富记录在案，传给后人。

附录二　中华人民共和国成立75年来石弓镇大事记

本文以时间为经，事件为纬，综合《中华人民共和国大事记（1949年10月—2019年9月）》《改革开放四十年大事记》《安徽省志大事记》《亳州市志（1987—2000）》《亳州市志（2001—2009）》《涡阳县志》《石弓区志》石弓镇存档资料、部分报刊网络资料和部分同志个人保存资料等编写。

一九四九年

10月上旬，石弓区举行庆典活动，庆祝中华人民共和国成立。

是年：①石弓小学建立；②丹城小学建立；③建立邮政所；④石弓税务组更名为稽征所，1950年改成税务所。

一九五〇年

5月，贯彻落实《中华人民共和国婚姻法》，新婚姻制度改变了旧的社会风俗。

6月，开始学习宣传贯彻《中华人民共和国土地改革法》。

7月，发生大水灾，秋庄稼基本绝收。国家发放救济粮、棉衣等物资。

9月，丹城区更名为石弓区，下辖石弓、山后、神桥、大孟、石羊、齐山、董阁、徐楼、丹城、白果、前寨、马店、大蒋、青疃等14个乡；原丹城区的重兴、张大划归新兴区。

10月，宣传抗美援朝、保家卫国的战略决策，爱国民众为抗美援朝捐款捐物。

11月及之后，区党政机关迁至石弓（李楼、大山庙院、高楼、王彬庄等地）。

1950年冬，开展土地改革运动，封建土地所有制被彻底摧毁，到1952年底，全区基本完成“土改”任务。

是年：①石弓区新民主主义青年团工作委员会成立；②石弓卫生工作者协会和石弓卫生所成立；③区政府增设民政、公安、文教区员。

一九五一年

10 月，贯彻落实全国第一次互助合作会议通过的《中共中央关于农业生产互助合作的决议（草案）》，开展农业生产互助合作运动。

12 月开始，学习贯彻中共中央作出的《关于实行精兵简政、增产节约、反对贪污、反对浪费和反对官僚主义的决定》。

是年，随着工农业发展和人民群众生活所需，石弓供销合作社成立。

1951 年至 1952 年，东关张文芳、西关罗亨保等 184 名同志报名参加中国人民志愿军赴朝参战。

一九五二年

8 月，皖北人民行政公署与皖南人民行政公署合并为安徽省，石弓区所在的皖北行署阜阳专区改称安徽省阜阳专区。

11 月，群众性的扫盲运动开始。

是年：①石弓区政府迁至石弓集；②石弓区设武装部；③成立一、二类互助组；④工作人员由供给制和工资制并行，逐步实行工资制。

一九五三年

4 月 11 日，区域内麦田遭受霜灾（霜打麦），秸秆上节枯萎，造成当年小麦严重减产。

6 月 30 日 24 时，石弓区按照国家统一标准时间开展第一次人口调查登记。

10 月至 11 月，贯彻落实中共中央作出的《关于实行粮食的计划收购与计划供应的决议》和《关于在全国实行计划收购油料的决定》文件精神，开展粮油计划收购供应工作，统购统销，城镇人口口粮（商品粮）实行定量供应。

是年：①中国人民银行石弓营业所成立；②石弓粮油管理站成立；③区妇救会改为妇联会；④业余剧团成立。

一九五四年

8 月，我区连降十多天暴雨，涝灾严重。

9 月，开始贯彻落实国家对粮食等主要农产品实行统购统销政策（20 世纪 80 年代中期之后逐步取消）。

9 月 9 日，我国城乡居民购买布匹时开始使用布票（直到 1983 年 12 月 1 日，商业部通告全国，宣布敞开供应棉布，取消布票）。

10 月，组织学习第一届全国人大一次会议精神。

是年：开展农业合作化运动。

一九五五年

2 月，建立经常户口登记制度。

8 月，组织学习宣传第一届全国人大二次会议通过的《中华人民共和国兵役法》。

9 月，贯彻落实国务院发布的《关于国家机关工作人员全部实行工资制和改行货币工资制的命令》。

12 月，石弓区划分为石弓、石羊、大孟（温庄）、青町、马店、丹城等 6 个乡。

是年：①石弓区农业技术推广站成立；②设立糖烟酒专卖处；③邮政所增加电信业务；④粮票开始流通。

一九五六年

2 月，文化教育部门率先落实中共中央发出的《关于文字改革工作问题的指示》和国务院第二十三次全体会议通过的《国务院关于公布汉字简化方案的决议》《国务院关于推广普通话的指示》，推广中国文字改革委员会发表的《汉语拼音方案（草案）》。

5 月底至 6 月，大雨持续月余。

9 月底至 10 月，组织学习中共八大会议精神。

是年：①石弓区划分为石弓、丹城、青町、马店等 4 个大乡；②成立高级农业生产合作社；③涡阳县邮电局在石弓设立邮电支局，统管邮政、电信业务；④建立石弓食品站。

一九五七年

5 月，中国新民主主义青年团石弓区委员会更名为中国共产主义青年团石弓区委员会。

是年：①石弓、曹市、龙山、新兴四区对包河进行疏浚；②宿县经石弓至涡阳的临时客车通行。

一九五八年

4 月，贯彻落实中共中央、国务院发出的《关于在全国大规模造林的指示》文件精神，开展植树造林活动。

5 月下旬至 6 月，组织学习中共八大二次会议精神。

9 月 1 日，首批初中一年级新生开学，标志着石弓初级中学和石弓农业中学开始兴办。

9 月，石弓区改称涡阳县红旗人民公社石弓基层社。机械厂、水泥厂等相继建立；原区辖乡政府均改为生产大队；军事上设为民兵团，大队为民兵营，以下为连、排、班，全社设石弓、丹城、石羊、马店、大孟、后王等 6 个民兵营；新兴区管辖的张大乡划归石弓区；石弓区管辖的青疃乡划归曹市区。

是年：①石弓人民剧场（大戏院）落成；②文工团成立；③设百货公司和分销处；④建立工业品采购供应站。

一九五九年

4 月至 5 月，石弓基层社组织学习第二届全国人大一次会议精神。

7 月至 10 月，一百多天无雨，大旱造成秋季作物严重减产，小麦迟迟不能播种。

是年秋季，我区流行白喉病。

一九六〇年

春季，旱灾严重。

4 月，贯彻落实《全国农业发展纲要》文件精神。

一九六一年

春季，区划调整，石弓基层社改称石弓区，下辖石弓、石羊、齐山、大孟（温庄）、丹城、马店等 6 个公社。

是年，区委、区政府由石弓街里迁至集东（即石弓镇政府现驻地）。

一九六二年

9 月，涡阳中学王新贺同学（石弓西关人）被安徽大学录取。他是中华人民共和国成立后石弓第一位大学生。

是年：①贯彻落实毛主席对民兵工作作出的“政治落实、组织落实、军事落实”的重要指示，石弓区编制 7 个民兵团，下设营、连、排、班，共有民兵 1.6 万余人，其中基干民兵达 7000 余人；②小公社设立武装部；③涡阳县公安局在石弓设立派出所（1964 年撤销派出所，改设公安特派员；1970 年撤区并社，改设人保组）；④设立手工业办事处。

一九六三年

3 月，组织学习《人民日报》刊登毛主席“向雷锋同志学习”的题词。全区中小学率先掀起学习雷锋先进事迹的热潮。

春季，原曹市区管辖的蒋瓦房公社划归石弓区管辖。

7 月，我区连降暴雨，庄稼受淹。生产自救与国家救济让群众度过了灾荒。

11 月 20 日，涡阳经石弓至宿县的班车正式通车。之后逐步开通阜阳至徐州等班车。

一九六四年

2 月，组织学习《人民日报》介绍的山西省昔阳县大寨大队艰苦奋斗、发展生产的事迹。

7 月 1 日，我区按照国家统一标准时间开展第二次人口普查。

7 月 8 日，石弓汽车站在街东关建站（现石弓邮政支局处）。

秋季，我区发生了严重的豆虫虫灾，造成秋季作物严重减产。

9 月，创办李楼农业中学。

一九六五年

1 月，组织学习第三届全国人大一次会议精神。

9 月底至 10 月，贯彻落实中共中央批转卫生部党委《关于把卫生工作重点放到农村的报告》，到年底，医疗卫生网基本形成。

12 月中旬，石弓区被批准参军入伍的同志们分别前往解放军空军某航校、南京军区某炮兵等部队服役。

一九六六年

1966 年冬天至 1967 年春天，石弓、龙山、新兴三区出动两万人，第二次疏浚包河。

一九六七年

4 月，位于道竹桥遗址附近、石羊与小集之间的红卫（包河）大桥竣工。

一九六八年

3 月 17 日，石弓区被批准参军入伍的同志们前往解放军陆军第 27 军某部服役。

一九六九年

年初，组织民工开始修筑 0908 国防公路。

2 月 22 日，石弓区被批准参军入伍的同志前往军委工程兵后勤部某部服役。

4 月，石弓开挖防空洞。

9 月，石弓农业中学（简称“农中”）停办，在校学生转入石弓初级中学。

10 月 1 日，0908 国防公路石弓包河大桥建成通车。该公路代号由 0908 国防公路先后改称 S501 省道、S202 省道、S238 省道。路况由砂石路面先后改造成沥青路面、水泥路面。

12 月 15 日，石弓区被批准参军入伍的同志们前去解放军陆军第 73 师、装甲兵某部等部队服役。

1969—1970 年，濉溪至涡阳 110 千伏输变电高压线路架设工程过境石弓。

一九七〇年

春季，撤区并社，石弓区改称石弓人民公社。原石弓区下辖的石弓、石羊、温庄、齐山四个小公社划归石弓人民公社管辖，下设石弓、石羊、大寺、齐山、高楼、温庄、王园、王浅、山后、前进等 10 个生产大队；原石弓区管辖的丹城、马店划为大公社；蒋瓦房公社划入青町。

7 月 1 日，石弓广播站成立。

7月至8月，受阜阳专区委派，太和县等地大批民工进驻石弓，为濉阜铁路（后称青阜铁路）工地运送道砟。

7月30日至31日，安徽省话剧团来石弓为当地干部群众和运送铁路建设所需物资的民工进行慰问演出。

9月1日，石弓创办高中班，原石弓初级中学正式成为石弓中学（完全中学）。

10月1日，濉（溪）阜（阳）铁路正式通车。该铁路部分道砟出自石弓山。

12月28日，石弓公社被批准参军入伍的同志前往解放军陆军第26军某部服役。

是年：①石弓兽医站成立；②公社篮球队成立。

一九七一年

2月12日至15日，石弓中学全体师生学习解放军野营拉练精神，身背背包，徒步拉练去涡阳县，参观防原子武器、防化学武器、防细菌武器的展览等活动。

4月，过境石弓的0908国防公路开始拓宽路面。

6月22日，石弓电影宣传队宣告成立。

9月，公社抽调部分民工参加开挖茨淮新河（全省第一条人工大河）的劳动。

冬季，石弓疏浚开挖义民沟、岭子沟、郗沟、孙沟。

是年，石弓公社所在的阜阳专区改称阜阳地区。

一九七二年

3月，我社干部群众积极响应县委号召，在植树造林活动中推行“毁坏一棵，罚款两元，栽活三棵”的管护措施。

7月1日，石弓汽车站在石弓集北头0908国防公路北侧重新设站。

11月30日，公社派员参加全县农业学大寨会议。

12月9日，石弓公社被批准参军入伍的同志前往解放军陆军第65军某部服役。

是年：①石弓供销社在各大队建立“亦商亦农”购销店（代销点）；②手工业改组，设农机厂、综合社、被服印染社、建筑社；③开办各种学习班；④建立机械厂和拖拉机站；⑤掀起植树造林高潮，制订护树制度。

一九七三年

1月22日至23日，涡阳县高中招生文化课笔试在全县各考场统一进行，石弓考场设在石弓中学。全县统一编排考生笔试号码；考场有严明的纪律，考试规则相当于现在的高考要求；考生持准考证进入考场。

春季，公社大片耕地纳入大田林网。

8 月 3 日，来涡阳县参加全国林业现场观摩会议的代表们的车队过境石弓，到丹城参观学习平原植树造林经验。

一九七四年

4 月 15 日，公社召开党代会，选举公社党委。

12 月 15 日，石弓公社被批准参军入伍的同志们前去解放军陆军第 24 军某部服役。

一九七五年

1 月下旬，公社组织学习第四届全国人大一次会议精神，政府工作报告中的“四个现代化”的目标振奋人心。

3 月，石弓嵇山嵇康墓出土汉代鎏金青铜卮、青铜鎏金香薰、鎏金青铜座白玉杯等国家一级文物。

冬季，组织民工开挖“涡包河”（该河连接涡河与包河，是涡阳县“3231”水利工程的重点工程之一）。

是年：①公社在石弓集自办发电厂，用于机关、街道居民照明和社办企业用电；②石弓中学开门办学：建气象站、农机修配站、农技推广站、小水泥厂。

一九七六年

2 月 22 日，石弓公社被批准参军入伍的同志们前去解放军铁道兵某部服役。

8 月，受唐山大地震影响，石弓镇出现居民搭建防震棚（庵子）现象。

9 月 9 日，毛泽东主席在北京逝世。广大党员、干部和人民群众都沉浸在巨大的悲痛之中。

9 月 18 日下午，公社在大戏院组织社直各单位集中收听中央人民广播电台转播的“伟大的领袖和导师毛泽东主席追悼大会”北京主会场音频实况。

12 月底，石弓公社被批准参军入伍的同志们分别前往解放军北京卫戍区某部和基本建设工程兵某部服役。

是年：磷肥厂、糖厂、酒厂开始创建。

一九七七年

8月下旬，公社组织学习党的十一大会议精神。

11月下旬，贯彻落实省委制定并下发的《关于当前农村经济政策几个问题的规定（试行草案）》，尊重生产队自主权，把生产作为农村工作的中心。

年底高考后，石弓中学罗超被中国科技大学录取，成为恢复高考后石弓镇的第一位大学生。

一九七八年

3月，石弓公社被批准参军入伍的同志分别前往北京卫戍区某部和安徽消防部队服役。

3月，公社组织学习第五届全国人大一次会议精神。

5月中旬，学习《实践是检验真理的唯一标准》一文。

9月，贯彻落实省委关于“抗旱救灾和农业生产问题”的会议精神。

12月中旬，石弓公社被批准参军入伍的同志前往解放军兰州军区后勤部某部服役。

12月下旬，公社党委组织学习宣传党的十一届三中全会会议精神。党的十一届三中全会的召开，开启了改革开放和社会主义现代化的伟大征程，也让古老的石弓从此焕发了新的生机。

一九七九年

1月21日，中国人民革命军事博物馆文物处就“彭雪枫同志一九四〇年七月十一日给谢老太太的信复印件及中国人民革命军事博物馆征集文物证明书”给涡阳县公安局驻石弓公安特派员谢风歧同志复信。

2月27日，按照省里统一部署，即日起，石弓镇开放粮油集市贸易。在完成国家粮油征购任务后，允许粮油上市。

3月12日，第一个植树节。全社干部群众再掀植树造林高潮。

3月，老红军耿法清病故。

10月，涡阳县境内区划调整，原石弓、丹城两个大公社与原马店公社管辖的前后寨大队合并为石弓区，下辖石弓、大寺（石羊）、温庄、齐山、丹城等5个公社。

10月，撤销手工业办事处，成立石弓区社队企业办公室。

12 月 5 日，石弓区被批准参军入伍的同志前往解放军南京军区后勤部等部队服役。

是年：①教办室成立；②业余剧团成立。

一九八〇年

1 月，学习贯彻省委召开的全省农业工作会议精神。

3 月，区委组织全体党员学习党的十一届五中全会通过的《关于党内政治生活的若干准则》文件精神。

6 月至 12 月，淮北 325 地质队勘测石弓山（东西长 900 米，南北宽 275 米，石层平均厚度 30 米，矿石蕴藏量达 200 万立方米）。

7 月至 9 月，省建材工业局及阜阳地区和涡阳县有关领导、专家和技术人员来石弓山调查、勘测；取样送灵璧县大理石厂加工，加工出黑底红花的彩云玉、黑底黄花的稻香玉、黑底暗花的黑玉缎、纯黑色的墨菊玉等优质产品，宜做多种高级建筑、日用家具、工艺装饰品；样品被带到广州交易会，国内外营销商纷纷要求订货；省社队企业局和阜阳地区拨款筹建石弓大理石厂；地区、县、区、社组成建厂领导小组。

9 月下旬，区委组织党团员学习中共中央发出的《关于控制我国人口增长问题致全体共产党员、共青团员的公开信》，提倡一对夫妇只生育一个孩子。

1980 年至 1981 年，淮北至涡阳 220 千伏输变电线路架设工程过境石弓。

是年：①涡阳县人民法院在石弓设立法庭；②设立计划生育办公室；③石灰厂投产；④丹城轮窑厂建成投产。

一九八一年

3 月，全区青少年率先开展“五讲四美”文明礼貌活动。

4 月，学习贯彻中共中央、国务院转发的国家农委《关于积极发展农村多种经营的报告》，部署落实“决不放松粮食生产，积极开展多种经营”的方针。设立多种经营办公室，制定发展规划。

6 月底，组织学习党的十一届六中全会通过的《关于建国以来党的若干历史问题的决议》。

9 月，石弓中学取消高中班。

10 月底至 11 月初，我区学习贯彻中共中央、国务院作出的《关于广开门路，搞活经济，解决城镇就业问题的若干决定》。

是年：①重新设立派出所；②设立畜牧水产站；③温庄、石弓、丹城抽派民工架线供电。

一九八二年

1月1日，安徽省涡阳县大理石厂（即石弓大理石厂）正式投产。

1月，学习贯彻中共中央批转的《全国农村工作会议纪要》。

1月底至2月初，学习宣传省委、省政府印发的《关于大力发展社队企业的决定》，开始发展以农副产品加工和食品工业为主的社队企业。

2月上旬，石弓区姚湖大队姚朝俊出席安徽省多种经营先进集体和先进个人代表大会。

3月底，贯彻落实省委召开的小城镇建设座谈会会议精神，深刻认识加强小城镇建设、改变农村面貌的战略意义；着手布局区域内的集镇建设。

3月，中共石弓区委编史修志领导小组为《石弓区志》作序。《区志》上起明朝万历年间，下迄公元一九八一年底，以年系事。

4月，学习贯彻中共中央、国务院作出的《关于打击经济领域中严重犯罪活动的决定》。

7月1日，按照国家统一规定时间进行第三次人口普查。

9月，中共石弓区委组织学习党的十二大会议精神。

12月上旬，学习第五届全国人大五次会议通过并公布施行经全面修改后的《中华人民共和国宪法》，重点学习改变农村人民公社“政社合一”体制，设立乡政权的条文规定。

12月下旬，学习贯彻省委《关于进一步稳定、完善联产承包责任制的意见》。

一九八三年

1月，进一步完善农业生产责任制。

春季，中共阜阳地委书记陈复东在涡阳县委书记侯玉琨的陪同下，来石弓考察工作，就加快发展农村商品经济、搞好集镇街道建设、繁荣农村市场等作出明确指示。

5月下旬至6月，贯彻落实省政府通过的《关于支持农村专业户、重点户发展商品生产的若干规定（草案）》。

6 月下旬，组织学习第六届全国人大一次会议精神。

8 月 7 日，为贯彻落实中央对供销社体制改革的要求，区委与县供销社在大戏院联合召开石弓供销合作社体制改革大会，供销社由全民单位改制为集体单位，设立理事会、监事会。

8 月，恢复区、乡人武部建制。

8 月下旬，学习贯彻中共中央发出的《关于严厉打击刑事犯罪活动的决定》。

8 月 25 日，成立打击刑事犯罪专案组，开展打击违法犯罪活动。

9 月 24 日，涡阳县统一时间，各乡镇分别召开公判大会，严打各类犯罪分子。

10 月中下旬，区委组织学习党的十二届二中全会通过的《关于整党的决定》，部署我区整党工作。

10 月，学习贯彻中共中央、国务院发出的《关于实行政社分开建立乡政府的通知》。

12 月 1 日，根据省政府决定，从即日起实行粮食多渠道经营。

一九八四年

1 月，学习贯彻中共中央发出的《关于 1984 年农村工作的通知》，在稳定和完善生产责任制的基础上，提高生产力水平，疏理流通渠道，发展商品生产。

2 月，贯彻落实全省农村工作会议精神。

春季，石弓区原下辖的石弓公社改制成石弓镇；大寺、温庄、齐山、丹城等四个公社改制成乡（乡级基层政权组织，实行党、政、企分设）；原生产大队改制为村民委员会（行政村），生产队改制为自然村；原社队企业改称乡镇企业。

4 月，贯彻落实省政府印发的《关于保护和支持专业户发展商品生产的若干规定》。

7 月，贯彻落实省政府《关于加快发展乡镇企业若干问题的暂行规定》，鼓励村队、联户、农村专业户和个人兴办企业。

10 月，贯彻落实国务院发出的《关于农民进入集镇落户问题的通知》。不久，石弓区域内出现有经营能力和技术专长的农民到集镇落户，经营工商贸易。

10 月下旬，学习宣传党的十二届三中全会通过的《关于经济体制改革的决定》文件精神。

一九八五年

1 月至 2 月，学习贯彻中共中央、国务院印发的《关于进一步活跃农村经济的十项政策》和全省农村工作会议精神，开启农村第二步改革，调整农村产业结构，促进农村经济更快地向专业化、商品化、现代化转变。今年起，取消统购制，实行合同定购和市场收购。

5 月至 6 月，我区中小学贯彻落实中共中央作出的《关于教育体制改革的决定》。有步骤地实行九年制义务教育。

6 月，贯彻落实首次全国法制宣传教育工作会议通过的《关于向全体公民基本普及法律常识的五年规划》，全区开始开展普法教育。

9 月 10 日，全区中小学教师欢庆第一个教师节。

是年，四级公路建设（砂石路面）。

一九八六年

1 月至 2 月，学习贯彻中共中央、国务院发出的《关于 1986 年农村工作的部署》和全省农村工作会议精神，继续调整农业产业结构；促进乡镇企业更大的发展；进一步搞活流通；以服务为中心完善合作制；加强和完善合同制；切实减轻农民负担等。

9 月底至 10 月，学习贯彻党的十二届六中全会通过的《关于社会主义精神文明建设指导方针的决议》，部署开展精神文明建设活动。

11 月，贯彻落实省委、省政府通过的《关于减轻农民负担的若干规定》，坚持合理负担、依法纳税、集体提留定额限项，禁止乱收费、乱集资、乱罚款。

一九八七年

1 月，贯彻落实全省农村工作会议精神，在保证粮食生产持续增长的前提下，继续保持乡镇企业蓬勃发展的好势头；进一步搞活农村流通；加强农村科学技术工作；增加农业投入；加快贫困地区脱贫步伐；加强农村精神文明建设。

7 月 27 日至 31 日，石弓籍现役军人，时任解放军某部政治教导员的罗书田同志光荣出席由解放军总参谋部、总政治部、总后勤部在人民大会堂联合召开的中国人民解放军英雄模范代表会议；受到邓小平等中央领导同志的亲切接见；8 月 1 日，参加中国人民解放军建军 60 周年庆典。

9 月，贯彻落实全省乡镇企业会议精神，把发展乡镇企业作为振兴石弓的一项战略任务。

11 月，区委组织学习党的十三大会议精神，重点学习党在社会主义初级阶段的基本路线。

11 月下旬至 12 月，区委组织各乡、镇、村学习六届全国人大常委会第二十三次会议通过的《中华人民共和国村民委员会组织法（试行）》。

是年：全面推广石弓镇把地墒沟改为土墒垄。

一九八八年

4 月，组织学习第七届全国人大一次会议精神，重点学习宪法修正案中“国家允许私营经济在法律规定的范围内存在和发展。私营经济是社会主义公有制经济的补充。国家保护私营经济的合法的权利和利益，对私营经济实行引导、监督和管理”以及“土地的使用权可以依照法律的规定转让”等规定。

8 月，贯彻落实省委、省政府通过的《关于大力发展开发性农业的决定》，确定以市场为导向，放开经营权，调动各方积极性，大力发展开发性农业。

是年，成立石弓区山石管理委员会，保护山石资源。

一九八九年

6 月下旬，组织学习党的十三届四中全会精神和江泽民同志讲话。

是年，我区颁发居民身份证。

一九九〇年

3 月中旬，组织学习党的十三届六中全会通过的《关于加强党同人民群众联系的决定》。

6 月，贯彻落实省委通过的《关于进一步加强农村基层党组织建设的意见》，抓好党的农村基层组织建设，使其成为坚强的领导核心和战斗堡垒。

7 月 1 日，按照国家标准时间开展第四次人口普查。

8 月下旬，贯彻落实全省乡镇企业工作会议精神，进一步保持我区乡镇企业的稳定发展。

11 月，石弓的（春秋）万宝泉、（秦）遗履桥、（晋）嵇康墓、（宋）陈抟卧石、（元）张公神道碑被登记为涡阳县重点文物保护单位。

是年：①石弓境内开始修建青町至永城铁路（煤炭专用线）；②大街修柏油路；③石弓区乡公路整修。

一九九一年

1月，学习贯彻省委、省政府通过的《关于加强农业社会化服务体系建设的决定》，确定建立健全统分结合的双层经营体制。

5月1日，贯彻落实全省统一调整粮油统销价格，提高粮食和食用油统销价，取消地区差别，对职工实行适当补贴。

5月中旬至7月中旬，安徽省出现两个雨季，大面积、高强度、长时间降雨不断，造成特大洪涝灾害，区直单位职工向灾区捐款捐物。

10月上旬，组织干部群众在省道两旁迎送国家有关部委、解放军三总部向阜阳灾区捐献救灾物资过境石弓的运输车队。

11月16日，晚20时，参与安徽、江苏、浙江等省统一灭鼠。

12月，贯彻落实党的十三届八中全会通过的《关于进一步加强农业和农村工作的决定》和省委第五届五次全会精神，把以家庭联产承包为主的责任制、统分结合的双层经营体制作为我区乡村集体经济组织的一项基本制度长期稳定下来；树立大农业的观念。

今冬明春，两万人兴修水利。

一九九二年

1月，贯彻落实全省乡镇企业工作会议提出的发展乡镇企业“八个转向”要求。

2月，传达学习邓小平南方谈话精神。

3月22日，涡阳县召开全县有线广播大会，时任县委副书记周田同志代表县委、县政府宣读“撤区并乡”有关事宜。石弓区改称石弓镇，下辖原石弓乡、石羊乡、温庄乡；原丹城乡和齐山乡合并，由新设立的丹城乡管辖（石弓镇辖区面积79.87平方千米）。

4月，涡阳县广播事业局石弓区广播管理站更改为石弓镇广播电视站（由县局垂直管理改由镇管理）；新成立的单位有：农牧渔业站、农机管理服务站、财政所、工商行政管理所、文化站、水利站、林业站、土地管理所、教育办公室。

5月，计划生育服务站成立。

5月，贯彻落实省政府印发的《关于加快发展乡镇企业若干问题的决定》，推动乡镇企业再发展。

8 月，石弓嵇山出土宋代“仙人镜”文物。

10 月，镇党委组织学习党的十四大会议精神，重点学习邓小平同志建设有中国特色社会主义的理论和党在社会主义初级阶段的基本路线。

12 月，石弓邮电支局扩展邮政储蓄业务。

是年：①设立变电站；②恢复石灰厂；③办水泥厂；④办金融服务社；⑤开发商品房；⑥种植烟叶、苔干。

一九九三年

2 月，贯彻落实国务院发出的《关于加快粮食流通体制改革的通知》。

4 月 1 日，根据国家和全省统一部署，取消粮票、油票，取消商品粮供应，放开粮油购销价格。

4 月，组织学习第八届全国人大一次会议精神。

11 月，贯彻落实省委、省政府印发的《关于发展农村市场经济的若干规定》。

11 月，组织学习党的十四届三中全会通过的《关于建立社会主义市场经济体制若干问题的决定》。

是年：①民办教师开启转为公办教师先例；②秦庄综合建材厂扩建。

一九九四年

3 月，贯彻落实国务院召开的全国扶贫开发工作会议精神。

4 月 4 日，县委书记李亚红主持包河涡阳石弓闸（石弓包河节制闸）开工典礼。该闸于 1995 年 11 月建成。

7 月 1 日，卫星地面接收站和 36 米高的电视转播塔落成，石弓电视差转台正式建立。县广电局长李多民专程来石弓主持开播仪式，即日起转播中央台、省台、县台电视节目。

7 月，宣传贯彻国务院常务会议通过的《基本农田保护条例》。

10 月，学习贯彻党的十四届四中全会通过的《关于加强党的建设几个重大问题的决定》。

12 月，贯彻落实全省农村土地承包制度改革经验交流会会议精神。到 1995 年底，我镇基本完成新一轮土地承包工作。

是年：①成立工会；②成立石弓镇耿楼农民合作基金会；③发展畜牧生产；

④石弓电力管理站成立。

一九九五年

1月，贯彻落实省委、省政府印发的《关于进一步加强农业和农村工作的通知》，部署“农业政策法规落实年”行动计划。

是年：①兴建山后一道沟节制闸；②实现村村通电；③扩建水泥厂；④小康街、致富路、团结路、华山街、向阳路铺设柏油路面；⑤创建团结路菜市场、致富路农贸市场、小康西路商品市场、文明路肉食市场；⑥派出所大楼落成。

一九九六年

1月至2月，贯彻落实省委、省政府通过的《关于1996年农业和农村工作的意见》和《关于加快农村城镇化建设的决定》，实施“科教兴农”“外向带动”“可持续发展”三大战略。

2月28日，地级阜阳市成立，石弓镇所在的阜阳地区改称阜阳市。

4月至5月，贯彻落实省委、省政府发出减轻农民负担的紧急通知。

8月，石弓联中、高楼（仰前寺）初中撤销；9月，两校学生并入石弓中学。

10月，学习贯彻党的十四届六中全会通过的《关于加强社会主义精神文明建设若干重要问题的决议》。

10月，石弓镇统计站成立。

10月20日，石弓中学教学楼落成典礼。

11月，学习宣传八届全国人大常委会第二十二次会议通过的《中华人民共和国乡镇企业法》。

是年：①涡阳县司法局在石弓设立司法所；②计生办大楼、财政所大楼交付使用；③于张村实施了联合国WES工程项目；④村村通电话；⑤开挖包河。

一九九七年

1月，贯彻落实中共中央、国务院作出的《关于卫生改革与发展的决定》，推进全镇医疗卫生事业的发展。

2月，石弓籍干部、时任涡阳县水利局局长的周迅鲁同志被授予“1996年度全省水利系统抗洪抢险先进工作者”荣誉称号；当年10月，该同志在治淮工作中成绩突出，被省政府记二等功。

2 月至 3 月，贯彻落实省委、省政府印发的《关于贯彻〈中共中央、国务院关于尽快解决农村贫困人口温饱问题的决定〉的实施意见》《关于实施农业产业化战略的决定》。

4 月至 5 月，贯彻落实中共中央、国务院印发的《关于进一步加强土地管理切实保护耕地的通知》。

9 月，组织学习党的十五大会议精神。

年底，石弓西关老包河大桥因年久失修且桥面过低，拆除重建。

是年：①机构改革：设立党政办、财经办、社会事务办公室、农业办公室、计划生育办公室、政法办、建设办公室；②计生办综合楼建设；③姚湖、相庙两个村杂果基地建成（早酥梨、柿树等）。

一九九八年

3 月，贯彻落实省委、省政府通过的《关于进一步加快发展个体私营经济的决定》，推动个私经济发展新突破，提高个私经济在镇域生产总值中的比重。

3 月，学习贯彻第九届全国人大一次会议精神。

3 月 20 日，石弓集西关（蓝桥路）包河大桥开工重建、加高，于 1999 年 7 月底竣工。

7 月底至 8 月，石弓连续阴雨二十余天，包河发生水灾。

8 月，邮政与电信分拆，石弓邮电支局划分为邮政支局和电信支局。

7 月，宣传贯彻《国务院关于进一步深化城镇住房制度改革加快住房建设的通知》。2000 年冬至 2001 年 1 月，房改工作在石弓镇正式展开。

9 月，S202 省道整修（刨树、平整路基，拟建水泥路面）。

10 月，组织学习、贯彻落实中共十五届三中全会通过的《关于农业和农村工作若干重大问题的决定》。

11 月至 12 月，清淤包河。

12 月，包河清淤石弓段出土古象牙化石（挖掘文化遗迹，进行文化保护）。

是年：①镇政府购买一辆桑塔纳轿车；②姚湖建波尔山羊良种繁育基地。

一九九九年

2 月，组织学习中共中央印发的《中国共产党农村基层组织工作条例》。

3 月，石弓中心小学（逸夫楼）建成使用；原石弓小学更名为石弓第二小学。

7月，学习贯彻中共中央、国务院通过的《关于进一步加强扶贫开发工作的决定》。

9月，石弓籍干部，时任涡阳县水利局局长的周迅鲁同志被省水利厅记二等功、被水利部评为“全国农村水利先进个人”。

10月1日，组织收看首都各界庆祝中华人民共和国成立50周年大会电视实况转播。

12月31日，中共石弓镇第九届代表大会召开，选举新一届镇党委会。

是年：①集镇老街改造；②全镇开通微波传输有线电视；③王元建立联中教学点；④石羊种植药材；⑤于张中心村建设；⑥二轮工程建设。

二〇〇〇年

2月，贯彻落实省委、省政府印发的《关于做好2000年农业和农村工作，确保农民增收的若干意见》。

3月至5月，贯彻落实中共中央、国务院发出的《关于进行农村税费改革试点工作的通知》和省委、省政府《关于在全省开展农村税费改革试点工作的通知》。

6月，贯彻落实中共中央、国务院印发的《关于促进小城镇健康发展的若干意见》，进一步推动集镇建设。

6月，地级亳州市组建，石弓镇所在的涡阳县由阜阳市管辖改由亳州市管辖。

9月，石弓镇实行小学免试就近升入初中。

10月，贯彻落实省委、省政府印发的《关于进一步加快发展个体私营经济的若干意见》，进一步放宽个体私营经济投资经营领域。

11月1日，我镇按照国家统一标准时间开展第五次人口普查。

是年：①重新修建红卫大桥；②拍卖大戏院（后改建成“商贸城”）。

二〇〇一年

3月，石弓镇完成“村村通广播电视”的任务。

6月，贯彻落实中央扶贫开发工作会议精神和国务院印发的《中国农村扶贫开发纲要（2001—2010年）》，明确认识在20世纪末基本解决农村贫困人口温饱问题的战略目标和今后十年扶贫开发工作的大政方针和主要任务。

8月至10月，旱情造成秋季作物严重减产。

9月，石弓镇事业单位机构改革，石弓镇广播电视站与文化站合并，改挂石弓镇文化广播电教站牌；农技站、畜牧站、水利站、林业站、农机站合并为农业综合服务站；农经站并入财政所；撤销统计站，成立经济信息服务站（同时挂乡镇企业服务站牌子）；土管所与村镇建设所合并为土地村镇建管所；成立计划生育服务站（13 个站所合并成 6 个站所）。

9 月，组织学习中共十五届六中全会通过的《关于加强和改进党的作风建设的决定》，重点学习作风建设“八个坚持、八个反对”的要求。

10 月，学习贯彻中共中央印发的《公民道德建设实施纲要》。

11 月，贯彻落实省政府印发的《安徽省城镇化发展纲要（2001—2010 年）》。

是年：①涡阳县在石弓镇召开林业现场会；②客运站成立。

二〇〇二年

1 月 29 日，中共石弓镇第十次代表大会召开，选举产生新一届党委。

2 月 1 日，石弓镇第十一次人民代表大会第一次会议选举产生新一届政府领导班子。

1 月，石弓籍干部，时任涡阳县水利局局长的周迅鲁同志被国家人事部、水利部授予“全国水利系统先进工作者”荣誉称号；同年 4 月，被安徽省人民政府授予“人民满意的公务员”荣誉称号。

8 月底，石弓镇组织学习第九届全国人大常委会第二十九次会议通过的《中华人民共和国农村土地承包法》。

10 月，学习贯彻中共中央、国务院作出的《关于进一步加强农村卫生工作的决定》。

11 月，组织学习党的十六大会议精神。

是年：①个私经济发展到 518 家；②竞标山石开发。

二〇〇三年

1 月，学习贯彻中共中央、国务院发出的《关于做好农业和农村工作的意见》。

3 月，组织学习第十届全国人大一次会议精神。

4 月，贯彻落实全省农村工作会议精神，调整农业结构，增加农民收入。

春季，我国遭遇一场过去从未出现过的非典型肺炎重大疫情，我镇组织防治非典工作。

8 月至 9 月，贯彻落实省委、省政府《关于加快民营经济发展的决定》和省政府《关于进一步加快发展农业产业化经营的实施意见》。

10月，学习中共十六届三中全会通过的《关于完善社会主义市场经济体制若干问题的决定》。

是年：①加宽后的包河大桥建成通车；②温庄小学教学楼投入使用；③工业园区规划建设；④镇计生办获得“全省最佳”荣誉称号；⑤年底统计，镇有乡镇企业497个，总产值15188万元，固定资产净值5069万元。

二〇〇四年

2月，学习贯彻中共中央、国务院下发的《关于促进农民增加收入若干政策的意见》。

4月22日，石弓籍干部，时任亳州市水利局副局长的周迅鲁同志被省纪检委、省委组织部、省委宣传部、省监察厅、省人事厅授予“勤廉兼优的党员领导干部”荣誉称号。

11月，学习宣传中共中央印发的《关于在全党开展以实践“三个代表”重要思想为主要内容的保持共产党员先进性教育活动的意见》，活动至2015年6月。

11月，开始落实省政府印发的《关于实施扶贫开发整村推进工程的意见》。

12月，石弓教育办公室撤编；石弓中学更名为石弓中心学校。

是年：①乡镇事业单位机构改革（分流安置）；②镇有小学27所，中学6所；③鸿雁沟两侧沟坝工程建设完成；④神桥、大黄、郭黄楼小学完成改造工程；⑤农村电网开始改造。

二〇〇五年

2月，学习贯彻中共中央、国务院印发的《关于进一步加强农村工作提高农业综合生产能力若干政策的意见》。

2月至3月，贯彻落实省委、省政府出台意见，实行“一免征三补贴”政策：我镇免征农业税（今年起，农民不再交公粮），增加粮食直接补贴、良种补贴和农机具购置补贴。

2月至3月，贯彻落实省政府发布的《关于加快农村公路建设的决定》，确保到2010年全镇实现“村村通油路（水泥路）”。

4月至5月：①石弓镇撤并村，村级单位由原来“撤区并乡”时的31个村委会，合并为东关、西关、耿楼、王浅、山后、姚湖、石羊、大寺、大黄、高楼、于张、温庄、李楼、神桥等 14 个村委会；②各村换届选举新一届领导班子。

6 月 9 日，（石弓李楼）安徽雪莲面粉有限责任公司成立。

7 月至 8 月，学习贯彻省委、省政府批转的《省综治委、省委政法委关于建设“平安安徽”促进社会和谐稳定的意见》，确定建设“平安石弓”。

是年筹建司法所。

二〇〇六年

2 月，学习贯彻中共中央、国务院下发的《关于推进社会主义新农村建设的若干意见》。

10 月，组织学习党的十六届六中全会通过的《关于构建社会主义和谐社会若干重大问题的决定》。

是年：①“基本普及九年义务教育、基本扫除青壮年文盲”达标验收获通过；②农村居民用电实现城乡同价；③李楼建篮球场；④筹建大寺沟桥。

二〇〇七年

2 月，贯彻落实《中共中央、国务院关于积极发展现代农业扎实推进社会主义新农村建设的若干意见》和省政府《关于进一步加快个体私营等非公有制经济发展推进全民创业的意见》。

3 月，贯彻落实省委、省政府印发的《关于全面推进农村综合改革试点的意见》。

7 月，贯彻落实国务院发出的《关于在全国建立农村最低生活保障制度的通知》，我镇符合条件的农村贫困人口全部纳入保障范围。

8 月至 9 月，贯彻落实省政府印发的《关于进一步加快农村卫生事业发展的意见》，确定全面建立新型合作医疗与医疗救助相结合的农村医疗保障制度，确保农民人人享有基本卫生保健。

10 月，组织学习党的十七大会议精神，重点理解科学发展观的科学内涵、精神实质和根本要求，明确科学发展观第一要义是发展，核心是以人为本，基本要求是全面协调可持续，根本方法是统筹兼顾。

是年：①免除农村义务教育阶段学生学杂费；②建变电所；③高庄自然村并入于张行政村；④村村通工作建设开工。

二〇〇八年

3 月，学习第十一届全国人大一次会议精神。

3 月 27 日，涡阳县招标投标中心开石弓山山石资源采矿权拍卖会。

9 至 10 月，学习宣传中共中央印发的《关于在全党开展深入学习实践科学发展观活动的意见》。

10 月，学习贯彻中共十七届三中全会通过的《关于推进农村改革发展若干重大问题的决定》。

是年：①新型农村合作医疗制度覆盖到全镇；②中小学生、学龄前儿童和其他非从业城镇居民纳入城镇居民基本医疗保险保障范围；③筹建石弓镇敬老院；④ S202 省道辅路下水道建设启动。

二〇〇九年

4 月 20 日，石弓镇隆中学校进行注册。

4 月 23 日，石弓镇共方学校进行注册。

9 月，宣传贯彻国务院印发的《关于开展新型农村社会养老保险试点的指导意见》。

9 月至年底，贯彻省政府决定，全镇开展以农村集体土地所有权、集体建设用地使用权和宅基地使用权为主要内容的农村集体土地确权和登记发证工作。

9 月，组织学习中共十七届四中全会通过的《关于加强和改进新形势下党的建设若干重大问题的决定》。

是年：①拆除石弓山石灰窑；②建垃圾填埋厂。

二〇一〇年

2 月，学习贯彻中共中央、国务院下发的《关于加大统筹城乡发展力度进一步夯实农业农村发展基础的若干意见》。

11 月 1 日，我镇按照国家统一标准时间进行第六次人口普查。

12 月 6 日，在神桥创建温氏养殖厂，种猪繁育。

是年：① S202 省道安装路灯；②李楼新农村建设；③筹建财政所办公室。

二〇一一年

4 月 15 日，中共石弓镇第十二次代表大会第一次会议选举新一届党委班子。

5 月至 6 月，贯彻落实中共中央、国务院印发的《中国农村扶贫开发纲要（2011—2020 年）》。

10 月，学习贯彻中共十七届六中全会通过的《关于深化文化体制改革推动社会主义文化大发展大繁荣若干重大问题的决定》。

是年：①建计生服务所；②筹建烈士陵园。

二〇一二年

1 月 3 日，石弓镇第十三届人民代表大会第一次会议选举产生新一届政府班子。

2 月，贯彻落实省委、省政府印发的《关于加大农业科技创新力度　加快推进农业现代化的意见》。

9 月，宣传贯彻全省美好乡村建设动员大会精神，围绕“生态宜居村庄美、兴业富民生活美、文明和谐乡风美”的建设目标，大力培育中心村，整治自然村，提升特色村。

11 月，组织学习党的十八大会议精神。

11 月，石弓镇所在的亳州市被国务院纳入中原经济区规划范围。

12 月，组织学习《十八届中央政治局关于改进工作作风、密切联系群众的八项规定》。

是年：①烈士墓搬迁；②建东关、山后、温庄、神桥等 4 个篮球场。

二〇一三年

2 月，贯彻落实《中共中央、国务院关于加快发展现代农业进一步增强农村发展活力的若干意见》和全省农村工作会议精神。

3 月，组织学习第十二届全国人大一次会议精神。

5 月，贯彻亳州市关于实施农村清洁工程的意见，开启农村环境卫生清洁工作长效机制。

5 月，学习贯彻中共中央下发的《关于在全党深入开展党的群众路线教育实践活动的意见》，全党分两批开展以为民务实清廉为主要内容的党的群众路线教育实践活动，集中整治形式主义、官僚主义、享乐主义和奢靡之风“四风”问题。

我镇为第二批，活动至2014年9月结束。

11月，组织学习中共十八届三中全会通过的《关于全面深化改革若干重大问题的决定》。

12月，学习宣传中共中央办公厅印发的《关于培育和践行社会主义核心价值观的意见》，重点宣传富强、民主、文明、和谐，自由、平等、公正、法治，爱国、敬业、诚信、友善基本内容。

是年，法云寺修复建设。

二〇一四年

2月，贯彻落实中共中央、国务院印发的《关于全面深化农村改革加快推进农业现代化的若干意见》。

7月至9月，贯彻落实国务院印发的《关于进一步推进户籍制度改革的意见》。

9月，中小学校启动国学经典教育。

10月，包河明珠广场建成。

11月至12月，学习贯彻中共中央办公厅、国务院办公厅印发的《关于引导农村土地经营权有序流转发展农业适度规模经营的意见》。

是年：①济祁高速公路涉及石弓征地；②土地确权；③兴建石弓中心幼儿园；④S202省道集镇规划设计完成；⑤规划镇大院，新建集体宿舍、档案室；⑥包河治理；⑦筹建石弓卫生院西区；⑧温氏养殖厂、种猪繁育在神桥村建成投产。

二〇一五年

1月，贯彻落实国务院作出的《关于机关事业单位工作人员养老保险制度改革的决定》。

2月，贯彻落实中共中央办公厅、国务院办公厅印发的《关于农村土地征收、集体经营性建设用地入市、宅基地制度改革试点工作的意见》和全省农村工作会议精神，主动适应经济发展新常态。

4月至5月，贯彻落实中共中央、国务院下发的《关于加快推进生态文明建设的意见》和中组部、中央农村工作领导小组办公室、国务院扶贫开发领导小组办公室印发的《关于做好选派机关优秀干部到村任第一书记工作的通知》。

11月，贯彻落实中共中央办公厅、国务院办公厅印发的《深化农村改革综合性实施方案》，确立农村改革的“四梁八柱”。

12 月，学习贯彻中共中央、国务院作出的《关于打赢脱贫攻坚战的决定》。

12 月 19 日，过境石弓的济（南）祁（门）高速公路永（城）利（辛）段正式通车，石弓服务区正式运营。

是年：①集镇建设；②建成秦庄北桥。

二〇一六年

1 月至 2 月，贯彻落实中共中央、国务院下发的《关于实施全面两孩政策改革完善计划生育服务管理的决定》和修改后的《中华人民共和国人口与计划生育法》。

2 月至 3 月，学习贯彻中共中央办公厅印发的《关于在全体党员中开展“学党章党规、学系列讲话，做合格党员”学习教育方案》。

4 月 2 日，中共石弓镇第十三次代表大会第一次会议选举产生新一届党委班子。

4 月，学习贯彻习近平总书记在安徽凤阳县小岗村主持召开农村改革座谈会时发表的重要讲话，明确新形势下深化农村改革，主线仍然是处理好农民和土地的关系。最大的政策，就是必须坚持和完善农村基本经营制度，坚持农村土地集体所有，坚持家庭经营基础性地位，坚持稳定土地承包关系。

7 月，由大雄宝殿、观音殿、地藏殿、天王殿等建筑物构成的石弓法云寺建成。

9 月至 10 月，贯彻落实国务院办公厅转发民政部等部门《关于做好农村最低生活保障制度与扶贫开发政策有效衔接的指导意见》，把建档立卡贫困人口纳入低保或者特困供养。

9 月 20 日，石弓山封山治理，拆除耿玉体矿山，拆除养殖厂、窑厂。

10 月至 11 月，贯彻落实中共中央办公厅、国务院办公厅印发的《关于完善农村土地所有权承包权经营权分置办法的意见》。

10 月至 11 月，学习贯彻中共十八届六中全会通过的《关于新形势下党内政治生活的若干准则》和《中国共产党党内监督条例》。

12 月，贯彻落实中共中央办公厅、国务院办公厅印发的《关于全面推行河长制的意见》。

是年：实现打捆离田率 100%。

二〇一七年

1 月 20 日，石弓镇第十四届人民代表大会第一次会议选举产生新一届政府班子。

2月，学习贯彻中共中央、国务院印发的《关于稳步推进农村集体产权制度改革的意见》。

4月，石弓西关义务守护烈士墓20多年的退役军人王爱民入选“中国好人榜”。

5月至6月，贯彻落实全省美丽乡村建设推进会会议精神，部署一体化推进我镇垃圾、污水、厕所专项整治“三大革命”，全面改善农村人居环境，努力打造绿色石弓美好家园。

8月至9月，宣传贯彻省委、省政府印发的《关于稳步推进农村集体产权制度改革的实施意见》。

9月，过境石弓的济祁高速公路被国家调整为德（州）上（饶）高速公路。

10月，组织学习党的十九大会议精神。

是年：①建立河长制；②美丽集镇建设；③建11个光伏电站；④新建无害垃圾填埋坑20个。

二〇一八年

1月至2月，贯彻落实中共中央、国务院印发的《关于实施乡村振兴战略的意见》。

3月，组织学习第十三届全国人大一次会议精神。

3月29日，亳州市人民政府为嵇康墓立碑。嵇康墓由涡阳县文物保护单位升到亳州市文物保护单位。

6月至7月，贯彻落实中共中央、国务院印发的《关于打赢脱贫攻坚战三年行动的指导意见》和《关于全面加强生态环境保护坚决打好污染防治攻坚战的意见》。

是年：①石弓山开始修复治理；②夏季受到强降雨影响，大豆不同程度减产。

二〇一九年

1月至2月，学习贯彻《中共中央　国务院关于坚持农业农村优先发展做好“三农”工作的若干意见》。

1月下旬至2月，学习贯彻中央农办等八单位印发的《关于推进农村“厕所革命”专项行动的指导意见》和全省农村人居环境整治会议精神，以农村厕所、垃圾、污水“三大革命”和村庄清洁、畜禽粪污资源化利用、村庄规划建设提升“三大行动”为重点，有力、有序、有效地推进我镇人居环境整治。

7 月，石弓镇生态环境保护工作站成立。

8 月，石弓至岳集之间的县道改称 S411 省道。

8 月至 9 月，学习贯彻中共中央印发的《中国共产党农村工作条例》。

9 月，贯彻落实亳州市委、市政府印发的《亳州市乡村振兴战略规划（2018—2022 年）》，以“产业兴旺、生态宜居、乡风文明、治理有效、生活富裕”的总要求制订具体措施。

9 月至 11 月，开展“不忘初心、牢记使命”主题教育。

11 月 6 日，（涡阳至石弓）城乡客运一体化一元公交运行通车。

11 月至 12 月，学习贯彻《中共中央　国务院关于保持土地承包关系稳定并长久不变的意见》。

12 月底，安徽全域纳入长三角一体化发展规划，石弓所在的亳州市有了新的发展机遇。

是年：①涡阳县人民医院北区项目启动；②城乡环卫一体化，实现全域保洁；③石羊、大寺、温庄、大黄、李楼、于张等 6 个村开展高标准农田治理。

二〇二〇年

1 月至 2 月，学习贯彻《中共中央　国务院关于抓好“三农”领域重点工作确保如期实现全面小康的意见》。

7 月，“快递进村”试点开启。

7 月，县派出镇监察办公室挂牌。

9 月，开始贯彻落实亳州市印发的《关于构建邻长制基层组织体系的实施方案（试行）》，在村范围内，组织单元划分为“片”“组”“邻”，推动社会治理和服务重心向基层下移。

10 月，涡阳县在石弓镇探索成立“法治门诊”。

11 月 1 日，按照国家统一标准时间开展第七次全国人口普查。

是年：①大力开展公共空间清理；②脱贫攻坚取得全面胜利；③实行农民建房审批手续。

二〇二一年

1 月，开始贯彻落实中共中央办公厅、国务院办公厅印发的《关于全面推行林长制的意见》。

2 月，贯彻落实《中共中央　国务院关于全面推进乡村振兴加快农业农村现代化的意见》。

5 月 18 日，中共石弓镇第十四次代表大会召开，选举产生第十四届石弓镇党委会。

5 月 8 日至 9 日，由亳州市文旅体育局、中共涡阳县委联合主办的“涡阳石弓第一届包河民俗文化节”在石弓举行。

5 月，学习贯彻第十三届全国人大常委会第二十八次会议通过的《中华人民共和国乡村振兴促进法》。

5 月，中共安徽省委、安徽省人民政府授予石弓镇“安徽省脱贫攻坚先进集体”荣誉称号。

6 月，石弓镇乡村振兴工作站成立。

7 月 1 日上午，组织收听、收看习近平总书记在庆祝中国共产党成立 100 周年大会上的讲话实况转播。

二〇二二年

1 月 17 日，石弓镇召开第十五届人民代表大会，选举产生新一届政府班子。

1 月，开始贯彻落实省农业农村厅、省发展和改革委员会联合印发的《安徽省“十四五”美丽乡村建设规划》，推进农村人居环境“三大革命”“三大行动”。

2 月，学习贯彻《中共中央　国务院关于做好 2022 年全面推进乡村振兴重点工作的意见》文件精神。

2 月，安徽省第九批千年古镇地名文化遗产批复，石弓镇入选千年古镇。

3 月，贯彻落实《农业农村部关于实施新型农业经营主体提升行动的通知》，突出抓好农民合作社和家庭农场两类农业经营主体的发展。

5 月 6 日，石弓镇举行午季小麦秸秆收储权拍卖会，此举为亳州市首例。

6 月 25 日，水利部重点推进的重大水利工程——安徽省包浍河治理工程开工。石弓镇包河闸除险加固、防汛道路、护岸等工程即将开始。

2022 年汛后，涡阳包河闸（即石弓包河闸）加固，2023 年汛前竣工。

10 月，组织学习党的二十大会议精神。

11 月 24 日，安徽省林业局批准设立安徽涡阳包河省级湿地自然公园。

12 月，石弓镇林业站挂牌成立。

12 月，安徽省林业局授予涡阳县石弓镇桃花岛生态家庭农庄“安徽省示范家庭林场”。

二〇二三年

2 月，学习贯彻《中共中央　国务院关于做好 2023 年全面推进乡村振兴重点工作的意见》。

3 月，学习第十四届全国人大一次会议精神。

3 月，安徽省文化和旅游厅授牌桃花岛为安徽省乡村旅游“后备箱工程基地”。

7 月，学习贯彻《中共中央　国务院关于促进民营经济发展壮大的意见》。

10 月 1 日，涡阳县人民医院北区在石弓西关开建。

10 月 3 日，石弓镇东神桥村“耕读传家”开馆，这对石弓的家庭式文化传承起到了旗帜引领作用。

是年：①开展包浍河治理工程石弓段治理；②修复遗履桥遗址；③省级包河湿地公园立标；④投资建设风力发电站项目。

二〇二四年

2 月，贯彻落实《中共中央　国务院关于全面推进美丽中国建设的意见》和《中共中央　国务院关于学习运用“千村示范、万村整治”工程经验有力有效推进乡村全面振兴的意见》。

4 月至 5 月，贯彻落实住房城乡建设部、应急管理部、自然资源部、农业农村部、市场监管总局联合印发的《关于加强农村房屋建设管理的指导意见》。

4 月，良弓楼建成，7 月开业。

5 月 6 日，石弓山碑楼揭幕典礼举行。

6 月 30 日，开始新一轮机构改革，成立党政和应急消防办公室、党建办公室、经济发展和社会事业办公室、平安法治和基层治理办公室、综合行政执法队、便民和退役军人服务中心、新时代文明实践和农业农村发展中心、财政和资产管理中心。

7 月 2 日，确定王志超为第七批安徽省省级非物质文化遗产代表性传承人。

7 月 8 日，浙江传媒学院马克思主义学院院长刘福州教授组织的大学生暑期社会实践人物访谈团队来石弓与邹想想镇长等人座谈石弓发展。

7 月，学习贯彻第十四届全国人大常委会第十次会议通过的《中华人民共和国农村集体经济组织法》。

7 月，组织学习党的二十届三中全会精神。

8 月，学习贯彻《中共中央　国务院关于加快经济社会发展全面绿色转型的意见》。

9 月 30 日，土地二轮延包工作（30 年）完成。

是年：①包河防洪路修建；②南水北调工程施工。

注：附录二内容由吴增强（老兵）、董郭庆、董莉华收集整理。

附录三　中华人民共和国成立75年来石弓镇历任领导名录

明清时期，石弓镇境域归宿州所辖。清同治四年（1865 年），涡阳设县，始划归涡阳县。民国年间，为涡阳县第四区公所。1948 年属涡阳县丹城区。1950 年丹城区改称石弓区。1958 年，石弓区改为红旗公社石弓基层社。1961 年春改为石弓区，下辖石弓、丹城、石羊、马店、大孟、齐山、蒋瓦房 7 个公社。1970 年春，撤区并社，成立石弓大公社。1979 年又设石弓区，辖石弓、丹城、大寺、温庄、齐山 5 个公社。1983 年 6 月公社改乡，1985 年石弓乡改为区辖镇。1992 年撤区并乡，石弓、石羊、温庄三个乡合并设立石弓镇，地名沿用至今。

中共涡阳县石弓镇（区、公社）委书记名录

（按任职先后时间为序）

区委书记　高润民　在任时间：1949 年 10 月—1950 年 1 月

区委书记　周连升　在任时间：1950 年 2 月—1950 年 4 月

区委书记　吴品贤　在任时间：1950 年 5 月—1953 年 1 月

区委书记　张春庭　在任时间：1953 年 2 月—1956 年 3 月

区委书记　王朝栋　在任时间：1956 年 4 月—1958 年 9 月

基层社党委书记　张春庭　在任时间：1958 年 9 月—1960 年冬季

区委书记　周在伦　在任时间：1961 年春季—1970 年 1 月

（注：期间，涡阳县副县长周在伦同志兼任石弓区委书记。）

公社书记　王成义　在职时间：1970 年 2 月—1973 年 4 月
公社书记　李连法　在职时间：1973 年 5 月—1976 年 1 月
公社书记　高洪才　在职时间：1976 年 1 月—1978 年 4 月
公社书记　刘兴旺　在职时间：1978 年 4 月—1979 年 9 月
区委书记　刘兴旺　在职时间：1979 年 10 月—1980 年 10 月
区委书记　马安静　在职时间：1980 年 10 月—1983 年
区委书记　徐凤桐　在职时间：1983 年—1988 年 2 月
区委书记　李合久　在职时间：1988 年 2 月—1991 年 5 月
区委书记　孙传德　在职时间：1991 年 5 月—1992 年 3 月
镇委书记　孙传德　在职时间：1992 年 3 月—1994 年 9 月
镇委书记　何金彩　在职时间：1994 年 10 月—1998 年 5 月
镇委书记　李　杰　在职时间：2006 年 3 月—2009 年 5 月
镇委书记　武效强　在职时间：2009 年 6 月—2014 年 2 月
镇委书记　李小雨　在职时间：2014 年 3 月—2014 年 6 月
镇委书记　葛新建　在职时间：2014 年 7 月—2017 年 10 月
镇委书记　赵子刚　在职时间：2019 年 2 月—2023 年 5 月
镇委书记　于晓虎　在职时间：2023 年 7 月—至今

注：以上任职职务、时间包括主持工作、代职或兼职。
此部分资料由石弓镇党政办整理。

涡阳县石弓镇（区、公社）主要负责人名录

（按任职先后时间为序）

区　长　李汉金　任职时间：1949 年
区　长　于帮普　任职时间：1950 年
区　长　李　丙　任职时间：1951 年
区　长　张学荣　任职时间：1952 年—1956 年
区　长　丁继增　任职时间：1957 年

社　长　王长朋　任职时间：1958 年—1961 年

区　长　李清一　任职时间：1961 年—1966 年

区公所区长　（暂缺）

区　长　刘延龄　任职时间：1981 年—1983 年

区　长　朱典浩　入职时间：1983 年—1984 年

区　长　张立民　任职时间：1985 年—1988 年 3 月

区　长　朱秀兰　任职时间：1988 年 3 月—1991 年 1 月

区　长　庞训才　任职时间：1991 年 2 月—1992 年 1 月

镇　长　何金彩　任职时间：1992 年 3 月—1994 年 9 月

镇　长　贾兴民　任职时间：1994 年 10 月—1997 年 8 月

镇　长　周俊杰　任职时间：1997 年 8 月—1999 年 11 月

镇　长　王钦利　任职时间：1999 年 12 月—2001 年 12 月

镇　长　李　杰　任职时间：2002 年 1 月—2006 年 11 月

镇　长　武效强　任职时间：2006 年 11 月—2010 年 3 月

镇　长　孙兴旺　任职时间：2010 年 4 月—2011 年 6 月

镇　长　李小雨　任职时间：2011 年 6 月—2014 年 2 月

镇　长　田博文　任职时间：2014 年 3 月—2014 年 6 月

镇　长　杨　建　任职时间：2014 年 10 月—2015 年 12 月

镇　长　汪海洋　任职时间：2016 年 1 月—2016 年 11 月

镇　长　栗怀忍　任职时间：2016 年 11 月—2018 年 5 月

镇　长　赵子刚　任职时间：2018 年 5 月—2020 年 8 月

镇　长　于晓虎　任职时间：2020 年 8 月—2023 年 7 月

镇　长　邹想想　任职时间：2023 年 8 月—至今

注：以上任职职务、时间包括主持工作、代职或兼职。

此部分资料由石弓镇党政办整理。

附录四　情系涡阳，缅怀嵇康

在华夏大地的广袤版图上，有一个充满历史韵味和文化底蕴的地方——涡阳县石弓镇。这里，是我们祖先嵇康的故里和埋骨之地。这里，是我们嵇氏后裔心中永远的根。

作为嵇氏后裔，每当踏上这片土地，心中便涌起无尽的亲切与自豪。石弓镇的每一寸土地仿佛都承载着祖先的足迹，每一丝微风似乎都诉说着嵇康的传奇。这里的山川、河流、田野，都与嵇康的精神相互交融，构成了一幅独特而迷人的画卷。

石弓镇的嵇山承载着我们嵇氏家族永远的记忆。嵇山的山峰和山上的一草一木，见证了岁月的沧桑变迁，却始终坚守着自己的庄严与稳重。它们像是嵇康坚守的理想和信念，无论风雨如何侵蚀，都屹立不倒。山上的青松挺拔，恰似嵇康高洁的品质。

石弓镇的田野一望无际，金黄的麦浪在微风中轻轻摇曳，那是大地的馈赠。这片肥沃的土地，曾经养育了我们的先祖，也孕育了一代又一代的嵇氏后人。每当收获的季节，那满目的金黄，就像是嵇康留给我们的宝贵财富，让我们懂得珍惜劳动的成果，感恩大自然的恩赐。虽然我们嵇氏家族因为历史的变迁和各种原因已经离开了故土，但是嵇山永远是我们心中的圣山，石弓镇永远是我们的故乡。

而对于祖先嵇康，我们怀着深深的缅怀与敬仰。嵇康，这位魏晋时期的名士，以其卓越的才华、高尚的品德和不屈的精神，成为中国历史上一颗璀璨的明星。他的文学作品，如《与山巨源绝交书》《养生论》等，展现了他深邃的思想和独立的人格。他的音乐造诣更是令人赞叹，一曲《广陵散》成为千古绝唱。

在那个动荡的时代，嵇康不随波逐流，不为权贵折腰，始终保持着自己的操守和信念，以生命捍卫了尊严。当今嵇康的许多后裔也继承了他的优秀基因和崇高精神。我们或许没有如嵇康那般名震天下，但我们在各自的领域默默耕耘，散发着光芒。我们秉承嵇康的正直与善良，对待他人真诚友善；我们坚守嵇康的独立与自由，在生活中追求真理，不被世俗的枷锁束缚。

嵇康

无论是在学术研究中追求卓越，在艺术创作中展现才华，在商业领域中诚信经营，还是在社会服务中奉献爱心，我们嵇氏后裔都以实际行动诠释着家族的价值观。许多嵇氏族人用智慧和汗水，书写着属于嵇氏家族的辉煌篇章。愿嵇康的精神永远熠熠生辉，愿我们嵇氏后裔在传承中不断创新发展，为社会的进步和人类的文明贡献更多的力量。让我们铭记这段历史，传承这份宝贵的精神财富，让它在新时代焕发出新的生机与活力。

石弓镇，这片孕育了嵇康的土地，是我们永远的家园。我们将怀着对祖先的敬仰和对这片土地的热爱，不断努力，让它变得更加美丽、富饶、和谐。让我们携手共进，在嵇康精神的指引下，创造更加美好的未来！

嵇氏古琴制作

注：本文作者嵇孝华，号竹林散人，竹林堂嵇氏家族理事会常务副会长，嵇氏竹林堂七甲第六十七世孙，嵇氏古琴斫琴技艺非物质文化遗产传承人，中国当代古琴斫琴师，灌南县第十、十一届政协委员，连云港市古琴协会会员，扬州市古琴斫琴专委会会员。

附录五　横琴断音，千古绝响

——嵇康公一千八百周年诞辰纪念

在历史的长河中，总有一些人物如璀璨星辰，闪耀着永恒的光芒。嵇康公，便是其中一位。今年，是嵇康公一千八百周年诞辰，在这个特殊的时刻，我们怀着无比崇敬和缅怀之情，追溯他的生平，感悟他的精神。

嵇康，字叔夜，三国时期思想家、音乐家、文学家。他生活的时代，战乱频繁，社会动荡，但他以其独特的人格魅力和卓越的才华，在历史的画卷上留下了浓墨重彩的一笔。

嵇康容貌俊美，风姿特秀，《世说新语》“容止”篇对嵇康的描述：“身长七尺八寸，风姿特秀。见者叹曰‘萧萧肃肃，爽朗清举。’或云‘肃肃如松下风，高而徐引。’山公曰‘嵇叔夜之为人也，岩岩若孤松之独立；其醉也，傀俄若玉山之将崩。’”成语“玉山将崩”由此而来。

嵇康风姿倜傥，清洁高贵，就像缓缓从松林穿过的萧萧清风，即使喝醉了，也像即将倾倒的玉山一样伟岸俊逸。少有记录古人容姿的《晋书》不吝言辞地赞美嵇康：“美词气，有风仪，而土木形骸，不自藻饰，人以为龙章凤姿，天质自然。”据说，嵇康上山采药，一樵夫遇见，以为神仙下凡。然而，他的魅力远不止于外表，更在于其深邃的思想和高尚的品德。他崇尚老庄，主张“越名教而任自然”，他的思想犹如一道曙光，照亮了人们追求自由和真实的道路。

作为文学家，嵇康的诗文刚劲峻切，富有批判精神。他的《与山巨源绝交书》言辞激烈，表达了对官场黑暗的不满和对自由的向往。“性有所不堪，真不可强。今空语同知有达人无所不堪，外不殊俗，而内不失正，与一世同其波流，而悔吝不生耳。”这是他对世俗的抗争，也是对自我坚守的宣告。他的作品不仅展现了他的文学才华，而且反映了他对社会现实的关注和对人生意义的思考。

在音乐方面，嵇康更是造诣深厚。他是古琴弹奏高手，善弹《广陵散》。史书记载，嵇康临刑前，神色不变，索琴弹奏《广陵散》，曲终叹曰：“昔袁孝尼尝从吾学《广陵散》，吾每靳固之，《广陵散》于今绝矣！”这一幕，成为中国文化史上永恒的悲壮画面，也让我们感受到了他对音乐的热爱和对生命的坦然。他对于古琴文化既有传承又有突破，他所作的《长清》《短清》《长侧》《短侧》被后世称为“嵇氏四弄”，与蔡邕的《蔡氏五弄》合称“九弄”，为古琴音乐增添了新的元素。他的音乐理论主要集中在《声无哀乐论》一文中，“心之与声，明为二物”，强调声音来源于自然的本质，本身并无感情可言，是因为人自身情感心绪的不同而感受到不同的情绪。“夫哀心藏于内，遇和声而后发。和声无象，而哀心有主。夫以有主之哀心，因乎无象之和声而后发，其所觉悟，唯哀而已”，他认为人自身心中先有了哀乐之情，音乐只不过是一个媒介而已。他突破了把音乐纯当作政治教化，完全无视音乐的艺术性的音乐思想，是有进步意义的。《声无哀乐论》阐述了嵇康对于音乐理论的观点，直接影响到他对于古琴理论的见解，给中国古琴理论留下了辉煌的一笔。他创作的《琴赋》，也是中国古琴文化史上的瑰宝，为后世研究古琴美学与古代音乐思想提供了珍贵的范本。

嵇氏古琴

嵇康的一生，是坚守自我、追求自由的一生。他“刚肠嫉恶，轻肆直言，遇事便发”，如此刚烈的性格，直接导致了他的人生悲剧。他不与世俗同流合污，不向权贵低头，始终保持着独立的人格和高尚的气节。他与竹林七贤中另外几位的交游，更是成为中国文化史上的佳话。他们在竹林中饮酒赋诗、畅谈玄理，远离尘世的喧嚣和纷扰，追求心灵的宁静和自由。这种对自由的追求和对精神世界的探索，对后世产生了深远的影响。

稽康款式古琴

嵇康的命运却是悲惨的，他因得罪钟会，被司马昭所杀。但他的死，并非生命的终结，而是精神的永生。他的名字，成为自由、正义、高尚的象征；他的事迹，激励着一代又一代的人们坚守信念，追求真理。

在当今社会，我们缅怀嵇康公，具有重要的现实意义。他的精神提醒我们，在纷繁复杂的世界中要保持清醒的头脑，不被物质利益所迷惑，坚守内心的道德底线和价值追求。他对自由的向往，激励我们勇敢地冲破束缚，追求个性的解放和发展。他的文学和艺术成就，让我们认识到文化传承和创新的重要性，鼓励我们在继承传统文化的基础上，不断地开拓创新，为人类文明的发展贡献自己的力量。

同时，我们也要从嵇康公的人生悲剧中汲取教训。在社会生活中，我们要学会适应环境，善于与他人沟通和合作，以更加智慧和灵活的方式实现自己的理想。但这种适应和合作，绝不能以牺牲原则和尊严为代价。

缅怀嵇康公是对历史的尊重，更是对未来的期许。让我们在嵇康公精神的感召下，结合新时代的条件传承和弘扬中华优秀传统文化，传承和弘扬中华美学精神，为实现中华民族伟大复兴的中国梦而不懈奋斗！

愿嵇康公在历史的长河中安息，他的精神永远照耀着我们前行的道路。

嵇氏古琴斫琴技艺非物质文化遗产传承人

注：本文作者为嵇孝华。

附录六　石弓回忆性诗文辑录

石弓山

石弓山，您是我家乡的名山，也是我心中的圣山，更是我心中永远的痛。小时候，我一抬头，您就在那里，庄严而神圣；读中学时，您就在我身边，朴实而厚重；离开家乡后，您总出现在我的梦中，亲切而神秘。

石弓山位于涡阳县城北约三十公里处，S202省道的北侧，面积约2.19平方公里，海拔约68.3米。关于石弓山的传说，我听过至少三个。

第一个传说是因传授张良兵书的黄石公而得名。秦朝时，石弓一带，归属宿州所辖。据《宿州志》记载，黄石公曾隐居于此，故此山又叫“石公山”。山上曾经有座庙，叫作黄石公庙。山西南方向三里处还有一座桥，叫作遗履桥（现在叫李桥）。据说张良年轻时，刺杀秦始皇未遂，潜逃时，在石弓李桥上遇到一位老人。那老人见张良长相不凡，意欲收他做弟子，传他本领。为测试张良的品行，老人故意三次将鞋子掉到桥下，让张良给他拾起穿到脚上，张良耐心地做到了。老人又约张良第二天早上见他，张良直到第三天早上才见到他。老人由此生发出“孺子可教”的感慨，于是将凝聚多年心血写就的兵书传给了张良。这位老人就是黄石公。因此，这座桥被后人称为“遗履桥”，后因“遗”与“一”音同，“履”与“里”音谐，又渐渐改为“一里桥”或称“李桥”。

第二个传说与陈抟老祖有关。相传在很久以前，这里本没有山。有一天，陈抟老祖骑着马，背着弓，到现在的石弓镇一带打猎。他见这里风景宜人，河水明净，就下马在一棵老槐树下休息。陈抟老祖善睡功，能一睡八百年。等到他醒来的时候，他骑的马早已不知去向，身背的神弓已化成一座石山。人们看这座山的形状像弓，就叫它石弓山。而跑走的马变成了金马，满山奔跑。据说它常常为山上山下的穷人打场，后来被一个恶霸逮住不放，它便一怒之下踢死了那个恶霸，跑进山洞再不出来了。如今在石弓山西南山脚下的小山子窝，还有一个巨大的人身印痕，那印痕有一丈多长，头朝北、脚朝南，旁有马蹄印，四蹄之间有马撒尿冲刷的凹坑，据说这就是陈抟老祖当年睡在这里时留下的。

第三个传说是，在秦汉年间，当时的文人因对现实不满，不愿为官，便三三两两地隐居深山。最多时曾有十个老翁隐居此山，因此此山又被叫作“十公山”。

除了传说中提到的“石公山”和“十公山”，在当地，石弓山还有“龟山”“石鼓山”“石礤山”等名称。据说宿州知府巡视此山时，见山的三峰弯曲颇似弓形，遂命之曰“石弓山”，此名沿用至今。

我的中学时代就是在石弓山脚下的石弓中学度过的，学校依山傍水，东北紧依石弓山，西南不远处则是自西北向东南缓缓流过的包河。当年学习的情景我已记不太清了，但学习之余和同学们结伴爬山和访古的情景却历历在目。当年石弓山上的仙人巷、两山夹一桥、一步俩井、黑沙河倒流水、透龙碑、黄石公洞、万宝泉、太山庙等，我们曾一一寻拜过。还有魏晋时期著名文学家、思想家、音乐家、“竹林七贤”之一的嵇康的墓地，就位于石弓山东北方向约 3 公里处的嵇山南麓。

更多时候，我和同学们比谁最先爬到太山庙。据《石弓区志》《涡阳县民族宗教志》记载，石弓山中峰原名“太山”，也有写成“大山”的，上面有三座庙：中间主庙法云寺供释迦牟尼佛，西边太山庙供三霄娘娘和太阳奶奶，东边黄石公庙供黄石公，三庙相距各约五十步。这些寺庙都建于唐朝或唐朝以前。过去，法云寺主体建筑为二进，两边有东西厢房。寺前供观音大士，坐于莲花台上，怀抱甘露瓶，内插杨柳枝，两旁有善财、龙女侍立。中大殿供弥勒菩萨和韦驮菩萨，两旁有四大天王。后大殿供释迦牟尼佛，两旁有十八罗汉。后来该寺被破坏，只余东、西客房三间。近年来，由于石弓山中峰过度开采，房屋倾颓，原有的寺庙遗迹已经荡然无存。

最热闹的是去赶石弓集。石弓山下有一集市，我们读初中时，每逢初一、三、五、七、九为赶集日，每年还有两次庙会，一次为三月二十八、二十九、三十日；另一次为十月二十八、二十九、三十日。每逢庙会日，人头攒动，交易繁忙，各种说书、杂技表演会吸引我和同学们前去观看，有时竟忘了上课。

石弓山石质坚硬细腻，富有光泽。20 世纪 80 年代，经有关部门鉴定，石弓山的山石为优质青色石灰岩大理石，品种有稻香玉、彩云玉和灰云大理石等。但是由于过度开采，石弓山变得名不副实，不仅“三峰弓”的形象不见了，而且整个山体基本被开采一空，有的地方甚至已变成了深坑、水塘。

值得欣慰的是，2016 年 9 月 20 日，涡阳县人民政府发出通告，决定对石弓山进行封山管理，严禁任何企业或个人进行开采或破坏活动。下一步，政府将对石弓山进行规划治理，进一步启动保护工作，初步打算是申报省级旅游景点，按照石弓山原有的文化底蕴进行保护和建设。我们有理由相信，经过保护和治理，石弓山能够恢复成那些美好的传说中的样子。

注：本文作者刘福州，涡阳县石弓镇人，浙江传媒学院马克思主义学院教授。

包河

我家村后是一条西北—东南走向的河流，叫包河。包河里长满水草，也“长满”故事。据说，包河古名泡河，后名苞河，最后才叫包河。“包河”这个名称，传说与宋朝包拯放粮有关。

相传宋朝时候，泗洪地区受灾，皇帝派包拯为钦差大臣，到灾区放赈救灾。包拯一行人在路上遇到连绵大雨，道路泥泞，车马难行。包拯在焦急之中来到苞河边，只见一河清水缓缓东流。当他得知此河可通到安徽省临涣县的浍河，能够直达泗州大湖，他马上就有了主意。他立即命令地方官征调船只，将粮食改为水运。不过七天光景，粮食就运到了泗洪地区，百姓们得到了粮食。后来人们感念包拯救民于水火的恩德，就称这条河为“老包运粮河”。“苞河”就变成为“包河”了。

当然，也有传说是包拯在救济灾民时，为运粮方便而挖了一条河，后人为纪念他，就将这条河称为包河。

包河属淮河水系，是涡阳县的四大水系之一，也是丹城、石弓人民的母亲河。我与包河的故事就是在这里展开的。小时候，包河是我见过的最大的河流，也是我见过的最美的河流。那时候包河的水清，那时候包河的鱼肥，那时候似乎没有什么烦恼和忧愁。所以，小时候在包河里洗澡、捉鱼的情景，在包河边打水草和嬉笑玩耍的情景，历历在目。

我家村后约2公里长的河段，是我小时候下河洗澡和捉鱼的主要河段。印象中，村里的大人们大多在傍晚，从地里干活回来时到这小河边洗澡。他们往往是光着膀子，脖子上挂着毛巾，慢悠悠地来到小河边，撩上水湿一下肚皮，然后再慢慢下水。等到水过了肩膀，才停下来开始搓洗。大人们往往会互相打着哈哈，说些村里的趣闻和闲话，而我们这些孩子这时就开始在水里嬉戏了。水性好的，一下子潜下水，好一会儿不见踪影，然后慢慢从河中间露出脑袋，以博得大家齐声喝彩。此时，大人们也任由我们在水里玩耍，有时大人们洗好了，我们还在水里玩闹，迟迟不肯上岸回家。有时中午，贪玩的孩子们也会相约一起去河里玩。一群小伙伴，叽叽喳喳，前呼后拥，扑向河边，往往会以最快的速度甩掉鞋子，脱掉裤衩，像下饺子似的“扑通扑通”跳进水里。我们在水里打水仗、掏螃蟹、摸鱼、捉虾、逮蛤蟆，更多时候则是比谁凫水游得远，看谁在水下憋的时间长，不玩累玩够是决不上岸的。整个夏天因为下河洗澡遭到大人的责骂已是家常便饭，但这并不能阻止清凉的河水、快乐的打闹对我们的诱惑。有时，河边偶尔会有大人走过，我们也是不怕的，不是经常有人说“有理的街道，无理的河道”吗?

孩子们下河摸鱼、捉虾、掏螃蟹，其实只算是小打小闹。壮观的捕鱼场景，一般要到秋天才能看到。每到秋天，枯水季节，河床变宽了，河水变浅了，也是鱼儿最肥的时候。这时，村民们集体下河捉鱼的时机就到了。只见大人小孩、男男女女都拿着各种各样的捕鱼工具下到河里。一开始，你争我抢、你追我赶，毫无秩序，场面有些失控，也很难捉到鱼。慢慢地，人们就自发形成秩序，即拿着渔网、鱼罩等捕鱼工具的人走在前面，随后则是徒手摸鱼的人，他们会自发地一个紧挨一个，排成一排人墙，慢慢往前移动，而跟在大人后面的则是孩子们。我就跟在大人们的后面，有时也会有意外收获。一次，我就捉到一条从前面大人手中逃脱的大鱼，足足有一斤多重呢。

提到捉鱼，有一个人不能不提，那就是住在我姥姥家斜对门的许长德舅舅，印象中他应该是捕鱼的高手。我与包河的结缘，除前面提到的我家村后的一段包河外，我姥姥家屋后的包河也是我小时候经常光顾的地方。我姥姥家有一个前面临街、后面临水的狭长小院，前后有四排房子，临街是一间门面房，临河也是一间房子，中间两排则分别是一间和三间房子。当时不太明白，长大后才知道，这个奇怪的院落，其实以前前后都是四进三间房，只是到我外公时，堂兄弟分家分割才变成现在的样子。小院的最后面有一个直通包河的偏门，我和大我一岁的表哥陈粱，以及小我一岁的表弟剩粱，就经常从这个小门偷偷溜到包河里洗澡和捉鱼。我最感兴趣的，则是观看许长德舅舅捕鱼。许长德舅舅会在包河里布下一张长长的渔网，每隔一段时间他会下水巡查，看看有没有鱼进入渔网。有时他穿着防水的皮裤下水，不时就会捉到一些草鱼或鲤鱼，有时水太大了，他就会乘着一条小渔船过去捉鱼。看到他乘着小船下水，我们往往会游泳跟在后面，而他则一再提醒我们不要靠近，也许是怕我们把鱼儿吓跑了吧。当然，他捉鱼的本领远远不止这些，他识水性、懂鱼情，有时一个猛子下去就能徒手捉上一条大鱼，据说他家的房子就是靠他捕鱼卖钱建起来的。

许多年过去了，包河依旧在，但包河的生态发生了很大变化，严重的污染曾一度把它变成一条发臭的河流，鱼虾也基本绝迹。前些年回家，我提出要到包河边走走，家人们总是阻止我前往，说我会受不了那里的气味。现在，人们的环保意识不断提高，习近平总书记提出的“绿水青山就是金山银山”理念，已深入人心。我们有理由期待，不久的将来，包河的水会更清，鱼会更肥。

注：本文作者为刘福州。

童年琐忆

离乡愈久，思乡愈切。离家愈远，乡愁愈浓。也许是因为年龄的增长，我越来越爱回忆，特别是回忆小时候的经历。不知从什么时候开始，失眠、多梦也越来越频繁，但梦中出现最多的竟然是家乡的父老乡亲和老屋、老院、老井、老街以及儿时的各种记忆。

我的老家在皖北涡阳县石弓镇一个叫神桥的村庄。涡阳地处豫鲁苏皖四省交界之处，自古为“梁宋吴楚之冲，齐鲁汴洛之道”，有“皖北门户”之称。涡阳是天下道源、老子故里，是孔子问礼、圣贤相聚之地，也是伯俞泣杖孝感天下的故事的发源之地。嵇康曾在此抚琴，后成千古绝唱。西施、范蠡曾在此归隐，遂成流传千古的爱情佳话。神桥村历史悠久、文化厚重、民风淳朴，大部分年代风调雨顺，乡亲们在此安居乐业、耕读传家，孩子们无忧无虑、快乐成长。

20世纪六七十年代，很多孩子五六岁就开始帮助家里干活了。当然，对儿童而言，劳动一般是从做家务开始，如捡柴、扫地、帮大人烧锅煮饭等，再大点则是下地割草、拾粪、捡麦子、逮虫子、收庄稼等。劳动中有劳累，更有快乐，如能碰到田鼠、野兔和蚱蜢等各种小动物，能吃到最新鲜的小麦、玉米、芝麻、豌豆等，更能吃到时鲜的各类瓜果蔬菜，特别是在麦收或红薯收获的季节，干活干累后，大人们会任由孩子们生火烤小麦或红薯，尽管会吃得满身泥土、满脸黢黑，但欢声笑语不断。当然，幸福和快乐更多来自小孩子的玩耍，如下河洗澡、池塘摸鱼、井边纳凉、树下下棋，抑或是打弹弓、玩溜子、推铁环、捉知了、捉迷藏，这些都是孩子们的拿手好戏。除此之外，乡村的很多活动也让孩子们流连忘返，如赶集、逛庙会、走亲戚、看露天电影、听大鼓说书等，充满乡情，充满乐趣。至今让我印象深刻、念念不忘的是剃头和吃大桌。

剃头

那时的老家农村，理发不叫理发，叫剃头。剃头不用到城里，也不用到镇上，就在村里。因为村里会请一位剃头匠，定期来村里为老少爷们剃头。那时一般不用自己掏钱，都是生产队给些粮食作为报酬。剃头匠冬天就住在生产队的牛屋里，因为那里比较暖和，烧热水也比较方便。夏天就找片阴凉的大树底下，大伙围坐在树下有说有笑，一边天南地北地闲扯，一边等候剃头。那时剃头不讲究时尚和美观，也不讲究发型，只讲究头发的长短。年龄大的图省事都剃光头，年轻人剃三七分头，小孩子则一律剃平头，女人很少剃头。就这样，一个生产队一剃就是好几天，村民一家家轮流管饭，直到没人剃为止。

剃头的工具看起来很简单，就是一副“剃头担子”或“剃头挑子”。那担子一头是带有小斗的高梁木杆，下为火炉，中为水罐，上有脸盆和镜子；另一头是一张带有小抽屉的坐凳，小抽屉是简易工具箱，主要工具有剃头刀、荡刀布、剪子、梳子、磨刀石等。因为剃头挑子一头挑着剃头工具，谓之“凉”；另一头挑着用来烧水洗头的小火炉，就是“热”，所以民间就形容一厢情愿、自献殷勤的人为“剃头挑子一头热”。

剃头的第一步是洗头，剃头匠请顾客低头面对一盆温水，撩起温水浇湿顾客头发，再抹上皂粉，然后开始抓挠顾客头皮。剃头匠时而单手慢挠，时而双手快搓，然后用毛巾擦干。第二步是剃头，剃头匠取出剃头刀，一手扯紧挂在座椅背上的荡刀布，一手拿着剃刀在上面来来回回荡磨几下，接着就开始剃头了。左手轻轻按着头，右手拿刀轻轻下刮，随着“哧哧哧哧”的声响，一撮撮头发就如杂草一般往下落。剃头匠一边和等待的顾客聊天，一边娴熟自如地运刀，不知不觉的工夫，一个光头就剃出来了。第三步是“光脸”，“光脸”通常是剃头匠的拿手绝活。他们先用热毛巾敷在顾客脸上，让毛孔张开，再用小刷蘸上肥皂沫细细涂抹在顾客的胡须上，右手悬腕执刀，拇指紧贴刀面，食指、中指钩住刀柄，无名指、小指顶住刀把，再将剃头刀在荡刀布上轻荡几下，左手绷紧顾客脸皮，刀所到之处须毛纷纷落下，连眼皮、耳背上的茸毛也都要面面俱到。“光脸”之后就是掏耳，这可是个细致活。剃头匠从包里掏出工具，让顾客耳朵朝上对着亮处，左手轻捏顾客耳郭，双眼专注地盯着耳洞，小心翼翼用挖勺将耳垢挖松，再用绞刀轻轻搅动，然后用镊子将耳垢夹出，最后用鹅毛绒掸去细末。顾客掏耳后那种舒坦的感受自然妙不可言。最后再修修鼻毛，按摩一下腰和肩。这就是过去传统剃头的全部过程。

在我记忆中，当时的剃头匠姓李，丹城镇大李庄人，大人们叫他小李或老李，孩子们则叫他李师傅或老李师傅。李师傅长得矮矮胖胖，笑容可掬。我表哥陈梁告诉我，他大侄女，也就是他弟弟剩梁的女儿张永蝉，她的三舅爷就是剃头匠，但是不是来我们村的李师傅，可能已无法考证。李师傅因手艺精湛，待人和蔼，服务周到，深受大家喜爱。每次轮到来我家吃饭，我都很高兴。因为有客人在，家里总会改善一下伙食。

吃大桌

吃大桌是皖北农村的一种风俗，就是谁家儿子结婚或女儿出嫁后回门的当天中午，亲朋好友们都来帮忙，然后大吃一顿。大约 8 到 10 人围坐一张桌子，一起用餐，俗称“吃大桌”，也叫“吃喜”。有时一二百人一起就餐，桌子摆满整个院子，人声鼎沸，热闹非凡，那情景可是相当壮观。不过，吃大桌对大人来说可能是负担，但对小孩子来说，绝对是最好的犒劳。

吃大桌的时间一般定在 11 点半，等“管事的”（我们老家叫“大总”）喊一声“上菜了”，就开始上酒上菜。酒一般都是当地生产的土酒，然后上四个凉菜，大人喝酒，小孩子只管吃菜。由于菜是一轮一轮地上，如果一张桌子上小孩多了，往往下一轮菜还没上来，上一轮菜就被吃光了，这时就只能眼睁睁地看着别桌的人吃，常常引来大人们善意的嘲笑。“吃大桌”的高潮在 12 点，因为这时候，新娘会准时在婆家姑嫂们的簇拥下走进家门，这时候鼓乐齐鸣，鞭炮响起，还没对象的小伙子们就会一哄而上，堵在新房门口向新娘、新郎要喜糖，不给就不让进门。这时候，主人为了分散大家的注意力，就趁机上四个热菜，并撒喜糖和硬币，趁大家抢糖、抢钱的机会，让新娘跑进新房。

接下来就是敬酒了，敬酒共有三轮。第一轮是新郎的兄弟向各席客人敬酒，第二轮是新郎本人敬酒，第三轮是新郎的父亲带领新郎、新娘前来敬酒。作为一家之长，新郎的父亲会很客气地问大家“吃好了没有”“喝好了没有”一类的客气话，大家就回答“都喝得差不多了，由某某代表大家喝就行了”。敬过酒后，要上两个被称为“大件子”的压轴菜，一般是一碗红烧肉和一碗甜米饭。条件好一点儿的家庭会再加上一条鱼和一只鸡，凑成四个“大件子”，特别富裕的人家才会再加上一碗肉丸子和一只猪蹄，俗称“六大件”。这在以前是非常少见的。等菜都上完后，再上两碗汤和一筐馒头，上了主食也就意味着这顿饭快结束了。不过最后还有一道菜，与其说是菜，不如说是汤更确切，就是在汤碗里放 8 个小丸子，一人吃一个，名为“滚蛋丸”，意思是今天的“吃大桌”到此为止，各位吃完后就可以走了。不过往往不等这个菜上来，人们就开始打着饱嗝“滚蛋”了。

就此两记，以此向童年致敬，同时也是向父母致敬、向家乡致敬！

注：本文作者为刘福州。

耕读传家久，诗书继世长

在我国，耕读文化源远流长，关于耕读传家的名言警句、家训家规，比比皆是，如“几百年旧家无非积善，第一等好事还是读书”“一等人忠臣孝子，两件事耕读传家”“富贵传家，不过三代；诗书传家，继世绵长”“耕读传家久，诗书继世长”等。

古曰：“道德传家，十代以上，耕读传家次之，诗书传家又次，富贵传家，不过三代。”北宋著名政治家、文学家范仲淹为其后代撰写的《训子弟语》里有：“耕读莫懒，起家之本；字纸莫弃，世间之宝。”清代王永彬在《围炉夜话》里也谈到：“耕所以养生，读所以明道，此耕读之本原也。”清代理学名儒张履祥在其《训子语》一书中谆谆告诫后人：“读而废耕，饥寒交至；耕而废读，礼义遂亡。”晚清第一名臣曾国藩在其《曾国藩家书》中对耕读文化更是多有论述：“久居乡间，将一切规模立定，以耕读二字为本，乃是长久之计。”其“八字家规”——书（勤读书）、蔬（种蔬菜）、鱼（养鱼）、猪（喂猪）、早（早起）、扫（打扫）、考（祭祀）、宝（善待人），就是要家人及其后世子孙，要读书、耕作、孝亲、睦邻，以耕读传家、兴家。

数千年来，耕读文化承载并延续了一个个家族基因，形成了“耕读传家久，诗书继世长”的文化传统。耕读传家不仅是一种生活方式，更是一种情怀、一种文化、一种信仰、一种价值追求。耕田可以事稼穑、丰五谷，养家糊口，以立性命；读书可以知诗书、达礼义，修身养性，以立高德。耕读传家既学做人，又学谋生，体现的是一种积极向上的生活态度，传承耕读文化本身就是对传统文化的继承和弘扬。

在皖北农村，有这样一个普通的家庭。新中国成立之初，高小毕业的父亲刘永和，先后担任涡阳县石弓镇神桥大队第四生产队的会计、队长，神桥大队的大队长、大队党支部书记职务三十多年。他有一个朴素的信念，就是相信知识改变命运，耕读可以传家。因此他特别重视教育，重视子女上学读书。他要求所有子女都必须好好学习。20 世纪八九十年代，这个普通家庭 6 位子女中先后有研究生毕业 1 人、大学本科毕业 1 人、大学专科毕业 2 人（含成人教育）、中专毕业 1 人、初中毕业 1 人，这在当时的皖北农村是一个奇迹。特别是这个家庭的第三代全部接受过良好的高等教育，更有优秀者已走出国门成为世界名校的研究生。

耕读传家纪念馆

耕读传家，三代致远。新中国成立 70 多年来，这个普通家庭的三代人，生活空间由神桥农村到涡阳县城、阜阳市，再到太原、杭州、北京、上海等大城市，不断拓展；学历由高小毕业到高中毕业再到大学毕业，直至研究生毕业，第三代人中还有出国接受高等教育的，学历层次不断提升；职业由农民到中小学教师、大学教授、国有企业的中高层干部，职业声望和社会地位不断改变。这些成就的取得，一是新中国成立 70 多年来，我们国家发生了翻天覆地的变化，直接影响了一个家庭的命运变迁。家国一体，家是小小国，国是千万家。二是新中国成立 70 多年来，我国教育事业本身也在不断发展进步，为这个家庭每个人接受基础教育乃至高等教育提供了机会和可能。第三也是最重要的，就是这个家庭父辈的淳朴善良和辛苦付出，特别是对教育的重视，对耕读传家信念的坚守，才有了子女的美好前程。

为纪念父母，也为传承耕读传家的优良传统和家风，由我提议，我们兄弟姐妹共同商定，在老家安徽省亳州市涡阳县石弓镇神桥村，在哥哥刘福海的老房子原址上修建耕读传家纪念馆。一是为了纪念父母。父母就是天，父母就是地，父母就是儿女心中的太阳。父母给了我们温暖的家和共同的记忆，没有父母就没有我们；没有父母的养育之恩，就没有我们后来的一切。父母去世后，我曾写下《父亲》《母亲》《母亲的愿望》《家乡的味道》等多篇文章，深情回忆父母的生平以及为人处世，特别是对子女的爱和教育。父母对子女的爱是天底下最纯粹、最朴素、最彻底的爱，在母亲去世十周年之际，筹建“耕读传家”纪念馆就是对父母最好的感恩和纪念。二是我和哥哥等在外地工作多年，走过很多地方，看到外地特别是江浙发达地区，各种纪念馆、博物馆、家族祠堂、私人展览馆等很多也很常见，但在我们老家皖北特别是农村很少见。三是为了让我们的子女和他们的后代能常回老家看看，这也是最重要的理由。我们的子女和后代大都生活和工作在外地，生活在不同的城市里，对老家没有多少印象和记忆，但有这样一个耕读传家纪念馆，这里有他们父辈生活和留下的各种印记，有温暖的文字和相关的实物，等他们到了一定年龄，也许他们就会怀旧，就会寻根，就会想看看父辈们曾经生活过的地方，就会常回来看看。只要他们回来，他们就会看到这里的每一幅照片都承载记忆，每一件实物都充满感情和灵性，这也许就是家族精神的传承和寄托吧。

建耕读传家纪念馆，我最初的想法很简单，就是想将父母生前所有的照片收集和整理出来，用图片和文字展示父母的生平和事迹，以表达对父母的感恩和怀念。但在与著名摄影家、浙江传媒学院副教授石战杰先生，以及著名油画家、杭州师范大学美术学院教授李成民先生的多次交流中，我逐步认识到父母代表着一段岁月，对父母的爱和怀念是一种传承和信仰。父母连接着过去、现在和将来，父母是我们的来处，我们又是自己子女的来处，父母最希望的是一个家族的绵延不绝和兴旺发达，对父母最好的纪念就是好好生活，就是将家族的血脉和基因传承下去，将耕读传家、淳朴善良的家风传承下去。因此耕读传家纪念馆展示的不仅包括父母生前的照片，而且应包括子女和后代的照片，不仅有图片还要有实物，至少应包括三个部分：一是墙上图片展示，全面展示这个家族三代人的生活和工作情况；二是房间四周展柜展示，主要是展示这个家族三代人在生活和工作中取得的成绩和各种证书等；三是实物展示，如石磙、石槽、石磨、老旧电视机、缝纫机等耕读文化代表性实物。只有这样，才能立体、全面、多维度地展现一个家庭的生活变迁和时代变化，展现耕读文化对这个家族的影响并将其发扬光大。

我在收集整理图片和筹建耕读传家纪念馆的过程中，得到了兄弟姐妹及第三代子女的大力支持，他们总是第一时间翻箱倒柜去寻找那些已经泛黄的老照片，并不厌其烦地讲述那些老照片背后的故事，这就是亲情、血缘，就是对父母的最好怀念。特别是哥哥刘福海，他出资在老房子旧址上建新房子，还将他在部队期间的所有老照片都整理出来，提供了他当年在部队获奖立功的各类证书。我负责家庭纪念馆的文字撰写和图片收集整理，以及家具添置和展示设计等工作，在老家的三弟刘福勤和侄子刘策，不仅负责新房子建设和管理，而且提供了大量老照片，特别是他们找到了父亲当年担任县人大代表时的证书和阜阳行署授予我家的“光荣之家”牌匾，这些都是意外的惊喜。其他兄弟姐妹分工合作，提供了力所能及的各种帮助，这是兄弟姐妹团结合作的成果，也是父母生前最希望看到的家庭和睦、后继有人的最好见证。

感恩时代，感恩家乡，感恩各位父老乡亲，感谢每一位支持“耕读传家”纪念馆建设的亲戚朋友。特别感谢安徽杰爱新材料有限公司董事长王海宾，为纪念馆免费进行防水防潮处理。耕读传家纪念馆谨以图文并茂和相关实物陈列的方式全面展示这个家庭三代人的生活轨迹和人生变迁，展示耕读文化对这个家庭的影响和成就，展示这个家庭尊老爱幼、重视教育、团结和睦和不断进取的奋斗精神，希望能为子孙后代，也为众多的农村家庭和农家子弟提供一个平凡但充满温暖和励志的家庭样板和人生参照。谢谢各位！

注：文本作者为刘福州。

记忆中的石弓山

石弓山是我家乡的山，是亳州市涡河以北平原上少有的几座山中较大的一座。现在这座山，几乎消失在人们的视野中，已变成了一个个石坑。原来的石弓山只能留在记忆中了。

20世纪80年代前，远在四五十里外的人们，都可以清晰地看到石弓山的轮廓。这座山有三个山峰，自东北向西南一字排列，山峰呈弧形，中间的山峰稍高于东西两座山峰，远看这三座山峰颇似弓形。我家就在石弓山东南两三公里处的一个小村庄，小时候我和小伙伴们经常跑到山上玩，这座山在我童年的记忆里留下了非常深刻的印象。那时，石弓山中峰的山顶上，有一座保存完整的寺庙，我们叫它“大山庙”，据史书记载，这座庙原名叫“太山庙”。太山庙是一座四合院式的建筑，共十二间房子，后大殿三间，供奉“太阳奶奶”；前大殿供奉“三霄娘娘”（即云霄、碧霄、琼霄）；东西厢房各三间。前后大殿所供奉神像的两旁，均有因果报应故事的五彩泥塑和石雕。我们这些小孩子，进到这两个阴森森的大殿，看到这些神像和雕塑都胆战心惊、非常害怕，一个人根本不敢进去。据老人讲，从前太山庙的香火非常旺盛，方圆几十里乃至上百里的民众都来这里烧香拜佛，求佛保佑平安、升官发财，求观音或送子娘娘送子等。后来在这里逐渐形成了春秋两季举办两次庙会的习俗。母亲也曾带着我到太山庙烧香、赶庙会。农历三月二十八日和十月二十五日是太山庙会的正会日。正会日，我们叫“逢会”。“逢会”这一天，太山庙前，山上山下，到处车水马龙、人山人海，热闹非凡。来自四面八方的商贾和各种文艺演出形式的艺人汇集在庙会，有搭台唱豫剧的，有唱梆剧的，有唱泗州戏（我们叫拉魂腔）的，有唱二夹弦的等，唱各种地方戏曲的都有。还有唱大鼓的、说评词的、说书的、拉洋片的、变戏法的、演杂技的、要杂要的、打拳卖艺的、要猴的、抽签的、算卦的、玩黄雀叼签的等。围观的人群里三层外三层，这场面让我至今记忆犹新。同时，还有卖吃的、卖喝的、卖穿的、卖玩的、卖家具的、卖农具的，卖啥的都有，买卖兴隆。我们跟着大人赶会，不仅可以尽情地玩要，而且可以吃到大人给我们买的烧饼、包子、糖糕、花生等，有时还能喝上一碗杂烩汤、羊肉汤什么的，或是得到父母买的一两件新衣服。因此，在会期前的好几天，我们这些小孩子就开始盼望着会期早点到来。

我们还去太山庙下边的法云寺玩耍过。法云寺供奉有观音大士和释迦如来，以及弥勒佛、韦驮佛。释迦如来神像两旁立有十八罗汉雕塑，一个个横眉立目，相貌威严。除此以外，当时石弓山上还有保存完好的黄石公庙。黄石公庙位于法云寺东边大约二十米的位置，是三间独立小庙，坐北朝南，庙前有一方平坦场地，约百米见方。至于传说中的“一步俩井”“透龙碑”“美姑楼”等，只能看到遗址而已。“黑沙河倒流水”“两山夹一桥”“席地”等景点，虽然没有传说的那么神奇，却还能看到实物。“黑沙河倒流水”，只不过是东山西坡一山涧沟被风化了的黑色米石覆盖，形成“黑沙河”，山洪暴发时，洪水顺山势向西奔流。“两山夹一桥”，是建在石弓山中峰和东峰中间山涧沟上的一座简易石桥。“席地”，倒有些神奇，就是在东山的西北山坡上，生长着一片一片青草，像一条条芦苇席铺在山坡上一样。后来，我在石弓山西边的石弓中学上学时，到石弓山上游玩的次数就更多了。晚饭后或是星期天，都可以到山上走一走，看一看。我曾经把这座山的每一条山沟、每一处景点都看过无数遍。

让我记忆最深的是一年春季，学校组织我们春游的情景。当我们来到石弓山的山顶，登高望远，看到蜿蜒的包河从石弓山的西北向南绕过山前的集镇，流向东南，在夕阳的照射下，河水波光粼粼，就像一条没有尽头的缎带，镶嵌在翠绿的平原大地上。在山上，可以清楚地看到纵横的沟渠，可以看到条条道路通往四面八方，可以看到一望无际的麦田在春风的吹拂下荡起层层绿浪，可以看到星罗棋布的村庄，可以看到冒着滚滚浓烟的工厂，可以看到勤劳的人们在田间精心耕作，可以看到在山坡上、河道里吃草的牛羊。到处都是春光明媚、鸟语花香，这就是留在我记忆中的石弓山和我可爱的故乡，这也是留在我童年脑海中的最美的印象。

注：本文作者陈钦然，涡阳县石弓镇人，安徽省作家协会会员。

包河自述

我是浍河的支流，我腹中的流水可经浍河注入淮河，直通大海。我发源于河南省商丘市梁园区西北部张祠堂村附近的黄河故道南侧。我的身躯蜿蜒曲折，人们都称我是“无一里路直的河流”。我顺地势而行，自西北至东南，流经河南、安徽两省的六个市、县（商丘县、虞城县、亳州市、永城市、涡阳县、濉溪县），全长一百四十五公里。

我在什么时期形成，我的年龄，无从考证。我原来叫什么名字，也无人知晓。传说在宋朝仁宗年间（公元 1049 年），包拯任监察御史时，到陈州放粮，赈济百姓，曾用我的河道运粮。两岸的百姓为感激包拯的大恩大德，就把我称为“包拯拯救灾民的运粮河”，后简称为“包河”。

起初，我只是一条自然形成的小沟渠。经过千百年的洪水冲刷，才逐渐成为一条小河。那时河床很窄，河水很浅。干旱时无水，到了汛期，我又会泛滥成灾，淹没农田和村庄，给沿岸人民带来深重的灾难。包拯当年为了利用我运粮救灾，对我进行疏浚。我不仅可以供人们水运客货，而且有充足的水源灌溉两岸的农田。我的水质清澈见底，两岸还有很多温泉，可供人畜饮用。一些文人墨客都用“小河弯弯，水映蓝天。河边泉涌，水质甘甜”来形容我，赞美我。

我是平原上的河流，由于地势平缓，水流缓慢。在我的水中生长着各种水草、芦苇、莲藕等。名目繁多的水鸟和成群结队的家养鸭鹅，在微波荡漾的水面上游荡，处处呈现出“白毛浮绿水，红掌拨清波”的优美画面。

在波光粼粼的水面上，还有渔翁摇着小船，哼着小曲，撒下渔网，或放出鱼鹰，捉鱼捕虾的景象。两岸水边时常有村民来提水、淘米、洗衣、饮牛、饮羊等，还经常可见垂钓的老者，手持鱼竿，静静地坐在水边，等待鱼儿上钩。

我的河坡上长满绿油油的青草。青草丛中，开放着五颜六色的花朵，犹如一幅美轮美奂的画卷。蜂、蝶在花草丛中飞舞。满坡的牛羊，牧童的竹笛声、口哨声和嬉笑声，时常回荡在我的河道中。在炎热的夏季，我便是人们的天然浴场。劳累一天的人们，走进我清澈的河水中，尽情地浸泡、清洗健壮的身躯。洗去汗水，洗去疲劳，洗去烦恼，洗出愉悦和凉爽。然后他们坐在河岸上，迎着微微吹来的顺河风，消暑纳凉，谈天说地，讲古论今，心情格外舒畅、惬意。

在我岸边的树林里，在朦胧的月光下，常有一对对情侣依偎在一起，卿卿我我。草丛中，蟋蟀、蝈蝈等昆虫在演奏着悠扬的乐曲。这时的我，感到非常荣幸和自豪。我是一条为人们造福的河流，我受到人们的喜爱。我滋润良田，换来林茂粮丰。我哺育生灵，使人们在这里繁衍生息。这里的人们称我为“母亲河”。

斗转星移，时代变迁。后来的封建王朝，把我遗忘，从未对我疏浚整修。大量的泥沙淤积在河道里，河床抬高，减少了我的容量。天旱时，我会干枯。汛期，我又承受不了来自四面八方的洪水，只好漫过河岸，淹没农田和村庄。我忍无可忍，变得特别猖狂，无情地冲走成熟的庄稼，冲走村民的房屋和财产，还曾吞噬过无数人和畜禽的生命。此时，我又成了一条给人们带来沉重灾难的“害河”。

中华人民共和国成立后，人民政府关心人民的疾苦，先后多次对我进行治理，清淤疏浚，开挖河道，增加蓄水容量，降伏了洪水恶魔，我又变成了能为两岸人民造福的小河。

20 世纪七八十年代，我又一次遭殃。在我的上游，有的工厂将生产污水排进我的胸膛，还有人将垃圾倒进河里。沿河两岸那些村庄的废水，也向河道里排放。我原本清澈的河水变得像酱油一样，水面上漂浮着白色的泡沫和肮脏的杂物，整个河道散发着冲天的臭气，人们不敢靠近。河水里没有了鱼、鳖、虾、蟹，水草枯死，变质腐烂；水面上没有了渔船，没有了渔歌唱晚，也没有了鸭鹅和水鸟的嬉戏；河坡上，没有了嫩绿的青草，没有了花朵，没有了蜂蝶飞舞，没有了人欢马叫的热闹场面，也没有了垂钓老翁的身影，更没有情侣在河岸上谈情说爱的浪漫场景。这时的我，又变成了不受人们喜爱、危害人民的“恶棍”。我只有委屈地哭泣着将脏臭的河水送往远方。

近年来，受到污染的我引起了当地人民政府的高度重视。人民政府认真贯彻执行《中华人民共和国环境保护法》，采取强制措施，关停了排污的工厂。随着美丽乡村建设的推进和沿岸人民群众环保意识的提高，人们再也不把垃圾丢进河里，并筹建了垃圾、污水处理工程。我得到了保护，我的水质有了很大改善，河道又恢复了树绿草青、碧水倒映蓝天的景象。

特别是近几年来，当地人民政府动用了大型机械，对我进行了一次彻底治理，清除了沉积在河床里的污垢和泥沙，加深了河底，拓宽了河道，取直了部分河段，又在河道上修建了几座节制水闸，使我的蓄水容量扩大，增加了流量，排水更加通畅。我有了充足的水源可供人们灌溉粮田，抵御旱魔，人们再也不用担心洪水肆虐。

现在，我的水质又变得清澈见底了。河水中，又有鱼儿在游动；河坡上，又是绿草茵茵，百花竞放；花草丛中，又有了蜂蝶飞舞和满坡的牛羊；河岸上，则是杨柳成行，又成为情人约会的地方；树林中，百鸟欢叫、金蝉歌唱；田园沃野旖旎风光，密林深处，是沿岸的一个个美丽村庄。我的水，又能滋润万物了。

我包河能有今天，是《中华人民共和国环境保护法》保护了我，是人民政府和包河沿岸人民群众对我的关爱挽救了我。人民保护了我，我才能为人民造福。这就是人类与大自然的关系，愿我和两岸人民和谐共处、地久天长。

注：本文作者为陈钦然。

石弓颂

家乡古镇史千年，始于官道蓝家店。
过路商贾日增多，生意兴隆店铺添。
天长日久成集镇，经济社会大发展。
小河西东集镇绕，后靠古老一青山。
三座山峰似张弓，石弓山名代代传。
古老集名随山叫，清朝归属南宿县。
峰顶建有太山庙，下有寺院飘香烟。
庙前矗立透龙碑，庙东一步俩井连。
两山一桥黑沙河，形似芦席青草鲜。
陈抟经过仙人巷，仰睡青石八百年。
卧迹印痕今犹在，永久恒留小华山。
集头千古石拱桥，河岸喷涌万宝泉。
嵇康生前居黄楼，被害尸葬郭土山。
包河源头豫东地，自然形成多道弯。
包拯赈灾运粮河，命名包河恩德赞。
道家老人黄石公，桥上遗履张良探。

孺子可教赠兵书，辅佐刘邦建大汉。
万历年间张士贵，简单建桥皇上骗。
贪污帑银重刑罚，户灭九族老坟翻。
大寺神桥太和井，古迹遗址多景点。
民间故事有传说，奇闻轶事老人谈。
家乡田畴甚广袤，青山绿水大平原。
水量充沛地肥沃，林茂粮丰五谷产。
英雄豪杰人辈出，贤达志士载史卷。
悠久历史石弓镇，重振雄风谱新篇。
自从成立新中国，天翻地覆面貌变。
治理沟河兴水利，包河截流大闸建。
旱能浇灌涝能排，油棉丰收粮增产。
乡村企业异军起，商贸集市物品全。
集镇乡村除旧貌，家乡处处展新颜。
涡北大镇石弓集，楼房林立街道宽。
昔日老街再难寻，市场繁荣景象艳。
人民富裕腰包鼓，家家户户楼房建。
土地流转大户包，集中耕种连大片。
农业生产机械化，不见耕牛在田间。
产业结构得调整，合理种植粮油棉。
果园扩大林茂盛，蔬菜大棚随处见。
青壮劳力离乡村，进城务工挣大钱。
乡村振兴战略施，全面发展史空前。
基础设施建设好，水泥道路镇村穿。
改水改厕环境美，村社都有保洁员。
电力供应很正常，机井遍地水灌田。
省道宽广镇境过，高速公路穿北南。
青永铁路煤炭运，乘坐公交钱一元。
改革实惠民分享，生活富裕日月甜。
与时俱进高消费，穿衣高档营养餐。
家具炊具电器化，小车手机买新款。

做饭大多燃气用，不见厨房冒炊烟。
快递送货到农户，购物村里有商店。
小病治疗不出村，体育广场身体练。
村社书屋阅览室，看书阅刊报纸念。
民间文化得传承，自发成立小剧团。
闲余时间村民聚，弹拉吹唱心愉欢。
安居乐业无忧愁，精神需求在改变。
走出家门外地游，观赏祖国好河山。
当地政府顺民意，利用家乡好资源。
开发家乡旅游业，促进经济大发展。
保护古迹遗址地，停止采石令封山。
筹资新建法云寺，玉体山庄新景观。
陈抟卧迹得保护，重现古迹万宝泉。
今日犹在仙人巷，湿地公园包河岸。
江南小院桃花岛，街有饭店小餐馆。
传统美食新法做，家乡小吃风味鲜。
五香狗肉高皇鹅，满瓤烧饼牛肉丸。
石器加工新工艺，雕刻精致品种全。
吸引游客八方来，人民受益有钱赚。
石弓党委和政府，执政为民好领班。
不忘初心记使命，服务人民实事办。
为把家乡建设好，一任接着一任干。
克服艰难和险阻，多措并举求发展。
如今家乡环境美，社会稳定民居安。
幸福安康过日月，感谢党恩国家赞。
人民决心跟党走，新的征程永向前。
推进中国现代化，民族复兴梦实现。
家乡明天更美好，人民生活更美满。
蓝天作纸海为墨，家乡美好难书完！

注：本诗作者为陈钦然。

扶起河流

——怀念一段初中生活时光

那时，白云飘向蓝天的腹地
阳光直抵人心
一条河流承载不动一颗石头的重量
那时的老师都是那么高瘦
那时学校的房檐都是那么高大
我时常在校园东边的山下
静观蒲公英如何慢慢地生长
夏日的夕阳映在校园西边的河面
波光潋滟，宿热难耐
那时，我多么希望河水处于黑暗中
我多么希望自己变成水底的一块石头
在河水湍急的脸上划过一道彩虹

注：本诗作者刘剑，涡阳县石弓镇人，中国当代诗人。

石弓赋

皖北古镇，名曰石弓。地接三县，位处要冲。巍巍石弓山，挺秀于天地之间，似老者弓背，气势雄浑；滔滔包河水，奔腾于沃野之上，如银带飘舞，波光潋滟。山川形胜，钟灵毓秀，历史悠久，人文荟萃。

观夫石弓之山，春则山花烂漫，万紫千红，如锦似绣；夏则绿树成荫，清风拂面，凉爽宜人；秋则枫叶如丹，层林尽染，美不胜收；冬则银装素裹，玉树琼枝，宛如仙境。山间怪石嶙峋，洞穴幽深，或如猛虎卧冈，或如巨龙盘绕，形态各异，栩栩如生。山上古迹众多，有古寺梵音，悠扬回荡；有石碑石刻，记载沧桑。登临山顶，极目远眺，沃野千里，村落棋布，炊烟袅袅，令人心旷神怡，感慨万千。

包河水，源自远古，滔滔不绝。河水清澈见底，游鱼嬉戏；两岸垂柳依依，芳草如茵。渔舟唱晚，声韵悠扬；牧童横笛，意趣盎然。河水滋养着两岸的土地，孕育了石弓的文明。河畔有美丽的传说，代代相传，动人心弦。

石弓之地，历史悠久，文化灿烂。早在远古时期，这里就有人类繁衍生息。历经岁月的洗礼，留下了众多的历史遗迹和文化瑰宝。古老的寺庙，见证了昔日的辉煌；庄严的牌坊，诉说着先人的功绩；精美的石雕，展示了民间艺术。石弓的传统文化丰富多彩，民间艺术独具特色。剪纸、刺绣、编织等传统工艺，巧夺天工；戏曲、舞蹈、书画等民间艺术，韵味十足。这些传统文化，是石弓人民智慧的结晶，也是中华民族文化的重要组成部分。

石弓人民勤劳善良，勇敢坚毅。他们在这片土地上辛勤耕耘，创造了美好的生活。农民们日出而作，日落而息，用汗水浇灌着土地，收获丰收的喜悦；工匠们精益求精，用心打造每一件作品，传承古老的技艺；商人们诚实守信，开拓进取，为石弓的经济发展贡献着自己的力量。石弓人民热爱家乡，团结友爱，互帮互助，共同建设美丽的家园。

今日之石弓，与时俱进，蓬勃发展。交通便利，公路纵横交错，连接四方；教育发达，学校书声琅琅，培育英才；医疗完善，医院设备先进，守护健康。工业强镇，企业如雨后春笋，蓬勃兴起；农业稳镇，田园如诗如画，丰收在望。旅游兴镇，景点如明珠璀璨，吸引游客。石弓人民以昂扬的斗志、饱满的热情，迎接新时代的挑战，为实现中华民族伟大复兴的中国梦而努力奋斗。

美哉，石弓！山清水秀，人杰地灵。壮哉，石弓！开拓创新，奋勇前行。愿石弓之明天更加美好，更加辉煌！

注：本文作者罗曼，涡阳县石弓镇人，安徽省当代画家。

后记

本书是继《行走的课堂，心灵的对话——浙江传媒学院大学生暑期社会实践人物访谈录》之后的第二本暑期社会实践人物访谈成果集。自 2024 年 7 月以来，我带领浙江传媒学院新闻与传播学院、文化创意与管理学院等学院的 10 多位同学，通过线下、线上采访的形式，先后采访了从安徽省涡阳县石弓镇走出的 40 多位各类优秀人才代表。采访的对象主要包括：一是通过升学走出家乡，走向全国乃至世界，成为高级知识分子的优秀人才，如中华人民共和国成立后石弓镇第一位考上安徽大学，后来成为阜阳师范大学教授的王新贺，恢复高考后石弓镇第一位考上中国科技大学后定居美国的罗超等；二是通过当兵，经过军营历练，成为部队副军级领导的吴长华大校，以及众多在部队提干、转业后成为各级各类优秀管理人才的代表，如出身红色世家的谢洪涛院长、装甲兵师医院原副院长王允勤等；三是石弓籍诗人、作家、画家等文艺名家，如当代中国诗人刘剑，安徽省书法家张友连，安徽省作家协会会员陈钦然，安徽省画家罗曼、王守利等；四是从基层干起，一步一个脚印，最后成为地方县处级领导干部的优秀人才代表，如周田、周迅鲁等；五是抓住改革开放机遇，下海创业，成为优秀企业家的代表，如深圳市联阳达科技投资有限公司、深圳市联阳达文化发展有限公司董事长耿君平，浙江姚朝宗菩心中医药科技有限公司董事长耿明杰等；六是扎根家乡、桑梓情深的辛勤奉献者，如投资兴建石弓山碑楼的爱心人士耿芝清、安徽省石雕非遗传承人王志超等。

在采访的过程中，我有三点突出感受。一是故乡是一段岁月、一段记忆，更是一个个生动鲜活的人物形象。这些人似曾相识，既亲切又温暖，既让人感动又令人震撼。他们就是我的长辈，就是邻家的叔叔和大伯，就是住在我家隔壁的父老乡亲。他们身上有着石弓人吃苦耐劳和淳朴善良的品质，更有着新时代优秀人才的坚韧不拔和创新创业精神。他们有石弓山的沉稳和大气，更有包河水的清澈和灵动。二是这些人，无论他们身处何处、从事什么职业，无一例外地对家乡、童年、父母、亲人充满感恩、深情和热爱。家乡的山水、人文历史、亲人是他们一辈子也走不出的牵挂。也许，石弓山并不太高，但在他们心中是最神圣的地方，是最高的精神殿堂；包河水并不太宽，但在他们心中就是最美的河流、最甘甜的河水。情系石弓山，梦牵包河水，就是他们共同的宿命和寄托。三是尽管我们做了精心策划，尽可能多地采访各行各业、各类优秀人才代表，但总会有遗漏、各种各样的遗憾。

让我印象特别深刻的是，在采访的过程中，很多出生于20世纪五六十年代，曾在石弓中学读过书的受采访者，不约而同地提到他们共同的恩师刘长桂老师、王新贺老师、王庭安老师、周荣丰老师、张化俗老师等，他们才是最值得尊敬的人，是家乡人民最应该感谢的人。

经过半年多的努力，《情系石弓山　梦牵包河水——涡阳县石弓镇优秀人才代表访谈录》即将结集出版。在此，一是衷心感谢涡阳县石弓镇党委于晓虎书记、邹想想镇长的大力支持，他们不仅动员各村干部积极推荐和联系采访对象，而且在百忙中为本书撰写了序言；二是衷心感谢退役老兵、“石弓山国家4A级旅游景区和石弓镇大集贸市场”的首倡者、热心人士吴增强先生，为了顺利完成采访，他多次协助学生记者主动与采访对象进行沟通和耐心动员，还牵头组织编写了《中华人民共和国成立以来石弓镇大事记》，同时提供了大量的图片和文字资料，对部分文章的修改和本书框架结构调整等也提出了很多很好的意见和建议；三是衷心感谢陈钦然先生，他提供并授权收录他的相关文章和图片，特别是关于石弓的名胜古迹与传说等；四是衷心感谢浙江传媒学院马克思主义学院，学院将此项社会实践活动列为 2024 年暑期社会实践活动的重点项目之一，并予以经费支持；五是衷心感谢所有参与采访的学生记者团队成员，他们在采访过程中充分尊重采访对象，耐心地与他们进行了沟通和交流，同时在成文过程中又进行了多次修改和完善，力求每一篇访谈和人物通讯报道都能做到三个满意，即被采访对象满意、指导教师满意、微信公众号平台和本书编辑满意。特别是朱悦文、马廉艺、胡王菲、刘雪婧、李城等同学不仅承担了多次采访任务，他们撰写的文章文笔流畅、文字优美，得到各方高度肯定，而且还协助我做了大量的文字和图片收集工作，以及编辑校对工作，在此提出表扬并表示衷心感谢。谢谢亲爱的同学们，也谢谢所有关心和支持本书编辑出版的朋友们！

刘福州

2024 年 12 月